应用型高等院校经管类"十三五"规划教材

公共关系学

Public Relations

主　编　胡苗苗　胡　柳

副主编　章　霜

WUHAN UNIVERSITY PRESS
武汉大学出版社

图书在版编目(CIP)数据

公共关系学/胡苗苗,胡柳主编.—武汉:武汉大学出版社,2017.6
应用型高等院校经管类"十三五"规划教材
ISBN 978-7-307-19348-2

Ⅰ.公…　Ⅱ.①胡…　②胡…　Ⅲ.公共关系学—高等学校—教材
Ⅳ.C912.31

中国版本图书馆 CIP 数据核字(2017)第 112181 号

责任编辑:唐　伟　　　责任校对:李孟潇　　　版式设计:马　佳

出版发行:**武汉大学出版社**　　(430072　武昌　珞珈山)
　　　　(电子邮件:cbs22@whu.edu.cn 网址:www.wdp.com.cn)
印刷:湖北金海印务有限公司
开本:787×1092　1/16　印张:15.75　　字数:376 千字　插页:1
版次:2017 年 6 月第 1 版　　　2017 年 6 月第 1 次印刷
ISBN 978-7-307-19348-2　　定价:30.00 元

■■ 前　言

　　公共关系是现代社会环境空前复杂、信息传播技术高度发达的历史条件下产生的新型工作，它作为社会组织的"喉舌"和"耳目"，用公开与合法的手段，向社会各界提供各种必要的信息，并向组织决策层提供社会环境以及变化的预报，在与社会公共利益相一致的前提下，求得组织的发展。作为社会组织经营管理的一项重要职能，公共关系日益受到世界各国政界、工商界和其他社会各界的广泛重视。各类社会组织特别是企业更需要开展公共关系来协调各方利益，内求团结奋进，外求和谐发展。

　　本书着重从两个部分进行了论述：一是原理编，阐述了公共关系的基本内涵、公共关系学的研究对象、公共关系与相关概念的区别与联系、公共关系的本质属性、公共关系的基本特征和主要功能、公共关系工作的基本原则、公共关系工作的类型和内容、公共关系构成要素、公共关系工作程序等基本理论。二是实务编，阐述了公共关系策划工具、公共关系策划案、公共关系的战略功能、企业 CIS 战略、公共关系传播策略、公共关系传播工具、公共关系社交及技巧、公共关系礼仪及技巧等内容。

　　本书内容新颖、案例丰富，实用性和可操作性强。所有章节均配有大量案例分析和复习思考题，以帮助学生掌握公共关系的基本概念、理论知识，树立正确的公关意识，掌握具体的公关方法技巧。本书适合作为高等院校管理类、经济类专业的教材，也可以作为正在从事公关职业的人员自学参考书。

　　本书由胡苗苗、胡柳确定纲目并统稿。具体编写分工如下：第 1~4 章由胡苗苗撰写，第 5~6 章由胡柳写，第 7~8 章由章霜撰写。

　　在写作过程中，我们得到了湖北商贸学院领导的大力支持；参考和借鉴了大量国内外公共关系方面的优秀成果，限于篇幅，未能列出所有参考文献，在此对有关领导、学者表示衷心的感谢。

由于编者水平有限，书中不足之处在所难免，欢迎各位读者、专家及各界人士不吝赐教。

编　者

2017 年 6 月

目 录

原 理 编

■■ 第一章
绪 论

◎ **本章提示**

公共关系作为一门学科出现，只有近百年的历史，但公共关系作为一种客观存在的社会关系和社会现象却有着悠久的历史。我们追溯公共关系的源流，了解其发展的历史过程，把握国内外公共关系现状，剖析公共关系形成和发展的诸多社会历史条件，对全面、准确和科学地把握公共关系思想与理论有着深刻的意义。

第一节 公共关系的基本内涵

公共关系是在现代社会环境空前复杂、信息传播技术高度发达的历史条件下产生的新型工作，它作为社会组织的"喉舌"和"耳目"，用公开与合法的手段，向社会各界提供各种必要的信息，并向组织决策层提供社会环境以及变化的预报，在与社会公共利益相一致的前提下，求得组织的发展。作为社会组织经营管理的一项重要职能，公共关系日益受到世界各国政界、工商界和其他社会各界的广泛重视。为了便于了解公共关系，本节着重论述公共关系的含义、公共关系的基本特征和公共关系多维界定等三方面的问题。

"公共关系"一词，由英文"public relations"翻译而来，简称"公关"或"PR"。在英文中，public 具有不同词性的两种含义，它既可用作形容词"公共的"，又可用作名词"公众"。因而，公共关系也可称为"公众关系"。由于"公共关系"一词已经广泛流传而被人们所接受，也就成了约定俗成的概念。

一、 公共关系定义的分类

目前，国内外学术界对公共关系尚无统一的认识，对公共关系的定义也有着各种各样的表述。这些定义大致可以分为以下几种类型。

1. 管理职能类定义

持这种观点的学者、机构侧重于认为公共关系是社会组织对社会公众一种有目的、有意识地调整和控制行为。这类定义，主要是从公共关系的功能特点角度出发，强调了改革工作的作用是一种管理职能。

国际公共关系协会提出的定义为："公共关系是一项经营管理的功能，它具有连续性与计划性。通过公共关系，公私机构与组织试图赢得与其有关的人们的理解、同情与支持。即依靠对舆论的估计，尽可能协调其政策与措施，依靠有计划的、广泛的信息传播，争取建设性的合作，以获得共同利益。"

美国《公共关系新闻》杂志认为："公共关系是一种管理职能，它评估公众的态度，检验个人或组织的政策、活动是否与公众利益相一致，并负责设计与执行旨在争取公众理解与认可的行动计划。"

哈洛博士在美国公众关系研究与教育基金会的赞助下进行广泛研究后，对公共关系下的定义为："公共关系是一种独特的管理职能。它帮助一个组织建立并维持与公众之间的交流、理解、认可与合作；它参与处理各种问题与事件；它帮助管理部门了解民意，并对之做出反应；它确定并强调企业为公众利益服务的责任；它作为社会趋势的监视者，帮助企业保持与社会变动同步；它使用有效的传播技能和研究方法作为基本的工具。"

王乐夫等所编的《公共关系学》指出：公共关系是一种内求团结、外求发展的经营管理艺术，它运用合理的原则和方法，通过有计划而持久的努力，协调和改善组织机构内、外关系，使本组织机构的各项政策和活动符合广大公众的需求，在公众中树立良好形象，以谋求公众对本组织机构的了解、信任、好感和合作，并获得共同利益。

2. 传播沟通类定义

持这种观点的学者、机构侧重于认为公共关系是社会组织对社会公众的一种有目的、有意识的传播沟通行为。这类定义主要是从公共关系的运行特点来考察，强调了公共关系的手段是传播沟通。

英国公共关系学会对公共关系的定义是："公共关系的实施是一种积极的、有计划的以及持久的努力，以建立及维护一个机构与其公众之间的相互了解。"

《大英百科全书》公共关系条目的定义是："公共关系是旨在传递关于个人、公司、政府机构或者其他组织的信息，以改善公众对它们的态度的政策和活动。"

《韦伯斯特新国际辞典》第三版公共关系条目的定义是："公共关系是通过传播大量具有说服力的材料，促进社会上人与人之间，或人与公司之间，或公司与公司之间亲密好友的关系。"

美国学者约翰·马斯顿认为："公共关系就是运用有说服力的传播去影响重要的公众。"

美国学者卡特利普和森特认为："公共关系是以相互满意的双向传播为基础，以好名声和负责任的行为影响舆论的有计划的努力。"

英国学者弗兰克·杰夫金斯在《公共关系》一书中认为公共关系的定义应该是："一个组织为了达到与它的公众之间相互了解地确定目标而有计划地采用一切向内向外的传播

方法的总和。"

居延安所著的《公共关系学导论》中对公共关系的定义是:"公共关系是一个组织运用各种传播手段,使自己与公众相互了解和相互适应的一种活动或职能。"

3. 利益均衡类定义

持这种观点的学者、机构侧重于认为公共关系是对社会组织与社会公众间利益关系的协调和处理。这类定义主要是从公共关系的目标来考察,强调了公共关系的本质是社会组织与其公众利益关系的一致化和均衡化。

世界公共关系协会 1978 年 8 月在墨西哥大会上通过的公共关系的定义为:"公共关系的实施是分析趋势,预测后果,向机构领导人提供意见,履行一连串有计划的行动以服务于本机构和公众利益的艺术和社会科学。"

美国学者赛德尔认为:"公共关系是一个连续不断的过程。在此过程中,管理部门对外没法争取顾客及社会各界的谅解与信任,对内则不断自我检讨与纠正。"

日本学者小林太三郎认为:"公共关系就是维持企业组织的营利性与社会性的平衡。"

明安香所主编的《公共关系学概论》对其的解释是:"所谓公共关系,就是一个企业或组织,为了增进内部及社会公众的信任和支持,为自身事业发展创造最佳的社会关系环境,在分析自身面临的各种内部、外部关系时,采取的一系列科学的政策与行动。"

4. 社会关系类定义

持这种观点的学者、机构侧重于认为公共关系是社会关系的一种,这类定义主要是从公共关系的状态来考察,强调了公共关系的社会属性。

日本公共关系专家田中宽次认为:"公共关系就是良好的公共关系状态,即与社会保持良好的关系的技术。以企业的经营而言,若不能与外界社会保持良好的关系,就不可能持续经营下去。"

美国普林斯顿大学希尔滋教授认为:"公共关系是我们所从事的各种活动、所发生的各种关系的统称,这些活动与关系都是公众性的,并且都有其社会意义。"

台湾公共关系专家祝振华提出:"五伦以外的人类关系,谓之公众关系。"

一些从事公共关系工作的专业人员,根据自己的经验,对公共关系也做了通俗的解释。这些解释,五花八门,但言简意赅、直观明了,均侧重于突出某种功能。譬如:

公共关系是"旨在影响特殊公众的说服性传播"。公共关系是"争取对你有用的朋友"。公共关系是"一门研究如何建立信誉,从而使事业获得成功的学问"。公共关系是"百分之九十靠自己做得对,百分之十靠宣传"。公共关系是"通过建立良好的人际关系来辅助事业的成功"。公共关系是"一个建立公众信任,增进公众了解的计划方案"。公共关系是"促进善意"。公共关系是"博得好感的技术"。公共关系是"要大家爱我"。公共关系是"使公司得利的,就是那些个人称为礼貌与德性的修养"。公共关系是"信与爱的结合"。公共关系就是"讨公众的喜欢"。

二、 公共关系的内涵

虽然公共关系的定义众说纷纭,其理解也各不相同,但公共关系的内涵是一致的。公共关系一词，有两个层次的含义。

1. 公共关系是一种状态

公共关系首先是一种状态。因为在社会生活中，一个组织无论是否意识到公共关系，是否从事公共关系活动，它总是与其他组织和个人存在着广泛的关系，因此任何社会组织都存在于良好的、平衡的或紧张的公共关系状态之中，这是不以人们的意志为转移的客观存在的现象。当社会组织没有明确意识到这种状态存在，没有自觉地改善公共关系状态而展开活动时，它们所形成的是自发的公共关系状态。相反，社会组织意识到这种状态的存在，并自觉地进行改善公共关系状态的活动，所形成的则是自觉的公共关系状态。

2. 公共关系是一种活动

公共关系又是一种活动。当一个社会组织意识到公共关系状态的存在，并认识到这种状态对组织存在和发展的重要性时，就会采取措施，有目的地进行改善公共关系状态的活动。在改善公共关系状态的活动中，那些社会组织成员都能做到的公共关系活动称为日常性的公共关系活动，而那些需要完整的计划和专门性的技术才能进行的公共关系活动称为专门性的公共关系活动。可见公共关系是社会组织通过有效的公共关系活动去改善自己的公共关系状态，从而达到顺利发展的目的。

三、 公共关系的性质

1. 社会关系的含义

社会关系是指人们在共同的社会活动过程中所结成的以生产关系为基础的一切相互关系的总称。人类生活是一种群体性的共同生活，它从一开始就相互联系，在生产劳动中结成生产关系，又在其他的各种社会活动中结成各种社会关系。这些关系是人类社会的重要因素，一个社会的社会关系状况，决定了这个社会的经济结构、政治结构、阶级结构、阶层结构等，它对整个社会的发展有着极大的影响。社会关系可分为物质关系和思想关系，各自又有不同层次的关系。物质关系中最基本的是生产关系。思想关系包括政治关系、法律关系、道德关系、宗教关系等。由于物质资料的生产是人类最基本的经济活动，是人类社会存在和发展的基础，人们在社会生产中所发生的相互关系即生产关系，是不以人们的意志为转移到物质关系，是社会关系的基础，在这基础上发生了政治、法律、道德、艺术、宗教等关系。因此，物质关系决定了思想关系，而思想关系又反作用于物质关系。物质关系和思想关系常常是彼此交融在一起的，如人际关系、公共关系等既包括物质关系，又包括思想关系。

2. 社会关系的类别

尽管社会关系广泛而复杂，但撇开社会关系的性质和内容，只是具体地从社会交往的水平和层次上来考察，社会关系可以分为个性关系、群体关系与国际关系。

（1）个性关系。

个性关系即人际关系，它是指在人的物质交往与精神交际的过程中产生和发展的人与人之间的交往关系。人际关系既表现为一定的行为模式，又表现为一定的关系结构。它与社会生活中的生产关系、政治关系、伦理关系等社会关系的不同层次相互联系、相互渗透，存在于社会关系的各种具体形式中，是社会关系的一个侧面。由于社会是由无数人组成的，人与人之间的关系又是人们进行社会交往的基础，人际关系是人和社会关系的核心内容。

（2）群体关系。

社会群体是人们通过一定的社会关系结合起来进行共同活动的集体，是人们社会活动中的具体单位。按照群体对个人影响和作用的不同，群体可以分为两种：一种是和个人关系最密切的基本群体，如家庭、邻里、班组、科室等；另一种是通过中间环节和个人建立联系的次级群体，如学校、工厂、政府等社会组织。社会群体必须与社会各方面发生一定的联系，才能生存和发展。社会群体发生的这种社会关系，就是群体关系。它与个性关系相比，具有稳定性、持久性的特点，它受到了社会规范和社会群体一定规则的约束。

（3）国际关系。

国际关系是指国与国之间的关系，它研究两国或多国间的联系、交往及冲突的性质、根源和发展趋向。国际关系包括政治、经济、军事、文化、科技、法律、宗教、民族、意识形态等方面的内容，其中国际经济关系是最基本的关系，而国际政治关系是最重要最活跃的关系，是所有国际关系的集中体现。

3. 公共关系的性质

在社会关系的各类型中，个性关系以个人为支点，研究人与人之间个性心理因素与社会因素；群体关系以群体为支点，研究社会群体与社会各方面的联系以及社会群体内部各成员的交往关系；国际关系以国家为支点，研究国与国之间的关系；而公共关系表现为社会组织与其相关公众的关系，它以组织为支点，研究组织与其公众网状关系结构的社会心理和社会环境。因此，公共关系是一种社会群体关系，任何社会群体为了自身的生存和发展，都需要运用传播手段，协调与社会各方面的关系，以适应社会环境的发展和变化。总之，社会群体关系是公共关系赖以形成和发展的基础，也是研究各种公共关系的起点。

从以上对公共关系含义的分析，我们可以把公共关系定义为：公共关系是社会组织运用传播手段与其公众进行双向沟通，以协调其公众关系，从而树立社会组织良好形象的一种管理职能和持久的策略行为。

第二节　公共关系的起源与发展

公共关系作为一门独立的学科出现于 20 世纪初的美国。但是，公共关系作为一种客观存在的社会关系和一种思想与活动方式却源远流长。早在古代文明时期，那时的人类为了协调各个利益主体之间的关系，便有了不自觉的、类似的公共关系活动。

 案例

诚信的力量

美国凯皮特公司（北美机械制造公司）在它的广告里说："凡是买了我们产品的

顾客，不管在世界上哪个地方，若需更换零配件，我们保证在 48 小时内送到，如果耽误，我们就将产品白送给你们。"他们说到做到，有时候为了一个价值只有几十美元的零件，甚至不惜动用直升机，费用高达数千美元。正是由于卓著的经营信誉，该公司能经营 50 余年并日渐兴盛。

由此可见，一个不被公众相信的组织不可能在公众心目中树立良好的形象。诚信不属于技巧范畴，诚信与否反映的是组织的人格。要在公众心目中树立良好的形象，诚信是基本前提。建立在谎言基础上的所谓"形象"，一旦被揭穿，"忽喇喇似大厦倾，昏惨惨似灯将尽"，将会使组织彻底颠覆。所以，诚信与否，从某种意义上来说，决定着组织的生死存亡。北美机械制造公司坚持说到做到，宁肯付出巨大代价，也要践行"48 小时内把需要的零配件送到世界任何一个地方"的诺言，在消费者心目中信誉卓著，这使它经营 50 年并日渐兴盛，这也正说明了诚信的力量。

资料来源：Admin. 家庭科技 . 1999（12）.

问题与思考：

1. 从这个案例中可以看出维持组织形象最根本的要素是什么？
2. 北美机械制造公司坚持说到做到，能给我们带来什么启示？

一、公共关系的起源

（一）公共关系职业的产生

公共关系职业从孕育到形成，大致经历了半个世纪的时间。通过 19 世纪中叶到 20 世纪初经过"报刊宣传活动"的酝酿，"清垃圾运动"的催化，公共关系在美国逐渐形成一门职业。

19 世纪上半叶，随着民主政治的发展，商品经济的繁荣，科学技术的进步，美国的大众传播事业迅速发展。其中一个标志就是 19 世纪 30 年代出现的"便士报运动"，即报纸以低廉的价格（用 1 便士便可以买到一份报纸）和通俗的、大众的内容去争取大量的读者，使报纸迅速进入千家万户并成为政府部门和工商企业均不敢忽视、竞相争取的影响大众舆论的一种有力工具。报刊的大众化促进了报刊的商业化，发行量大增促进了广告价格猛涨。为了节省广告费，一些工商企业聘请记者作为自己的新闻代理人，利用媒介进行"免费宣传"。这样，廉价媒介便引发了一场"报刊宣传活动"：即组织机构为自身的目的而雇佣报刊宣传员、新闻代理人，在报刊上为本组织进行有利的宣传，以此扩大社会影响。这种"报刊宣传活动"便是公共关系职业化的雏形，因为它在客观上造就了一批商业性的、逐渐职业化的专业传播人士，即报刊宣传员队伍。他们大多来自新闻界，以自己的大众传播工作经验，为委托人提供比较专业化的公众传播服务。这批人便成为日后的公共关系人员的前身。可以说，美国的公共关系职业是从新闻界中分化从来的，直至今天，许多专业的公关人员具有大众传播工作的经历。从事新闻工作的社会交往面广，语言和文字的传播能力比较强，并且了解大众传播媒介的运作，确实有利于从事专业性的公关服务工作。因此，新闻传播界是造就专业公关人员的温床。但这需要两个前提：一是大众媒介的充分发展，二是工商企业等组织机构有这方面的社会需要。这两个方面相结合，便促使公共关系行业应运而生。

美国工商企业对公众传播的需要，又是当时美国社会现实矛盾发展造成的。19世纪末，美国资本主义发展进入高度垄断阶段。垄断资本家强取豪夺，计划劳资矛盾，损害社会公益，引起了公众舆论的强烈不满。为此，大众传播界发动了一场旷日持久的"揭丑运动"（又称为"清理垃圾运动"和"扒粪运动"），发表了大量严厉谴责企业丑行和暴行的文章和漫画，对工商企业构成了巨大的公众舆论压力，严重影响了企业形象，恶化了企业的社会关系，制约企业的发展。这种情况，迫使工商企业不得不重视公众舆论和社会关系，纷纷求助于传播界，加强与公众的联络，改善自己的形象。由此公共关系作为争取大众理解、支持的一种组织传播行为，日益职能化，成为企业的一种新型的经营管理功能；同时一种专门向社会各界提供专业性的传播沟通服务，为客户设计形象、矫正失误、缓和矛盾、提高声誉的新兴职业便开始形成了。

美国人艾维·李（Ivy Lee）被视为当时公共关系职业的开创者和代表者。他原本是美国《纽约时报》的记者，曾担任兼职的报刊宣传员。他于1903—1906年与朋友开办了一家宣传顾问事务所，以公共关系的专业方式，为客户提供了许多有成效的传播沟通服务。特别是他提出了意义深远的"公众必须被告知"的原则宣言，奠定了现代公共关系职业行为和职业准则的基础。因此，他所开创的传播公司被视作最早的一家公关公司，他本人也被称为"现代公共关系之父"。

（二）公共关系学科的形成

美国公共关系职业和企业组织公共关系职能的形成与发展，客观上推动了公共关系学科的建立和发展。从20世纪20年代开始到20世纪50年代，公共关系学在美国发展成为一门独立的学科。美国学者爱德华·伯内斯（Edward Bernays）以其杰出的理论贡献成为公共关系学科化的一名旗手。他曾任记者，并于1913年担任福特汽车公司的公关经理，致力于推动一系列员工和社会服务。社会福利计划树立了企业承担社会责任的榜样。第一次世界大战期间，他是美国公众信息委员会（美国战时最高公众传播机构）的成员。1923年，他受聘于纽约大学首次讲授公共关系学课程，同年出版了在公共关系学史上第一本公关教科书《公众舆论的形成》（又译《公众舆论之凝结》），第一次从学科的角度使用了"公共关系"一词；1952年完成教科书《公共关系学》，使公共关系的原理和方法系统化、完整化、学科化。公共关系学科的形成，标志了公共关系思想从自发到自觉、从零碎到系统、从经验到科学、从不成熟到成熟的发展。纵观公关关系的演变，经历了五个基本阶段。

（1）前期。

前期即自发学期，包括古代时期人类从事各种社会中所形成的朴素、自发的公共关系思想，它与人类的其他活动交织在一起，并没有分化出来；人们为了事业的成功，本能地从事各种传播沟通的活动，但却没有形成明确的公共关系意识；或者各种颇具特色的公共关系思想唯有大道理化的程度。

（2）孕育期。

从 19 世纪中叶到 20 世纪初，即前面所介绍的"报刊宣传活动"时期。这个时期由于传播手段的发展和社会需求的形成，孕育着职业化的公共关系传播思想：一个机构为了自身的生存和发展，需要通过传播沟通去影响公众舆论。但初期的报刊宣传方式偏于为宣传而宣传，有的报刊宣传员为了追求宣传效果甚至不择手段，编造虚假消息，制造轰动效应，不顾事实，愚弄公众。在这方面的一个典型人物是巴纳姆（Phines T. Barnum），他是一位当时知名度很高的报刊宣传员，因宣传推广马戏演出而出名。他为了提高自己的名气，不惜编造了一个离奇的"神话"，他声称发现了一位 160 多岁的女黑奴海斯，竟然在 100 年前养育过美国的第一任总统华盛顿。信息发表后，舆论哗然。他顺势以不同的笔名向报社投寄"读者来信"，人为地制造了一场公开讨论。巴纳姆厚颜无耻地认为，只要报刊上没有将他的名字拼错就是胜利。在他看来，"凡宣传皆好事"。这种为了获得个人利益而愚弄公众的做法，毫无职业道德可言，与现代公共关系思想原则相去甚远，是一种对公众不负责任的单项宣传。

（3）产生期。

产生期以艾维·李开创第一家公关公司的《原则宣言》为标志，促使单纯的"报刊宣传"向公共关系转化。在"公众必须被告知"的思想指导下，艾维·李以"讲真话"来建立自己的职业荣誉。他明确主张，一个组织机构要获得良好的声誉，就必须真实地传播，准确无误地向公众提供信息，尊重公众的知晓权，增进公众对组织的正确了解。如果真情的披露会引起不良的后果，就需要根据公众的反应和评价来调整组织的政策与行为。艾维·李教会了工商企业如何用正确的、道德的传播方法去维护和改善自己的形象与声誉；同时，其"诚实传播"的原则奠定了整个公共关系职业道德的基础，并为公共关系这个新兴的行业赢得了声誉。

（4）发展期。

发展期即是以伯内斯为代表的公共关系学科化时期。这个时期的公关思想不仅在于理论化、系统化，在表述上趋于成熟，而且很重要的在于加强了对公众的研究，开始形成了双向传播的观念。伯内斯认为，组织的传播政策和行为要成功，就必须确切地了解自己的公众，"投公众所好"，根据公众的特点和要求来制定传播政策、计划，实施有的放矢的传播沟通。因此，他促进了对公众舆论、公众心理和行为的研究，强调了调查研究的必要性。与伯内斯同时期的其他公关学者，也进行了大量的研究。这个时期产生了大量的公共关系著作，美国的大学也纷纷开设了这门课程，其热点表现在对公众和舆论的研究方面。可以说，引入公众的研究和形成双向沟通的思想，使公关的研究从此建立在科学的基础之上。

（5）成熟期。

经过了近 30 年的发展，到了 20 世纪 50 年代，"双向传播与沟通"开始成为公关界的共识。1952 年，美国现代公共关系权威卡特利普和森特（Scoott M. Cutlip & Allen H. Center）在被称为公共关系的"圣经"的《有效的公共关系》一书中，正式提出和论述了"双向对称"的公共关系模式，即主张组织和公众的利益并重、平衡，为了组织和公众的共同利益，一方面把组织的信息向公众传播和解释，另一方面把公众的信息向组织传播和解释，使组织和公众在双向传播与沟通中形成了和谐的关系。"双向对称"模式的确立，成为了现代公共关系学成熟的重要标志。

从"报刊宣传活动"到"双向对称的公关模式"，反映出公共关系思想演变的一个基本脉络：从单纯的单向传播到组织与公众之间的双向传播。这是现代公共关系学形成过程中贯串始终的一条主线。

二、 现代公共关系的发展

产生于美国的公共关系，第二次世界大战后影响遍及世界各国，并于 20 世纪 80 年代初传进中国，其发展势头引人注目。

(一) 国际公共关系的发展

第二次世界大战以后，美国作为当时世界上经济实力最雄厚的国家之一，其经营管理的经验和方法对世界各国产生了广泛的影响，"公共关系"也随之传播到世界各地。1955年，国际公共关系协会（IPRA）在伦敦成立，至今其会员遍及 60 多个国家和地区，总部设在日内瓦；国际商业传播协会（IABC）各地区性的公共关系的机构以及世界各主要国家的公共关系协会纷纷建立，这标志着公共关系已作为一门世界性的行业而独立存在。

由于国家与国家之间的经济、技术、劳务合作以及政治、文化、科技交流的日益频繁，各国运用公共关系来沟通信息、协调关系、树立形象、争取支持，综观 20 世纪 50 年代以来国际公共关系的发展，从宏观上涉及国际性、全球性的战争与和平、环境与发展等人类生存层次的大问题；从中观上涉及地区性、国家性的政治、经济、军事、文化等复杂问题；从微观上涉及企业及各类型组织的经营管理行为和整体形象塑造等问题。可以说，公共关系对这些问题的介入全方位、多元化地展示和发展了公共关系的功能，并且使公共关系的理论和实践得到不断的充实、完善和发展。

(二) 公共关系在我国的传播和发展

公共关系在中国是沿着公关实务、公关传播与教育、公关理论研究、公关组织的建设几条途径逐步发展起来的。

1. 中国公关实务的引进与发展

1980 年，我国在广东省设立了深圳、珠海、汕头三个经济特区。不久。深圳、珠海的一些三资企业中的宾馆、酒店按照国外的一些管理模式设立了公共关系部，引进了公共关系的职能。之后，北京长城饭店公关部成功地策划了请美国总统里根在饭店举办答谢会的公关活动，一夜之间名扬四海，向国人展示了公关的魅力，使人们对公关刮目相看。

1984 年，广州白云山制药总厂率先成立了公共关系部，开我国内地公共关系之先河。

1985 年，美国最大的国际公关公司之一——伟达公司在北京设立了办事处。1986 年7 月，中国环球公共关系公司成立，这是中国内地最早的专业化公关公司。此后越来越多的组织认识到了公共关系的重要性，纷纷成立公共关系部或设立专职公关人员。20 年来的公共关系运作，为中国树立了一大批名牌企业，公共关系也创造了一系列的奇迹，积累了一批有中国特色的经典案例。随着市场经济的深入发展，不仅民用饭店日用品等企业引进了公共关系，而且各行各业也先后引进了公共关系。一些城市和地区也将公共关系应用到城市形象战略上，我国的党政部门也开始重视研究和利用公共关系。

1999年5月，国家劳动和社会保障部正式出版发行了《国家职业分类大典》（简称《职业大典》），公共关系正式列入《职业大典》中。这标志着国家已正式承认公共关系这一行业。

1999年1月4日，劳动和社会保障部正式批文决定成立国家职业资格工作委员会公关专业委员会。委员会制定了公关职业标准，编制了《公关员职业培训与鉴定教材》，并于1999年9月正式出版，2000年开展公关员的培训与考核工作。人事部将公关人员列入"高级经济师电脑测评系统"，与决策人员、管理人员、营销人员并列为四个子系统。

2. 公关教育为中国培养了大批公关人才

1985年，深圳大学传播系创办了中国内地第一个公共关系专业。1985年，在广东省和北京市也举办了各种公关培训班、报告会。一批大专院校相继开设公共关系课程与公共关系专业。1994年，国家教委批准广东中山大学正式试办四年制本科公关专业。目前，中国的公关教育已经走向正规化、系统化、多层次化。有高层次的"公关"学士和研究公共关系方向的硕士、博士、博士后，也有培养公关专业人员的自学考试、夜大、电大培训等形式；有公关专职人员培训、资格证书培训，也有内部厂长、经理、党政干部的公关知识培训。目前，中国已有千余所高校开设公共关系课，几十所高校开设公共关系专业。

1989年12月，全国高等院校公共关系教学研讨会在深圳举行，会上推出了经过研究讨论的教学大纲、教学计划。随后，先后在杭州、兰州、北京、武汉召开了第二至五届全国公关教学理论研讨会，对中国的公关教育起到了积极的推动作用。各种层次的研讨和公关教育为中国培养了大批公关人才，为中国公关事业的发展准备了人力资源。

3. 公关理论研究推动了公关实践的深入开展

早在1984年2月，《经济日报》在报道广州白云山制药总厂的公关经验时，就发表了《研究社会主义公共关系》的社论，启发人们研究创建中国社会主义条件下的公共关系。1987年中国公共关系协会成立之后，又为此做了不懈的努力。

1990年，中国公共关系协会在河北新城召开了全国第一届公共关系理论研讨会，议题是"公共关系与社会发展"。1991年5月，中国公共关系协会在北京召开全国公共关系工作会议，对公共关系事业的发展进行总结并交流经验。有关党和国家领导人在贺词中充分肯定了我国公共关系事业取得的成绩，明确指出了公共关系事业的发展方向和根本任务。这在当时是对公关事业的一个巨大推动。同时，由中国公关协会、北京公关协会、深圳大学大众传播系、《公共关系》杂志、《公共关系导报》、《北京公关报》、《公共关系报》联合举办"中国十大杰出企业公关评优活动"，树立了一些成功的典型，总结出一批行之有效的经验。新城会议之后，中国公共关系协会每年组织一次全国性公关理论研讨会，这些会议紧扣中国的国情，对公共关系的基础理论、应用理论和前沿科学进行了有益的探讨，有力地促进了中国公共关系理论的深入研究。

1992 年 7 月，中国公共关系协会学术委员会在山东召开了"中国公共关系特色初探"研讨会，1993 年又在北京怀柔召开了"中国公共关系特色再探"研讨会，并继而推出具有中国特色的《中国公共关系教程》。

在这么短的时间里，公共关系在中国就呈现了智能化、行业化、社会化和学科化的发展趋势，这充分说明了公共关系适应了我国现实发展的需要。

首先，公共关系适应了对外开放的需要。对外开放需要加强中国与世界的双向沟通，一方面了解世界，引进对我国建设和发展有利的物质、技术和文化因素；另一方面向外部世界传播自己，增进世界各国对中国的了解、理解和好感。对外开放使我国组织的政策、行为、产品、人员等处在外部的比较、评价之中。形象管理的问题日益突出，需要加强组织及人员的公关意识和形象管理。对外开放打破了自我封闭的体系，许多组织和人员直接进入国际沟通交往的大环境，需要调整不适应的交往观念和行为，学会按照国际惯例规范自己的行为，并运用公众关系去发展外向型的经济、政治、科技、教育和文化事业。

其次，公共关系适应了体制改革的需要。体制改革强化了组织的自主意识和自主行为，改变了传统的、单一的组织关系状态和行政沟通方式，促进各种横向联系和社会关系的发展，使组织的社会沟通与协调的功能日益突出，使组织的公共关系活动逐步职能化。公共关系之间成为调整组织的社会关系和社会行为的一项管理政策和经营方法。

再次，公共关系适应了市场经济发展的需要。市场经济带来了大范围的分工协作和商品流通关系，打破了"大而全小而全"、"万事不求人"的传统格局，使企业和有关组织需要运用公共关系来拓展合作关系，完善沟通渠道。市场经济还带来了市场竞争，改变了"独此一家"、"皇帝女不愁嫁"的局面，使企业及有关组织需要运用公共关系来加强竞争能力，树立组织及其产品的知名度、美誉度，促进经济效益和社会效益。

最后，公共关系适应了安定团结、社会稳定的需要。改革开放和市场经济的发展需要安定团结的政治局面。社会稳定，特别是人心的稳定需要加强社会的公共关系工作，通过双向沟通，在政府和公众之间、领导者和被领导者之间、企业及有关组织和社会之间创造相互了解、理解、信任与合作的氛围，形成和谐、稳定的社会环境。

在中国，公共关系是对外开放"引"进来，市场经济"逼出来"，体制改革"促"起来的。随着改革开放和市场经济的不断发展，公共关系在中国也将进一步得到重视和发展。

 案例

"征服极地梦想"——奇骏南极探秘之旅

南极与海洋、太空一起被称为人类探索外部环境三大梦想之一。它蕴藏着神秘的地球信息，丰富的资源矿藏，对每一个国家都具有重要的科学、经济、政治战略意义。这是最后一个被人类发现却至今未能征服的大陆，这是世界上最寒冷的地方，也是我们这个蓝色星球上的最后一片净土。如果说天上最难的事是太空旅行，"神七"已经替我们实现了梦想。如果说天下最难的事是探访南极，谁将成为这敢创天下先的伟大品牌？

2008 年年底，国家海洋局极地考察办公室与东风日产乘用车公司联合宣布东风日产与国家海洋局结成合作伙伴关系。同时公布东风日产智能全模式城市 SUV 奇骏，将成为"中国南北极科考独家专用乘用车"及第 25 次南极科考建站活动的后勤保障用车。2009 年 1 月 15 日，"奇骏——征服极地梦想"南极探秘之旅正式从北京出征，奔赴南极长城站，进行为期近一个月的极地考察活动，并见证昆仑站的落成。在南极的这段日子里，奇骏一直作为科考队员的交通运输工具，在非正常的复杂的极限环境下，经受住了严酷的考验，协助队员顺利出色地完成了在南极冰穹 DOME—A 高点建立昆仑站以及其他科考的艰巨任务。

此举不仅支持了我国的科考事业，对于赞助企业来说，也是积极承担社会责任，勇于为全人类和谐发展无私奉献精神的体现，同时能够真正检验所使用产品的综合品质，是对消费者高度负责的表现，更是对目前汽车市场抱有坚定信心，争取优良战绩的一次宣示。

资料来源：搜狐汽车，http：//auto. sohu. com/20090106/n261591607. shtml.

问题与思考：

"奇骏南极探秘之旅"给我们哪些启示？

第三节　公共关系学研究的对象、范围及方法

公共关系学是 20 世纪初在社会科学中形成的一门新兴学科。它研究了现代社会中个人、企业、团体、政府各部门各方面之间是如何建立良好的关系。其目的在于通过加强各有关方面之间的了解、联系和合作，最大限度地提高本机构的经济效益和社会效益，从而为社会经济和文化的发展做出贡献。公共关系学的定义是：它是研究公共关系活动现象及其规律的一门新兴的边缘学科。

一、　公共关系学的研究对象

公共关系学是公共关系实践活动的反映。所以，公共关系学的研究对象就是公共关系活动的现象及其规律。公共关系活动的现象及其规律具体来说表现在：信息沟通的现象和规律；组织与公众的各种具体关系的现象和规律；公共关系各要素的构成现象和规律；以及各种关系活动及其策划、实施的方法和艺术等几个方面。因此，公共关系学的具体研究对象应是以下几个方面。

（一）研究信息沟通的现象和规律

在这方面，公共关系学主要是研究信息传播的功能、原理、规律、形式、机制以及信息传播的谋略与艺术；研究如何建立多层次、多渠道、多功能的信息传播体系等。其目的

是准确、及时、有效地传递自己的信息，反映外界环境的变化，消除不必要的误解，获得公众的理解与支持，提高组织的声誉。

（二）研究组织与公众的各种具体关系的现象和规律

组织面临的关系很多，如员工关系、股东关系、政府关系、媒介关系、顾客关系、社区关系、国际关系等。公共关系学就是要研究组织如何同各种具体关系友好相处，以有利于组织事业的发展。如：如何搞好与新闻媒介的关系，以寻求尽可能多的有益于本组织的报道，以提高组织的声誉；如何处理好员工关系，调动广大员工创名牌、争信誉的积极性，提高组织的凝聚力和向心力；如何协调好上下左右的关系，赢得各方的支持与合作。研究的目的是使组织科学地分析、处理各种关系，为组织的事业发展提供最佳的社会环境。

（三）研究公共关系各要素的构成现象和规律

主要是研究组织、公众、传播三大要素是如何组合的，它们相互之间是怎样起作用、制约和联系的，以及如何协调才能实现公共关系目标等，其目的是探索它们的发展规律，从而实现科学组合。

（四）研究各种公共关系活动及其策划、实施的方法与艺术

公共关系要开展得有声有色，必须依赖于高超的公共关系活动的策划艺术与实施技巧。总之，公共关系学的研究对象是研究社会组织如何强化传播、协调关系、广结良缘、树立和维护良好形象的活动现象及其规律。

二、 公共关系学研究的范围

公共关系特指组织与公众之间的传播沟通关系，即组织与公众环境之间的信息交流关系。任何组织与社会之间必然同时存在着各种不同性质的社会关系，如经济关系、政治关系、文化关系、行政关系、法律关系等。公共关系不同于这些具体的社会关系，它并不是包罗万象的，不能替代其他具体的社会关系。因为公共关系本身并不是组织的经济行为、政治行为和行政行为的产物，而是组织传播行为的产物。政治行为产生政治关系，经济行为产生经济关系，文化行为产生文化关系，行政行为产生行政关系。而传播行为则形成传播关系，即组织通过传播和沟通活动去建立组织与公众之间双向的信息交流，促进相互间的了解、认同，达成相互间的共识、理解与信任。这一过程即"公共关系"。

公共关系不同于其他具体的社会关系，但又渗透其中，与组织的各种具体关系相伴随。无论是组织的经济活动、政治活动还是文化活动，都存在着与公众和社会环境之间进行沟通的问题，都需要争取公众和舆论的理解和支持，都依赖于良好的公共关系去达到某种经济、政治或文化的目标。因此无论是何种类型的组织或何种性质的活动，都存在公共关系的问题。但我们理解公共关系的时候，不应将它与其他性质的社会关系等同起来。它

只是渗透在其他具体社会关系中的一种信息传播与沟通的关系。

公共关系学与许多其他学科一样，它也是由历史、理论和应用三大部分组成。

1. 公共关系的历史

公共关系学的学科史并不长，但公共关系的实践可以追溯到很久以前。国外有些学者认为，公共关系的源头在远古时代就出现了，因为那时已经出现了构成公共关系的基本要素：社会组织、公众和信息流通。也有人认为，公共关系可以从古希腊、古罗马的文明中寻找到。亚里士多德的《修辞学》堪称最早的公共关系理论书。人们普遍接受的一个观点是：公共关系的"前身"是 19 世纪 30 年代开始在美国风行起来的各种组织的报刊宣传活动。

2. 公共关系的理论

公共关系学的理论可分为基础理论和核心理论两大类。

（1）基础理论涉及社会学、心理学、社会心理学、传播学、新闻学、企业管理学、舆论学、广告学、群体行为学、交际学、逻辑学、口才学、民俗学、伦理学等。其重点是传播学、新闻学、广告学、心理学。这些学科的许多理论不是公共关系理论"本身"，但公共关系学必须加以研究。基础理论是公共关系学理论研究的主要部分。

（2）公共关系学的核心理论就是紧紧围绕公共关系这门边缘意义学科的核心而提出的理论。边缘交叉学科的内核部分尽管很小，但反映了该学科的质的规定性。公共关系学的内核就存在于公共关系定义之中，这一命题以下提出的理论就是我们所说的核心理论。

3. 公共关系的应用

公共关系学的应用部分内容十分丰富，目前，在国内外流行的公共关系教科书和一些专著，多以应用为其研究的重点。公共关系的应用因组织目标不同而有很大差别。例如：政治性组织与经济性组织的公共关系就迥然不同，前者是以施加政治影响为目标，后者则以推销产品和提供优质服务为宗旨。因此，由于目标不同，应用理论研究的侧重点也就不同。概括起来说，它涉及公共关系职能、传播应用理论、应用技术、机构设置、人员培训等问题。这些都属于公共关系学的应用部分。

三、 公共关系学的研究方法

一种成熟的科学理论是建立在成熟的科学研究方法论的基础之上，成熟的方法是确保科学走向成熟的根本指导力量和标志。完善公共关系理论和使公共关系学走入成熟的境界，需要建立成熟的公共关系学研究的方法论体系。我们认为，公共关系学的研究方法主要有三个层次，即哲学方法、系统方法和民意测验。

1. 哲学方法

哲学方法主要为研究者提供科学的世界观、思维规律和方法以及辩证理论等。公共关系学研究之所以要借助哲学方法，并将其置于整个方法论的最高层次，是由于公共关系学研究的客体是一种复杂的社会现象，只有站在哲学的高度上才能把握其本质和规律。

（1）揭示公共关系的本质。公共关系是一种极为复杂的社会现象，它是客观存在的状态，还表现为复杂多样的活动。要认识和把握公共关系的机制和规律，不能仅从公共关系现象出发，而是必须透过公共关系的现象抓住公共关系的本质，否则就会迷失方向。哲学的世界观、辩证法以及基本范畴分析，为揭示公共关系学本质提供了科学指导。只有当哲学方法被用于公共关系学的研究之中，公共关系的本质才能真正被认识和把握。

（2）提升观念理性。公共关系学要从根本上解决公共关系主客体之间的利益关系问题，就必须借助哲学的伦理价值分析，以便提升观念理性。只有从哲学的高度来研究公共关系观念，才能揭示正确的公共关系观念及其理性内涵。哲学方法能深刻说明利益与观念、观念与主体行为以及行为的伦理价值取向，从而真正解决了利益关系协调的根本机制。

（3）关于公共关系的联系和发展的观点。哲学方法在说明公共关系的联系和发展的意义上，深刻揭示了公共关系的规律性。主客体之间如何相互依存、相互联系和相互作用，通过何种方法才能改善彼此关系，公共关系发展的内外因素关系是如何相互作用，以及其发展规律是何种过程等，这些都有待哲学理性的深刻解析。

（4）使公共关系学成熟至科学化、理论化和体系化的科学理论。公共关系学问世时间不长，因而在理论上还很不成熟，为此，就要对之进行科学化、理论化和体系化的建构，使之完善至成熟的、独具理论魅力的科学。要做到这一点，就要借助哲学方法对公共关系学的一系列理论观点进行验证、高度抽象和概括，用哲学的思维去建构新的理论观点，用哲学的逻辑去健全严谨的理论体系。

除此之外，我们对每一个公共关系学问题的研究都离不开哲学世界观和方法论的指导。因为，公共关系学不是某种简单实用的工具，它是一种社会哲学，需要哲学帮助做价值分析，需要深刻的思维辨析。

2. 系统方法

公共关系研究的客体及其内容同系统科学所分析的内容具有一致性，系统科学方法作为公共关系学研究的重要分析方法是非常适用的。将公共关系作为一个系统来对待，依照系统科学方法，可以从整体的有机联系的角度全面揭示其内在结构、机制。系统方法对公共关系学的研究，同哲学方法一样，属理论研究手段，所不同的是，哲学方法是公共关系学研究的一般方法，它重视的是理论的抽象和概括；而系统方法则是公共关系学研究的具体方法，它重视的是公共关系系统具体问题的描述，因而着重于具体公共关系的结构形态的理论分析。

（1）系统方法能形象描述组织系统与环境关系。组织系统的生存和运行，与环境有密切的依赖关系。那么，组织系统是怎样依赖环境的？通过系统方法的揭示，我们能够形象了解组织系统的环境对组织生存的制约性，并且能够从中深刻认识到公众对于组织的重要性。

（2）系统科学的结构功能分析方法能直接揭示公共关系这一复杂系统的内在机理。公共关系系统的构成要素是什么？其结构形式是怎样的？它们是如何相互联系、相互作用？其运作机制是什么？这种结构分析是深入理解公共关系内在的机理的重要方法。除此以外，系统的功能分析将帮助我们认识公共关系与外部环境相联系、作用和交换的能力。

（3）系统科学的自组织原理能够科学说明公共关系系统的秩序。系统科学认为任何系统都有自适应性、自组织性。公共关系本是一个自组织系统，系统科学的自组织性原理将透彻分析公共关系系统的自组织性过程，指出其秩序建构模式。

系统方法由于从有机整体的角度来透视公共关系，不仅能全面描述公共关系的本来面貌，而且会帮助形成特定的概念体系和确定具有内在逻辑的理论框架。所以，系统方法作为公共关系学的研究方法，会实现其理论的突破。

3. 民意测验

民意测验是公共关系学领域所创立的一种特殊研究方法，旨在准确、科学地了解、评价和预测公众舆论。作为公共关系学研究的一种具体方法，民意测验的学术价值就在于它在社会监测、评估、决策、咨询以及实践资料上已成为可靠的学术工具。

 案例

富兰克林·罗斯福推动新公关时代

1933 年，富兰克林·罗斯福上台，作为美国历史上唯一连任四届（第四届未任满）的总统，他在 20 世纪的经济大萧条和第二次世界大战中扮演了重要的角色，被美国学者评为美国最伟大的三位总统之一。在他刚上台的 1933 年，经济大萧条的风暴席卷美国，失业、破产、倒闭等比比皆是，作为总统，他处在了风口浪尖上。为应对危机，罗斯福采用了多种方法来表达自己的决心和轻松愉快的乐观态度，积极推行以救济、改革和复兴为主要内容的"罗斯福新政"。他还特别推出了一个独具特色的"炉边谈话"方式，直接和全国人民交流，做上下一体、点对点的危机公关。

第一次"炉边谈话"也是一种无奈之举。罗斯福刚上任就面临着举国上下的银行危机和挤兑风潮，如果银行大规模倒闭，美国就将面临灾难，而普通的宣传和动员都不足以应对这次危机。情急之下，他开始利用当时最为时髦的广播。1933 年 3 月 12 日晚，罗斯福在白宫楼下的外宾接待室，接受了美国广播公司、哥伦比亚广播公司和共同广播公司的采访。

他坐在壁炉旁边，面前放着扩音器，整个场面有些像家常谈话。但讲话之前，讲稿却不见了，于是他随手拿起一份给记者准备的油印稿，向全国人民说："我想花几分钟时间同合众国人民谈谈银行的情况。"接着他向美国民众就银行业的运作进行了浅显易懂的解释，动员大家"把钱放在经过整顿、重新开业的银行里，要比放在褥子下面更安全"。全国 6000 万民众听完这次谈话后信心大增。经过这次危机公关，美国银行竟然躲过了挤兑危机，避免了倒闭的命运。

当时在场的一位媒体人哈里·布彻，给这次谈话起了"炉边谈话"的名字，从此"炉边谈话"就成为罗斯福发表广播演说的正式名称，一直沿用下来。此后，每当美国面临重大问题时，罗斯福都要用他所钟情的这种方式与美国人民沟通，而这种方式也受到美国人的欢迎。"炉边谈话"产生的巨大影响，成为了广播史上的一个传奇，也成为政府公关的特别范例之一。

罗斯福的成功不仅仅是自己的成功，也是那个时代公关的成功。在他所处的时代，美国的公关业不仅得到了发展，而且其理念也传播到了世界各地。在他执政后期，也就是第二次世界大战期间，美国成立的战时新闻局，培育了 7.5 万名公关人员，在各地美军及盟军中发挥了重要影响。

资料来源：艾唐．美国总统的公关术［J］．国际公关，2012（43）

第四节　公共关系与相关概念

一、公共关系与新闻传播

"公共关系的一半是新闻"，公共关系界的这句俗语反映了公共关系与新闻传播之间的密切关系。

公共关系是信息传播交流的过程，也是社会组织开展公共关系工作的重要手段。能否有效利用各种新闻传播媒介，造就有利的舆论环境，是能否成功地组织开展各类公共关系活动的关键。大众传媒作为社会组织之一，是专业化群体通过各种技术手段向为数众多的读者、听众、观众传递信息的过程。它具有公共关系传播的一般特性，是公共关系传播的组成部分，是开展公关活动的重要媒介。只有凭借其广泛的传播性能和宣传效力，公关活动才能奏效。

然而，新闻记者并不代表他们报道的对象，而公共关系从业者则代表组织。这种利益关系可能影响到新闻故事的客观性、构思和事实陈述的方式。公共关系与新闻传播的区别如表 1-1 所示。

表 1-1 公共关系与新闻传播的区别

项　目	公共关系	新闻传播
角色定位	观点的倡导者	客观的观察者
工作范围	庆典活动、危机处理、议题管理，部分新闻采写工作	专门的传播机构，负责新闻生产的全部过程
传播受众	有明确的目标受众	一般的社会大众
传播渠道	大众传媒、海报、DM（直接邮递）杂志等多种管道	大众传媒

二、公共关系与广告

广告是指通过付费获得媒体的版面和时段，而公共关系一般是在媒体新闻栏目刊登不用付费的宣传资料和新闻故事。美国著名的营销大师阿尔·里斯把广告和公关比喻成"北风"和"太阳"。广告如"北风"，越拼命吹，消费者越把大衣裹紧；而公关如"太阳"，用它的温暖和光芒轻松地让人们脱下了大衣。这个比喻生动地说出了公共关系与广告之间的微妙关系。

（一）两者之间的联系

（1）公共关系常常借助广告的形式传播信息，通过产品或形象广告，可以间接起到树立该组织形象的目的。而清新活泼、艺术性强的公共关系广告，更容易为受众接受。

（2）公共关系工作能对广告起指导作用，它可以确定广告的宣传主题、宣传对象、传播对象、传播方式和传播周期。因此，公共关系与广告之间实际上可以相互补充、相互促进。

（3）公共关系与广告都源于传播学，都以传播为主要工作手段。

（二）两者之间的区别

1. 目标和原则不同

公共关系的目标是树立整个组织的良好形象，从而使组织事业获得成果；而广告的目标则是推销某种产品或服务。公共关系工作要以公众利益为原则，讲求真实可信，向公众提供全面的事实真相而非片面的局部消息；广告的首要原则是引人注目，追求的是与众不同的轰动效应。

2. 主体不同

公共关系的主体可以是任何组织，既可以是营利性组织，也可以是非营利性组织，如政府等。广告的范围窄一些，绝大多数情况下都是为营利性组织服务的。公共关系范围大，广告范围小。

3. 传播的手段和周期不同

广告传播手段种类少，公共关系传播手段种类多。公共关系可以利用人类传播的一切手段，如人际传播、组织传播等，重点在于树立组织形象，因此传播周期较长。而广告为了引人注目，可以借助新闻、文学、路牌、灯箱、杂志等手段，其作为推销产品或服务的促销手段往往要求快速有效，因而常具有明显的季节性、阶段性或短暂性的特点。

4. 传播的目的和评价不同

广告倾向于短期的、具体的、易于界定的内容，重具体效果；公共关系倾句于长期的、整体的、宏观的、不易界定的内容，重整体效果。

三、 公共关系与市场营销

随着公共关系在各种非商业性机构的运用日渐频繁，公共关系不等同于市场营销已被人们所认识。但是，企业的公共关系活动常被简单地称为"无形的推销术"，可见，误解仍然存在。从行销学来看，公共关系常常被看做行销组合的要素之一。特别是1986年。菲利普·科特勒提出"大营销"概念，让公关活动成为企业市场活动成败的一个关键的战略因素。而事实上，公共关系的作用和功能远远超出市场营销。两者的区别表现在以下几点。

1. 工作范围不同

市场营销是一种经济行为，工作范围多为企业生产流通领域；公共关系主要是一种文化活动和管理活动，工作范围十分广泛，所涉及的是社会任何一种组织与公众间的关系。

2. 工作目的不同

市场营销的直接目的是销售产品，从而进一步增加盈利，产生企业效益；公共关系的目的是树立组织形象，产生良好的公众信誉，从而使组织获得长足的发展。

3. 工作手段不同

市场营销所采用的手段是价格、推销、广告、商标、包装、产品设计、分销等，这些手段都紧紧围绕着产品销售的目的。而公共关系所采用的手段是宣传资料、各种专题活动，如社会赞助、典礼仪式、危机处理等活动。

4. 工作受众不同

市场营销主要是通过交换既满足顾客需要又赢得经济利益；而公共关系涉及范围广泛的各类公众，包括客户公众和非客户公众，如雇员、投资者、政府等。

有效的公共关系通过维护和谐的社会关系和政治环境促进市场营销工作；而成功的市场营销同样有助于建立和维护组织与公众之间的良好关系。就目前的发展趋势来看，市场营销越来越跨越本来的领域，朝向"关系"或"顾客以外之公众"发展，这导致两者之间的学科界限越来越模糊。

四、 公共关系与企业文化

公共关系在我国发展的历史并不长，随着改革开放被引进到我国。作为市场经济高度发展的产物，公共关系已经越来越多的应用到企业发展当中。但是，我国相当一部分企业仍然对公共关系认识不足，对企业文化和公共关系之间的关系更是认识不清。有些企业只注重企业文化建设而忽略公共关系；有些企业只强调公共关系而忽略企业文化的完善。它们不了解这两者之间相辅相成、相互促进的关系。笔者认为，企业文化和公共关系两者有很多交叉之处，但这两者是不能混为一谈的。

现今的市场竞争日益激烈，产品同质化日趋严重，企业间的竞争也由产品竞争转向企业文化和企业品牌的竞争。比如说手机市场的竞争，其实，每种手机的功能都大同小异，但品牌却多得让人眼花缭乱，如苹果、华为、三星、小米、OPPO等。那么消费者将如何选择呢？大多数人都会选择自己喜欢的品牌，也可以说是选择自己信得过的企业所生产的产品。企业品牌对于企业来说就好比人的姓名，当我们提起一个人的时候总是会先想起他的名字；谈到一个企业的时候人们首先想到的就是它的品牌。所以，品牌的塑造是企业实现价值追求的首要和必然步骤。企业品牌是文化的载体，是企业的结晶，是企业的标志。

人们可以通过品牌透视出一个企业的经营策略、价值观和经营哲学。企业文化也可以通过品牌将视野扩展到整个文化领域，既对内增强凝聚力，又对外增强了竞争力。

通过品牌可以赋予产品以文化沟通的职能，使产品和消费者能够直接对话，在消费者和企业之间建立起纽带和桥梁，为企业塑造良好的形象。品牌外化了一个企业的知名度、信誉度和美誉度，外化了一个企业产品在消费者心目中的形象。世界上知名的大企业就是靠产品的品牌深入人心的，以至于谈起产品品牌就想到了企业，品牌使企业赢得了市场，提高了竞争力。海尔的成功就说明了这一点，消费者一提到海尔，自然就有一种信任感，即使没有使用过它的产品的消费者，也能放心地购买和使用。这就是品牌效应使然，而品牌效应的源头就是企业文化。品牌塑造的基础是优质的产品质量和优质服务。而要全面提高产品的质量和服务质量又必须得到企业全体员工的认同和共同努力。而要做到这一点则必须营造优秀的企业文化环境。"海尔"曾经主动砸毁自己的劣质商品，领回了中国冰箱史上的第一枚金牌，通过了 ISO9000 质量认证，成为当之无愧的世界级供应商，创造了中国乃至世界消费者普遍赞誉的中国名牌。这个品牌的成功塑造与优秀的海尔文化是分不开的。所以，企业向社会提供优质产品和优质服务实际上是通过企业文化来塑造自己的企业品牌。

企业文化是品牌塑造的源泉，而公共关系是企业形象和品牌塑造的重要手段。良好的公共关系，能有效地帮助企业塑造形象、建立品牌、拓展市场并建立起良好的人际关系，增强企业的凝聚力。如果没有公共关系的具体运作，企业品牌塑造就只能是纸上谈兵。公共关系在企业品牌塑造中主要有以下几个方面的作用。

（1）企业的形象塑造、产品定位，以及打造知名品牌都离不开公关策划。

企业要塑造知名品牌必须进行产品形象塑造，而产品形象塑造的首要任务是产品的形象定位。好的产品形象定位能够让消费者在心目中产生"从不需要想起，永远不会忘记"的印象。如宁波雅戈尔集团的"装点人生，服务社会"；椰树集团的"常饮鹿龟酒，活过九十九"；还有康师傅红茶的"冰力十足"；统一鲜橙多的"多喝多漂亮"等，这些都是具有独特风格的产品定位。如果没有好的产品定位，就无法在消费者的心中形成其品牌独特的风格和个性，也就难以让消费者牢记这个品牌。形成品牌的独特风格固然重要，但为品牌起一个好名字也是形象塑造的一个重要内容。因为好的品牌名称将会为该品牌日后成为名牌打下基础。品牌之所以能够成为名牌，除了有丰富的物质内容以外，更重要的是它注入了高品位的文化含量，这也是名牌产品的竞争优势。名牌产品有着浓厚的文化色彩，不仅能够引起消费者的联想，产生美好的想象，而且能够刺激消费者心里的情感，震撼其心灵。从品牌名称的策划到形成品牌的独特风格再到品牌形象塑造，这些都是公关策划的基本内容。可以这样说，没有公关策划，就不可能打造知名品牌。

（2）公关传播有利于企业知名品牌的塑造。

公关传播就是把企业品牌的定位以及所蕴含的企业文化向公众进行传播讲解。虽然我们强调质量才是企业发展的根本，但是在市场经济日益发展的今天，过去那种"酒香不怕巷子深"的观念已经过时。企业不但要抓质量关，还要懂得宣传自己，传播自己，争取在适当的场合亮出自己的牌子，以提高企业的知名度。往往越是知名的企业越是注重公关传播，如可口可乐公司、百事可乐公司等众多大企业，它们每年都投入大笔的费用用于公关传播活动。

企业知名品牌的塑造过程其实是企业的产品获得社会公众认可和支持的过程。公关传播不仅能使企业与社会公众分享信息，更重要的是它可以改变或影响公众的态度和看法，通过打动人心，最终促使公众对企业采取理解和支持的行为。所以说，企业要塑造品牌，尤其是知名品牌，公关传播是不可缺少的。

（3）公关危机的处理是企业品牌的保护伞。

俗话说，"创业难，守业更难"。对一个企业而言，品牌塑造不容易，维护品牌形象更难。其实品牌形象是一种十分脆弱的东西，如同玻璃制品一样，一不小心就会遭到破坏。创一个知名品牌也许需要很长的时间，但一两个公关失误就可能使品牌形象毁于一旦，即使是莫须有的罪名也会使品牌形象蒙受损失，这时候公关处理危机的作用就显得十分突出。

"泰莱诺尔"药物中毒事件就是一个很好的例子。作为美国最大的生产保健品及幼儿药品的医药公司，约翰逊公司在全美享有盛誉。但因一次药物中毒事件导致该品牌的药品被全部从货架上撤下来，有人甚至要求停止整个生产线。但该企业的决策者有很高的危机意识，果断决策，采取了公关危机的处理方法，花重金收回有问题的药品，使企业走出困境，保住品牌，赢得市场。可见，企业危机公关也只有切实为消费者考虑，充分以人为导向，倾向于顾客利益至上，真正为社会大众利益着想，才会真正赢得顾客的信赖和支持，维护企业形象，使企业得以渡过危机，重振声名。所以，危机公关既要着眼于当前企业危机事件本身的处理，又要立足于企业长远的发展，不要因眼前的利益而损坏企业的形象和品牌。在高度市场化的今天，企业的生存和发展很大程度上依赖于它所面临的环境，以及企业与这种环境之间的良好的公共关系，任何来自企业外部的不利因素，如果任其恶化，就有可能置企业于死地。所以，公关危机处理得当与否，对于企业形象至关重要，关系到企业能否在激烈的市场竞争中生存、发展、壮大。因此，企业在处理可能影响到新闻媒体、社会大众、消费大众等改变企业形象评估的事情时，一定要站在公共关系大局的角度来衡量得失，决不能以一时的利益来衡量，而应优先考虑消费者的利益得失以及这个问题对于公共关系的重要性，以积极的态度去赢得时间，以正确的措施去赢得顾客，创造妥善处理危机的良好氛围。积极主动还表现为维护消费者利益、主动弥补顾客的实际利益和心理利益，并建立起关心和维护消费者权益的积极形象，重塑消费者对企业的信心。

总而言之，现代市场竞争不仅仅是商品的质量竞争、技术竞争、价格竞争、服务竞争，还包括知名度的竞争、信誉的竞争、形象的竞争。企业文化和公共关系作为打造企业知名品牌和形象竞争的两大法宝，它们可以提高企业及其品牌的知名度、美誉度，增强企业的整体竞争能力，促进经济效益和社会效益的同步发展。任何企业都应该注重企业文化和公共关系的建设。一个企业如果无法营造出适合企业生存的文化，那么它开展的公关活动也就没有实际内涵，也就很难形成知名品牌，更不可能成为知名企业。这样的企业即使开展了公关活动也不会成功。同样，有文化的企业不开展公关活动难以让人知晓，也不可能打造出知名品牌。所以，任何企业想要成功塑造知名品牌和成为知名的企业，就得在建设企业文化的同时，积极开展公关活动，偏颇任何一面都会有问题。需要注意的是，建设企业文化和公共关系并非一朝一夕的事，它们是一种长期战略，自觉的行动。

五、 公共关系与人际关系

人际关系是一种个人层次上的关系，是指人与人之间在活动中彼此为满足各种需要而建立起来的相互间的心理关系。

> 1995 年 7 月 29 日，40 岁的意大利探险家蒙塔尔只身下到一个 200 米深的洞穴，独自生活一年。洞穴里设施完备，有足够的食物，有卧室、卫生间甚至一个小小的植物园，但没有人事纠葛。一年后，当他出来，体重减轻了 21 公斤，脸色苍白、反应迟钝、弱不禁风、大脑混沌、情绪低落、说话结巴，很多词汇都忘了，与原先的他判若两人。后来他说："我一个人在洞中生活，孤独得快要发疯，甚至好几次都想到自杀。我现在明白了，人生的美好在于与人相处。"
>
> 资料来源：会商宝．http：//www.huishangbao.com/sell/show-3304.html.

为什么独处会让人发疯？

这是因为人不同于物，因为人有思想，因此，人际交往不是机械的相互作用，而是一种互动，而这种互动以信息交流为前提。

在社会活动日益频繁的今天，人际关系与公共关系究竟有何联系与区别？人际关系属于社会心理学范畴，主要指个人在社会交往中形成的人与人之间的相互作用和相互影响，即从个体关系的角度概括人的各种社会关系，包括个人在生活、生产及其他社会活动中形成的一切人与人之间的关系。

公共关系与人际关系两者联系紧密，公共关系以人际关系为基础，良好的人际关系有助于组织内部环境和外部环境的和谐与改善。两者的联系具体表现在以下两个方面：

（1）从工作内容看，公众关系中包含许多人际关系；

（2）从工作方法看，公关工作需要运用人际沟通的手段，要求公关人员具备较好的人际关系能力，良好的个人关系有助于建立良好的公共关系。

公共关系与人际关系的区别如表 1-2 所示。

表 1-2   **公共关系与人际关系的区别**

项　　目	公 共 关 系	人 际 关 系
主体	组织	个人与人群
客体	公众	个人与人群
传播方式	一切手段	人际手段
产生基础	业缘	血缘、地缘、业缘、趣缘
产生时间	有了组织之后	人类伊始
运作范围	广泛	自身发展的物质交换和交友的精神需求、感情交流

项　　目	公共关系	人际关系
研究内容	组织与公众间关系的发展规律，公共关系职能、技巧、组织、人才发展的规律	人与人关系的发展规律
历史、普及、专业化程度	历史短，普及快，专业化程度高	历史长，普及面广，专业化程度低

 案 例

非常时期的"非常"传播

2003 年的春天，一场突如其来的非典型性肺炎给北京、广州甚至全国的酒店行业带来了措手不及的沉重打击。

广州大厦作为酒店业的一员，在这场没有硝烟的战争中不可避免地遭受了打击，经受了考验，感受了严峻紧张的气氛。但面对"非典"、面对困难，广州大厦人沉着应战，及时启动了应急机制，以严密的防范措施、科学的管理机制、灵活的经营策略，不仅在抗击"非典"的战斗中实现了无一病例出现，有效地保障了广州大厦的安全，还变被动为主动，在非常时期组织了一场有声有色的"非常"传播。

当时，面对"非典"的肆虐，广州大厦人在思考：我们能为抗击"非典"做点什么？如何把大厦的可靠性和安全性传递给消费者？如何树立消费者的信心？如何提升广州大厦的品牌形象？2003 年的春天，是"灰色的"。在这"灰色"的春天里，人们多么渴望灿烂的阳光和安宁的绿色。绿色是春天的颜色，绿色是广州大厦的标志色，是广州大厦企业文化的代表色，如何使用人性化、个性化的方式，把广州大厦人对绿色的追求传递出去？在这非常时期，若单纯通过媒体做硬性广告、宣传，不仅投入高，而且很难让消费者信服。

于是，广州大厦人想到了人际往来的书信，想到了带给人们祝福和喜悦的各类贺卡，再由此想到了问候卡，毅然决定把非常时期的"阳光"与"绿色"通过问候卡带给公众。并采用了以绿色为主色、以红棉花为图案设计问候卡，并拟定了这样的问候词：

深深地感谢您对广州大厦的关心和支持。

虽然"非典"暂时影响了我们的工作与生活，却让我们手握得更紧、心贴得更近，也让我们学会了坚忍、学会了战胜。非常时期，广州大厦作为广州地区首家通过 ISO9001、ISO14000 质量与环境管理双认证的酒店，将更好地把优质和环保送给您；将更好地演绎"把尊重送到您心里"的服务理念，为您在广州营造一个安全、卫生、舒适的家。

　　请您常回家看看！

　　这份问候卡以抗击"非典"为主题，一开始就让广州大厦人和公众站在同一个战壕里，引起情感上的共鸣；再把广州大厦的安全、可靠传递给消费者，增强了消费者对广州大厦的信心，最后一句亲切的"请您常回家看看"，不仅拉近了与公众的距离，还营造了温馨的家的感觉，再次赢得了公众对广州大厦的信誉。

　　然而，广州大厦人对这样的问候词并不满意，因为广州大厦人认识到，在这个非常时期，有责任有义务为公众为社会做点什么。广州大厦人应立足于广州、立足于社会，发挥企业的社会责任！不仅要表达自己抗击"非典"的信心和斗志，还要把这份信心和斗志带给为抗击"非典"而努力的人们，传递一种力量，凝聚一种精神，让更多的人在迷惘、艰难的逆境中，看到光明和希望，感受到关爱和支持，从而铸造必胜的信念。

　　更新了理念之后，广州大厦人调整了方案，将问候词从促进经营调整为塑造企业形象，从传递祝愿到履行企业的社会责任，并将发放的对象从消费者拓展到省、市政府、机关团体、同行、客户以及所有参与抗击"非典"的人们。经过反复的讨论和斟酌，将问候词确定为：

　　在这特别的日子里，愿这张小小的卡片，捎去我们的问候、捎去我们的祝福：
　　愿您健康、快乐、吉祥、顺意！
　　愿我们的广州、愿我们的广东、愿我们的祖国早日驱散阴霾，愿我们的世界充满祥和、安宁！

　　更改后的问候词虽寥寥数语，却蕴含了丰富的内涵和情感。

　　首先，在铺天盖地出现"非典"这一让人感到不安与恐惧的"灰色"词语时，广州大厦人选用了"特别的日子"含蓄地替代了"非典"，不仅让这份针对"非典"的问候卡没有出现"非典"一词，还捎去了一份象征安宁的绿色，以及对抗击"非典"必定取得胜利的祝愿。

　　其次，把原来对广州大厦通过 ISO 国际质量和环境管理体系双认证等广告性的语言全部删去，仅留下广州大厦人的问候，广州大厦人的祝愿，令这份问候卡情更真、意更切，让收到卡片的人从情感上更容易接受、更容易认同。

　　最后，语言更温馨、更大气，立足点更高。广州大厦人通过问候卡表达了对广州、对广东、对祖国、对世界美好的祝愿；表达了广州、广东、祖国人民、世界人民共同的追求，表现了公务酒店人开阔的胸襟，高远的眼光，进一步展现了公务酒店的品牌形象。

　　寄出的几千份问候卡，是绿色之卡、阳光之卡，它赢得了顾客的美誉，受到同行的赞许，受到领导的表扬，得到了各界人士高度的评价，他们都说："这张问候卡来得及时、来得深刻、来得温馨!"

"非典"问候卡传播了广州大厦人的理念、演绎了广州大厦的企业文化,体现了公务酒店的品牌风格,提升了公务酒店的品牌形象,同时也促进了广州大厦的经营。2003 年,广州大厦在逆境中实现经营收入过亿元,超额完成了广州市政府办公厅下达的考核指标,实现了经济效益和社会效益的双丰收。

　　　资料来源:邝云弘. 公务酒店成长之路——广州大厦 15 年实践. 广州:中山大学出版社,2013:44.

问题与思考:

通过案例阅读,你得到了哪些启示?

 **本章思考题**

1. 公共关系与市场营销是如何整合的?
2. 现代公共关系产生的主要社会历史条件是什么?
3. 请举例说明为什么人类早期的公共关系有类似于现代公共关系的特性。

第二章
公共关系的一般原理

◎ **本章提示**

公共关系有一套完整的理论基础。公共关系的本质属性是"公共性",即"第三方立场",具体表现为 4P 特征:公众性 (public)、公开性 (publicity)、公共舆论性 (public opinion) 和公益性 (public interest)。公共关系的三大基本特征是:说真话、做善事、塑美形。说真话是有效公共关系的必要条件,做善事是积极公共关系的活动方式,塑美形是成功公共关系的追求目标。公共关系与新闻、广告、行销、人际关系都存在着联系和区别。目前,公共关系理论的发展趋势是,从一般的理论向专门化的理论拓展,人们不再局限于对公共关系基本理论的研究,而注重它在各行各业实践中的应用问题。

 案例

美国百老汇喜剧《长腿爹地》,描述一名 12 岁的女孩如何以无比的勇气度过了灰暗的孤儿院生活,并且在一位匿名的慈善家财务的支援下,面对一切。

作为此剧的宣传促销人员,伯内斯采用的方式很直接:他与纽约州慈善救助协会合作,成立了许多个长腿爹地基金,在大学校园和高中都成立社团,筹款帮助私人家庭领养孤儿。其中,有一家娃娃制造商生产了 1 万个长腿爹地娃娃,并且让娃娃穿着蓝色斜纹的孤儿装,再把收入全数捐给救助协会。一位著名的赛车选手把他原先的幸运娃娃换掉,改用长腿爹地娃娃,其他的选手也纷纷跟进。一如往常,这些事件逐一在纽约的媒体上刊载,而慢慢地变成全美的新闻。有一篇报道说,这种推广方式已经在美国造成了一股组织相关俱乐部的热潮,并指出布朗克郡的苏菲雅基金已经决定把名字改成长腿爹地纺织俱乐部。

资料来源：http：//www.54lou.com/GongGongAnQuanXingYeBiaoZhun/201701865733.html.

伯内斯的公关策略是"把个人利益提升到公众利益"，也就是让《长腿爹地》与一种有意义的活动连接起来，这种活动要让去看戏的人觉得他们不仅仅是参加娱乐活动而已。

第一节　公共关系的本质属性

根据黑格尔的本质论，所谓本质属性，是指事物的质的规定性，公共关系之所以是公共关系，而非广告、宣传、新闻和营销，就在于公共关系自身的质的规定性，这种质的规定性，是公共关系区别于其他学科的内在依据，而其他的公共关系特征则是这种本质的具体表现。我们要了解公共关系这门学科，首先要认识它特有的质的规定性，如果这种质的规定性变了，公共关系也就变了，换句话说，公共关系这门学科也就没有必要存在了。

事实上，关于公共关系学科的正当性一直受到质疑，其原因之一就是，公共关系的本质属性始终受到相关学科如广告、营销等挑战。

大家知道，广告的本质属性是"付费性"，新闻的本质属性是"真实性"，营销的本质属性是"交易性"，人际关系的本质属性是"个体性"，与这些学科相比，公共关系的本质属性究竟是什么呢？

本书认为，公共关系的本质属性是"公共性"，通俗地说，就是"第三方立场"。简单地说，公共关系是一种"组织-公众-环境"关系，一种组织和相关公众的沟通对话关系，一种组织与所处环境的研究监测关系，在这种复合型的关系中，公共关系是一只脚站在组织里，一只脚站在公众关系和社会环境中，既要对组织负责，又要对公众负责，还要对社会负责。公共关系所扮演的是一个超越甲方、乙方的"关系居间者"角色，它必须成为组织与相关公众之间相互沟通与了解的渠道，它必须在政治、经济、文化、社会等各个领域平衡彼此的关系，并且诠释和整合不同的意见和观点。

从组织角度看，公共关系通过倡导组织对社会责任的担当，来预测、监督和制造民意，公共关系人员扮演着"组织的良心"和"道德卫士"的角色，相当于组织的"公共事务官"，如果从公众和环境角度看，公共关系则代表公共和民意，是社会公共领域的代言人。

公共关系的这种"公共性"本质，具体表现为4P特征：公众性（public）、公开性（publicity）、公共舆论性（public opinion）和公益性（public interest）。

一、公众性

公共关系的一切工作都是为了争取公众，讨好公众而展开的，从艾维·李的"公众必须被告知"，到伯内斯的"投公众所好"，再到格鲁尼格的"双向对称传播"，都反映了公众性不断增强，反映了公关的对象属性。

二、 公开性

公共关系本着"好事要出门，坏事要讲清"的原则，采取一切公开合法的创造性手段，进行公共宣传，努力提高组织信息的透明度，提高组织形象的知名度和美誉度。公开反映公关的手段属性。

三、 公共舆论性

公共舆论是公共关系的生态环境，公共关系通过制造媒体效应、口碑效应、议题效应，来形成民意，或者改变民意，以此形成对组织有利的生存环境，或者来影响组织的决策导向。公共舆论性反映了公关的内容属性。

四、 公益性

任何组织机构都是以自身利益最大化为原则，它们能够善尽社会责任，并不是完全自愿的，而是在公共关系的倡导和推动下完成的，公共关系就像一只看不见的手，引导组织重视社会责任，照顾公众利益，营造一个和谐的生态环境，以谋求组织机构的竞争优势。公益性反映了公关的伦理属性。

总之，由于公共关系的这种"公共领域"性质，它可以实现私人关系的公开化，广告传播的免费化，新闻信息的舆论化和行销推广的情感化，从这个角度上讲，公共关系是共领域的代言人。

第二节　公共关系的基本特征

关于公共关系的基本特征，国内教材普遍认同的提法是"以事实为基础，以传播为手段，以美誉为目标，以互惠为原则，以真诚为信条，以长远为方针"。

在本书中，笔者给公共关系的通俗定义是：公共关系是一门说真话、做善事、塑美形的科学和艺术，可以用以下公式来表示：

公共关系＝说真话＋做善事＋塑美形

并据此把它们作为公共关系的三大基本特征，其目的是要突出强调公共关系的专业特质。

一、 说真话：有效公共关系的必要条件

从历史起源上讲，公共关系之父艾维·李对"真实"的倡导，是现代公共关系职业化的原因。现代意义上的公共关系产生于美国的"报刊宣传"运动，这场运动提出了"凡宣传皆好事"的主张。当时马戏团老板菲尼斯·巴纳姆鼓吹"公众要被愚弄"，铁路

大王范德·比尔特高嚷"让公众见鬼去吧",都是受到了这种宣传思想的影响,在这种信条下,各种愚弄、欺骗的宣传手法被发挥到极致,终于引起了公众的愤怒和抵制,并导致了"清垃圾运动"。巴纳姆本人也被当作"反动公共关系"时期的代表人物。

正是在这种背景下,艾维·李倡导"说真话"、"公众必须被告知",使公共关系进入了一个"说真话"的时代。他坚信,公司应响应外界评论唯一方法就是诚实地、准确地、有力地表述自己这样做的理由。他在实现自己主张的过程中,也获得了巨大的成功,他帮助洛克菲勒家族顺利地解决了危机,并树立起其美国慈善捐助事业榜样的形象。

从理论上讲,公共关系的"说真话"区别于广告的"说假话",等同于新闻的"说真话",既突出了与广告的区别,又强调了与新闻的联系。从信息来源角度来看,广告是"王婆卖瓜,自卖自夸",缺乏公信力,而公共关系则是组织-公众关系的中间者,是组织和公众利益的维护者,是新闻信息的第三方来源,具有可信度。

从内容上讲,公共关系的"说真话",具体表现在以下四个方面。

第一,信息真实。公共关系面对现实,以事实说话,而不是虚构故事;公共关系面对媒体,是新闻来源,是同时代表组织利益和公众利益的公共领域代言人。

第二,态度真诚。公共关系面对公众,处理各种组织-公众-环境关系时,要以真诚赢得合作,建立信誉。

第三,好事要出门。公共关系强调"Do good, then tell them",就是说,公共关系不仅要做得好,而且要说得好,有意识地、有计划地保持组织和公众之间的信息对称和情感对称。

第四,坏事要讲清。公共关系面对危机,必须"两面提示",既传递好信息,也要告知坏消息,一方面可以让公众感到组织是负责人的、有人情味的,另一方面也可以增强公众的"免疫力",掌控局势,避免他人无意或有意地制造谣言,中伤组织。

随着公关实践的发展,人们越来越认识到对"说真话"和"真实性"的强调并不是公关理论界的一厢情愿,而是有效公共关系的必要条件。"让公众知道发生了什么事情,并提供一个有关组织的特质、理想和运作实务的正确图像","不管是好事还是坏事都应该让公众知道……不采取故弄玄虚、无中生有或胡乱吹嘘、捧高自我的宣传伎俩"。一个失败的公共关系就是,"认为它们可以对公众隐瞒事实或相信事情与公众无关"。

如果说"真实"是新闻的生命,那么,"真实"同样也是公共关系的生命,更是公共关系的专业特质。

二、 做善事: 积极公共关系的活动方式

苏格拉底把"善"比喻为"太阳",因为太阳代表阳光下的一切,无独有偶,阿尔·里斯也认为"公关是太阳,广告是风",所以,本书提出,公共关系是一种"善",是一种以"双向对称"、"双合目的性"为价值取向的文化活动。

在公共关系领域,"霍普斯丛林时代"结束了,"零和思维"被"双赢思维"取而代之。公共关系要的是双赢或多赢,要求组织和其群众共同利益的最大公因数。

公共关系在精神上的最高指导原则,就是利己利人。艾维·李曾提出,凡有益于公众

事业的，必将有利于组织，体现了公共关系最初利己利人的动机，即利人是为了利己。但是，公共关系的"善"不是也不应该只停留在"主观为自己，客观为别人"的认识层面上，因为这种认识仍是以组织为中心，它会制约公关实践的高度。

正如人类中心主义要向生态中心主义转变一样，公共关系也将由以组织为中心，向以组织-公众-环境生态中心主义转变。公共关系的"善"不仅是有利于自身的"小善"，而且也是"兼济天下"的"大善"；它不仅发展自己，而且乐善好施，有着"先天下之忧而忧，后天下之乐而乐"的情怀。只有这种转变，才能将公共关系"善"的本质彰显出来，才能塑造企业真正的美，才能真正完成公共关系的使命。

公共关系的这种"大善"，具体表现在对社会责任的担当上。格鲁尼格认为，"公共的或社会的责任已经成为一个组织拥有公共关系功能的一个主要原因。"事实上，每一个公共关系决定都建立在正确、富有社会责任的企业原则基础之上，那是公共关系最有效的时候。

研究表明，公共关系实践与社会责任理论有极大相关性：正是现代公共关系的产生，唤醒了企业的社会责任感，使得卓越企业对社会责任更加敏感，并推动了社会责任理论的形成，正是在社会责任理论的引导下，公共关系是"做善事"的概念也变得越来越清晰。企业通常会通过捐赠、公益宣传、员工志愿者、设立慈善基金会，以及提供分销渠道的使用权等多种形式，来支持社会公益和慈善事业。

近年来，越来越多的企业意识到，"做得好"和"做好事"是密切相关的，如果一个企业从建立伊始就能够把对社会和环境的关心，整合到经营战略中，有利于形成前沿创新和竞争优势。

美国运通董事长哈维·戈卢布认为，"慈善行为等于经营之道……企业回报其置身的社区，这不仅是恰当的，而且是精明的做法，健康的社区对社会安定和总体经济非常重要，而且，还可以为企业提供一个良好的环境，有助于企业发展、创新和吸引杰出人才。"

而福特汽车公司董事长威廉·福特则认为，"好企业和伟大的企业之间是有差别的，一家好的企业可以提供优秀的产品和服务；一家伟大的企业不但可以提供优秀的产品和服务，而且还要努力让这个世界变得更加美好。"

总之，"做善事"的价值可以用道德价值辩证法来解释：道德的基础是利益，道德归根结底是为一定的经济利益服务。而真正的道德又是超功利的。通过超功利的道德境界，归根到底达到为一定的经济利益服务的目的。

营销之父菲利普·科特勒认为企业在做好事时有6种选择：公益事业宣传、公益事业关联营销、企业的社会营销、企业的慈善活、社区志愿者活动、对社会负责的商业实践。

例如，曾一度入选《财富》杂志的"最值得尊敬他的企业"，并在2001年被《华尔街日报》评为企业社会责任声望第五名的麦当劳公司在2002年4月发布了第一份"社会责任报告"，声称麦当劳的责任是"要做一个好邻居、好雇主和环境好管家"，并且"对社会责任的重要性坚信不移"。报告重申了公司致力于成为对社会负责的领导企业的承诺，并且详细介绍了公司在社区、环境、公众以及市场等领域内的广泛活动，概述了相关的目标和计划，同时也承认了麦当劳在信息收集和进展评价方面要面对的挑战。

麦当劳公司的例子涉及了几个主题：儿童健康、有特殊需要的儿童和家庭、灾难救助、环境保护。表 2-1 是麦当劳公司社会活动的一些例子。

表 2-1　　　　　　　　　　　　　麦当劳公司的社会活动

公益事业宣传	在澳大利亚悉尼举行的"奥林匹克青年营"活动
公益事业关联营销	2002 年 11 月 20 日的"世界儿童日"，参与活动的麦当劳餐馆每卖出一个巨无霸或其他指定产品，就向儿童公益事业捐款 1 美元
企业的社会营销	麦当劳鼓励及时对儿童免疫接种
企业的慈善活动	"麦当劳之家"为孩子患有重病的家庭提供治疗期间的住所
社区志愿者活动	在"9·11"灾难现场，麦当劳为志愿者提供免费饮食
对社会负责的商业实践	麦当劳改用再生材料的包装，并减少了包装材料的用量

三、 塑美形： 成功公共关系的追求目标

首先，让我们来看这样一则案例。

一家小旅馆是这样装潢的：门口摆着一把中提琴，门的两侧一黑白两色的钢琴键做装饰，墙上画着五线谱……更妙的是客人踩上楼梯，便闻琴声叮咚，一步一个音符。除此之外，楼梯两侧的墙上，悬挂着许多艺术名人的题词和照片，地上摆着他们曾经用过的各种乐器……

很明显，这家小旅馆展示给公众的形象主要是"凸显自己的气质美"：优雅、从容、彬彬有礼……而且，这种形象气质是经过精心设计、塑造出来的。

从哲学层面上讲，美是形象的化身，形象是美的载体，塑造形象就是一种对美的追求，一种追求"内在美的外在化，外在美的内在化"的过程。

从历史上看，形象首先是一个审美概念，其影响主要是在艺术领域，而随着现代公共关系的产生，形象由此演变成为一个经济概念，直至 20 世纪 40 年代，形象逐渐发展为一种经营战略，即 CIS 战略，其影响则是整个世界。公共关系作为一门塑造形象的科学和艺术，让全世界明白了这样一个进理：形象也是生产力。

从内容上看，公共关系对美的追求表现在两个方面：一是对艺术美的追求，主要表现在对审美层面的追求，它对应于狭义的美；二是对组织美誉度与和谐度的提升，这是公共关系对审美价值的升华，对应于广义的美。具体地说，它体现在理念美、行为美和视觉美三个方面。

理念美主要包括沉淀于企业、产品及员工心中的经营理念、管理宗旨、办事风格、管理制度、企业文化等企业的风格、性格和品格，它是企业形象的核心要素；行为美主要体现在企业市场行为、员工行为和社会行为等；视觉美主要包括建筑外观、周围景观、内部装修、运输工具、办公用品、员工服装、产品包装、商标广告等一切可视、可听、可感觉到的企业静态实物和动态言行，它是组织形象的具体体现。

总之，良好的组织形象是组织"内求团结，外求发展"的根本保障，在现代市场中，拥有资金、技术、人才和信息优势已不再是一流组织的标志，组织和企业间的竞争已上升为综合实力的竞争，组织形象的竞争。人们往往会依据对组织印象的好坏来选择商品，人们用手中的钞票作选票，支持符合其愿望的组织，良好的组织形象就是组织发给顾客的信用卡，让其放心大胆地采取购买行为，良好的形象虽然不能给组织直接带来销量和利润，但是，却可以创造出一种消费信心，一种向心力和凝聚力，从而使组织保持长久良性的发展状态，可以说，组织形象是现代组织的生命线，是现代组织的无形财富和宝贵资本，也是成功公共关系的主要目标。

 案例

一张坦诚的说明书

日本美津浓体育用品有限公司生产的运动衣口袋里，无一例外都有一张这样的说明书：这件运动衣在日本是用最优秀的染料、用最优秀的技术染色，但是我们仍觉得遗憾的是，茶色的染料还没有达到不褪色的程度，还是会稍微褪色。如今在日本，美津浓已成为体育用品的代名词。

同样，《北京晚报》曾刊登了一则"好来西向上帝道歉"的广告，广告用不长的文字告诉消费者："凡是好来西衬衣，在衣领洗破前，如因正常水洗，领口、袖口出现起泡，公司予以调换或者全部赔偿，并赠好来西西服一套。""4万件名衫已有主，却有6件仍不满意，尽管承兑已兑现，负疚之意仍未去，因为6件对我们属于万分之一点五的偶然，对'上帝'却是百分百的遗憾。因此，我们怀着深深的歉意向您道一声'对不起'！"

资料来源：陶应虎，顾晓燕. 公共关系原理与实务. 北京：清华大学出版社，2006.

问题与思考：

这些案例都是自揭其短，但是对这样真诚的语言、认真的态度，有哪一位消费者能不原谅、不动心呢？以坦诚的态度对待公众，才能赢得公众的理解和支持。

第三节　公共关系的主要功能

 案例

"小燕子"的一封信

日本奈良市郊区有一家旅馆，外在环境优美，招待客人热情，很吸引顾客。但美中不足的是每年春季，许多燕子争相光临，在房檐下营巢安家，排泄的粪便弄脏了玻璃窗和走廊，服务员小姐来不及擦，使得旅客有点不快。旅馆主人爱鸟，不忍心把燕子赶走，但又难以把燕子粪便及时、彻底清除，很是苦恼。

一天，旅馆经理忽然想出一条妙计，他提笔写道：

女士们、先生们：

我们是刚从南方赶到这儿过春天的小燕子，没有征得主人的同意，就在这儿安了家，还要生儿育女。我们的小宝贝年幼无知，我们的习惯也不好，常常弄脏您的玻璃和走廊，致使您不愉快，我们很过意不去。请女士们、先生们多多原谅！

还有一事恳求女士们和先生们，请您千万不要埋怨服务员小姐，她们是经常打扫的，只是她们来不及擦。这完全是我们的过错，请您稍等一会儿，她们就来了。

您的朋友：小燕子

客人们看了这封公开信，都给逗乐了，不仅不再提意见，而且对这家旅馆更感亲切，并留下了美好的印象。

资料来源：张岩松. 公共关系案例精选精析. 北京：经济管理出版社，2003.

问题与思考：

这显然是以小燕子的名义写的一封向旅客们解释、致歉的信。该案例说明组织和公众可以通过适当的沟通方式联系到一起，消除误会，赢得公众的理解和支持，树立组织的良好形象。

所谓功能，指的是任何一个事物或组织在与环境相联系时所表现出来的适应能力和能动作用。公关功能就是指公共关系结构诸要素与环境相互作用时所体现的能力和结果。从公共关系的主体立场来说，公共关系的功能被概括为塑造形象、沟通信息、协调关系和咨询决策四个方面，国内许多教科书都是这么论述的，本书从公共关系的本质属性——第三方立场出发，提出公共关系的主要功能为：说服、倡导、咨询、管理。下面分别介绍。

一、说服

现代公共关系实践，深深扎根于基于弗洛伊德精神分析理论的劝服理论，公共关系学之父伯内斯的公关实践深受他舅舅弗洛伊德的影响，在他的第一本公共关系学著作《公众舆论之凝结》中，就明确提出："公共关系是通过创造性的传播，达到说服之目的。"格鲁尼格和亨特也将"科学劝服"归结于公共关系实践的四模式之一。

所谓说服（persuasion），又译为"劝服"，是指在没有强迫的情况下，他人的传播影响一个人的态度或行为的过程。根据史密斯（Smith M.）1982 年的概括，关于"说服"有六种类型。"过程式"把说服看成是改变人们信念、态度的过程；"效果式"认为只有产生了效果的说服才算是说服；"意图式"认为主体有意施加影响才叫说服；"反应式"认为有意无意发出信息都能产生说服效果；"注入式"则把说服理解为单向影响过程；

"交互式"把说服理解为双向信息交流的结果。

在公共关系的视野里，说服不仅仅是一种手段，而且是一种过程，不仅是追求的效果，而且是欲达成的目标。公共关系的第一个功能就是说服。通过说服，使组织适应环境和环境适应组织。具体地说，说服功能体现在以下三个方面。

（1）改变组织或公众的态度和行为。

公共关系人员站在组织利益和公众利益的结合点上，通过创造性的说服传播，达到态度改变的目的，要么减轻负面态度，要么强化正面态度；要么改变公众的态度和行为，使他们从消极变为积极、从敌对变为友善、从厌恶变为喜爱等，以有利于组织的生存和发展，比如培养消费偏好和品牌忠诚；要么努力改变组织的政策和行为，使之符合公众的需求和利益，比如，组织在公关专家的建议下，放弃污染环境的原料而采用环保原料等。

（2）制造舆论。

舆论标志着大多数社会公众对组织的基本态度和行为，是组织与公众共存的社会生态环境，而公共关系的功能之一就是要通过说服，制造舆论，优化社会生态环境，使社会生态环境朝着有利于组织的方向发展。

那么，什么是舆论呢？舆论是相当数量的个人、群体或社会组织对某一社会问题或公共事物所发表的倾向性大体一致的意见，是社会群体意识的反映。在任何一个社会圈内，只要出现某一个能引起多数人关注的问题或事件，这个社会圈内上上下下的不同社会群体就会对这个问题或事件议论纷纷，形成一种道德的、情感的、意志的氛围，给人们以某种无形的压力。这种情况就是一种舆论现象或者是一项舆论活动。因此，舆论是社会的晴雨表，是某种共同社会心理和社会思潮的公开表露，是实现社会调控的制约力量。

"舆论"一词在公共关系中指社会对公众组织的政策、行为、人员或产品所形成的意见、看法、评价的总和，即大多数人对组织的看法和意见的公开表达，舆论是无形的关系。

公共关系舆论可以分为三种：人际舆论、大众舆论、分众舆论。人际舆论通过人际传播、社会传言而形成的"口碑"或"口头舆论"；大众舆论是由大众传播媒介形成的公众舆论、热点舆论；分众舆论是由社区、社团或者互联网所形成的主题舆论、类型舆论，比如博客舆论、播客舆论等。

制造舆论的目的主要有三种：防御性引导、影响和扭转负面舆论和建设性地创造正面舆论。前两项突出表现在危机公关时期，后一项则表现在公共关系创建时期。

一般来说，制造舆论可以通过参与公共话题，设置公共议题来实现。例如：世界知名化妆品美体小铺通过倡导"保护动物"的公共议题，来制造舆论，塑造一个"纯天然化妆品"的品牌形象，与此同时，其创始人阿妮塔·罗迪克周游世界，为顾客寻找天然化妆品原料，这种行为带来了无休止的媒体报道和社会舆论。

（3）影响民意。

什么是民意？至今为止，难以定论，也许柏瑞斯（Lord Bryce）在现代化民主（modern democracies）中所叙述的民意最为完备："民意是各种矛盾的见解、幻想、信仰、偏见，以及愿望的集合体。它是迷惑、纷乱、无定规的东西，而且每天都不一样。在纷乱复杂的意见中，每一个问题都经过不断地澄清、提炼，而后显露出它的观点或是整套的观念体系来。这种观点或观念被一批人接受从而采取行动，就变成力量。这种东西就是民意。"①

民意形成及转变的过程，可分为五个阶段。

第一阶段，开始。有一些人觉得某种问题正在形成中，于是决定采取行动，找寻资料，探求解决途径。

第二阶段，结集。志同道合者逐渐凝聚，他们试拟可行方案，并辗转商讨，逐渐形成团体意识，群众情绪高涨。

第三阶段，制度化。成立组织，分配工作，制定规章办法，产生共同追求的目标，群众渐趋理性。

第四阶段，衰退。已获得相当成果，群众兴趣逐渐消失。内部意见分歧，利益发生冲突。领导权受到挑战。

第五阶段，消失。已达成目的，或主要分子离去，群众兴趣已经转移或消失。除非有新的特别事件发生，不易重振声势。

从民意的性质来看，民意可能是正确的，也可能是错误的。那么，公共关系应该如何处理民意呢？其实，民意无所谓对错，好民意是民意，坏民意也是民意。民意在形成之初及演变过程之中变幻无常，冲突矛盾，变化无常，但最后总要归结到一个平衡点。就如同近处观海，浪潮起伏，波涛汹涌，看似杂乱无章，其实水平面从未改变过。

因此，公共关系在处理民意时。要遵循一个基本原则——因势利导，借力使力，迎接并诱导民意而不抗拒民意。

传说，有一位教主传教时对听众说，他的法力无边，可以叫对面的一座山过来，听众怀疑他真有如此本领。于是他就高声大喊："对面的山啊，你过来！"听众屏息以待，对面的山并未过来。于是，他有点生气，提高嗓门大喊"对面的山啊，你过来！"对面的山依然毫无动静，他忽然面带笑容说，"山既不过来，那我们就过去"！

这是个颇有哲理的故事，对面的那座山就是民意，如果它能过来当然最好，公共关系从事说服，目的在改变民意。如果它不能过来，也就无法左右民意，那你只有去迁就它。

一般来说，公共关系人员在处理民意时，要注意以下两点。

第一，民意与个人利益有关，民意一旦涉及私人利益，就不容易转变、传播或其他刺激等，仅与个人利益有显著关系时才能影响民意。

第二，民意受重大事件的影响。一般而言，民意受事件的影响远大于受传播的影响。当某一民意支持的人尚不太多，或正在发展之时，一件突发事件可以使民意的方向立即转变。

民意虽然是无形的、不可捉摸的，但它却是一股势力，像网一样生长在民众之中，能够左右或控制决策过程，公共关系人员需要正确而巧妙地处理民意。

总之，公共关系的说服功能秉持一种第三方立场，追求组织利益和公众利益的同时最大化，从而达到双赢的目的。说服功能与一般的沟通信息功能相比，更能够体现独特的公

———————
① 张在山．公共关系学．台北：五南图书出版股份公司，1995：126.

共关系传播特征：不仅仅是告知，不仅仅是收集信息和传递信息，更重要的是说服，是改变组织或公众的态度和行为。制造舆论，影响民意。

二、 倡导

倡导功能是公关第三方立场的又一体现，倡导功能强调，公共关系从业者必须明确他们在社会中最主要的角色是什么，这个角色就是他们不仅为大客户服务，而且要为更大范围的社会服务。对社会构成威胁的那些行为，同样会威胁到生产和获利。组织必须考虑它们的社会、政治和经济环境，来识别组织公众的需求，评估所设计的产品和服务，以迎合公众的需要。对未来需求可能出现的成长、下降或者变化做出预测。

倡导功能具体表现在以下几个方面。

第一，公共关系倡导一种组织定位和品牌个性。

第二，公共关系倡导一种文化认同，比如尊老爱幼、孝敬父母、帮助他人等。

第三，公共关系倡导优惠的产业政策、优良的经营环境、健康的消费理念。

第四，公共关系倡导组织的道德良心和社会责任感。比如农夫山泉"喝一瓶水，捐一分钱"的公益广告。

第五，公共关系倡导对公共事务的关注、对公共利益的贡献。比如保护环境、保护动物、预防艾滋病、帮助残疾人等。

例如，农夫山泉上市之初，养生堂就一直把为国人提供一种有益于健康的好水，作为生产、经营水的基本定位，他们始终坚持"热爱生命"这一理念，倡导"好水喝出健康来"的饮水观念，提出"千岛湖的源水活水"的口号，主张要"好水喝出健康来"，提出水源好坏决定水质的好坏，这个观念彻底破坏了很多纯净水厂的传统做法，将公众注意力引导到水源问题上来，与此同时，他们又提出一个引起关注和争议的主张——天然水比纯净水更健康，通过实验和辩论，使农夫山泉品牌的"天然水"主张被广泛认同，由此塑造了一个高档优质瓶装水的品牌形象。

2001年，养生堂成为第一个中国奥运会申办委员会的合作伙伴，借助申奥契机，又策划了"喝农夫山泉，为申奥捐一分钱"的公关广告："再小的力量也是一种坚持。从现在起，你买一瓶农夫山泉，你就为申奥捐一分钱。"

2002年，养生堂又推出"学子阳光工程"，消费者每买一瓶农夫山泉，就捐出一分钱支持中国西部小学的体育设施建设，以此活动来延续体育战略，也同样延续"1分钱"的公益概念，激发全国人民的爱国热情，在全国掀起支持体育事业的热潮，塑造农夫山泉健康公益的社会形象。

2003年10月，"神舟五号"载人航天飞船发射成功，农夫山泉又成为中国航天员专用饮用水，对航天事业的赞助，再一次表达了对国家公共利益和社会热点议题的关注，彰显了企业实力和形象。

农夫山泉向来都是利用公关营销的行家，它推出"一分钱工程"、"阳光工程"、"神舟五号工程"等一系列公共关系活动，都是倡导功能的具体运用。

三、咨询

公共关系提供的是智力服务，是组织的问题解决者和策略传播者，在组织内部，公关人员向组织决策层及各级主管部门提供有关公众的各种信息，这是平时的咨询建议功能。而当组织面临重大决策时，则应邀请公关部门负责人参加，从公众的角度对组织的决策进行评估。以免对公众的利益造成更大伤害，破坏组织形象。这就是公关部门的咨询决策职责，所以，有人将公关部称为组织的"决策参谋部"。其咨询决策功能具体体现在以下四个方面。

1. 为确立决策目标提供咨询建议

现代组织的决策日益专门化，整体的决策目标体系需要分解为各个职能部门的专门决策目标，如生产决策目标、技术开发决策目标、财务决策目标、市场营销决策目标等。公共关系则以一种相对超脱的、客观的角度，即从社会公众的角度，去评价决策目标的社会制约因素和社会影响效果，努力使决策目标与公众利益和环境因素相容，敦促有关部门或决策当局，依据公众需求和社会价值及时修正可能导致不良社会后果的决策目标，使其决策既反映企业发展的要求，也反映社会公众的需求，使公共关系本身成为整体决策目标系统中的组成部分。

2. 为决策提供信息咨询

为决策决提供的各种信息咨询，主要包括广泛的外部信息和及时的内部信息，并根据决策目标将各种信息整理、归类、分析，提供给最高管理阶层或各个专业部门作为决策的客观依据。公共关系的咨询信息一般包括下述三类。

（1）公众的一般情况咨询。

这类咨询主要提供社会组织与公共关系状态的一般情况说明，如内部员工的归属感、本组织的社会口碑、消费公众对组织产品的反映、新闻媒体对本组织的社会舆论、同行们对本组织的评估等。其目的是要让社会组织的领导及时了解和掌握公众的一般情况，以便适时调节本组织的运行机制，为实现组织目标创造有利的条件。

（2）公众的专门性情况咨询。

这是指社会组织举办某个专题活动，公共关系从业人员提供与该活动直接有关的情况说明和意见，使专题活动更加有效地开展。如社会组织举办新闻发布会，公共关系专业人员应当提供新闻媒体近期宣传动向、新闻记者对本组织的了解程度等情况，还应建议安排邀请出席会议者名单、会场的布置等。

（3）公众心理变化和趋势咨询。

这类咨询是将在长期观察和积累的基础上形成的对公众心理变化和趋势分析的意见，结合社会组织的中长期规划。向决策层所作的通报。上述的公众一般情况咨询，主要是对公众现状的分析和说明，但是由于社会环境的变化，公众的心理状态也会随之发生变化。公共关系专业人员必须在对公众信息的长期积累和收集的基础上，对公众心理变化及时进行分析和做出预测，并向组织的决策层通报。这类咨询常常能为社会组织中长期的战略规划的制订和变更提供可靠的根据。

3. 协助拟订和选择决策方案

决策方案是实现决策目标的各种方法、措施的总和。公共关系的咨询功能又表现在运用公关手段为决策者评价、选择和实施有关的决策方案，特别关注决策方案在经济效益和社会效益方面的统一协调，敦促决策者重视决策行为的社会影响和效果。同时，调整公关手段，广泛征询各类公众对象的意见，促进决策过程的民主化和科学化。

4. 从公共关系角度评价决策效果

公共关系的咨询功能也表现在分析和评价决策实施的公众影响和社会后果，以及这种后果对决策目标的制约作用。运用公众网络和公关渠道，对那些付诸实施的决策方案进行追踪和回馈，使组织能够及时了解情况，并根据回馈的情况来调整决策目标，完善决策方案。

四、 管理

公共关系是一种独特的管理职能，它与一般的生产管理、技术设备管理、供销管理、人事管理、财务管理等有着根本不同。从本质上讲，公共关系是一种管理哲学，它强调管理组织的社会责任，公共关系是一种战略管理，它通过"边界扫描者"的角色，来培养组织的核心竞争力，发展出组织的竞争优势战略；公共关系是一种策略管理，它通过传播策略、关系策略和文化策略等的设计创意，实现组织的管理目标，总之，公共关系是一种对无形资源的软管理。

公共关系的管理功能主要体现在战略管理、信息管理、传播管理、关系管理、声誉管理、危机管理、议题管理、活动管理等八个方面。

1. 战略管理

战略管理主要对组织的外部环境、内部资源、潜在机会、潜在危机进行调查研究。以此确定与组织发展战略相匹配的公共关系战略。战略管理的具体内容包括战略环境、战略目标、战略公众和战略任务。

2. 信息管理

信息管理即组织与公众之间信息流通的管理。主要包括两个方面：输入信息和输出信息。输入信息管理是指对来自社会、公众的外部信息进行过滤、提炼、分析、整理，来提高公众信息的利用质量和效率。输出信息管理是指组织对公众环境的信息输出管理，对公众信息建立快速反应速度渠道，对组织信息输出质量提出要求和规范。

3. 传播管理

公共关系是组织和公众之间的一种传播管理，它主要包括公关活动、广告、公共宣传、新闻、促销等传播活动的管理，具体地说，就是对传播原则、传播创意思想、传播方式、传播策略等进行管理。

4. 关系管理

公共关系是组织—公众—环境系统的关系生态管理。具体地说，关系管理主要包括两种类型、两个层面的管理。

第一，关系管理的类型包括组织—环境关系（OPES）管理和组织—公众关系

（OPRS）管理。前者主要是指对组织与政治、经济、文化和科技之间的关系管理。管理手段是调查研究。后者是指组织—员工关系、组织—持股者关系、组织—消费者关系、组织—社区关系、组织—媒体关系、组织—政府关系、组织—竞争者关系、组织—金融关系等的管理。其中，组织—公众关系管理是核心、是灵魂，组织—环境关系管理是基础、是方向。

第二，关系管理的层面包括高位关系管理和低位关系管理。高位关系管理是指对关系运行方式的总体管理，具体包括关系范围、关系联盟、关系属性、关系状态四个方面。低位关系是指对每一个具体关系、每一个维度、每一个要素的管理，比如对组织员工的信任、相互控制、关系满意、关系承诺等的管理。表2-2 是 OPRS 与 OPES 高位关系的比较。

表2-2   OPRS 与 OPES 高位关系的比较

高位关系构成	组织—公众关系	组织—环境关系
关系范围	十大关系类型： 员工、股东、消费者、社区、政府、新闻界、供应商、竞争者、金融界、压力集团	政治意识形态 经济发展状况 科技发展水平 社会文化导向 媒体运行系统
关系策略	目标：相互理解、解决冲突 角色：关系建立者文化传递者、传播管理者战略咨询者 活动：对话、仪式	目标：营造舆论、争取空间 角色：边界扫描者、战略咨询者 活动：研究
关系属性	分量：直接性依赖 灵活性：竞争与合作 方向：互惠互利	分量：间接性依赖 灵活性：调整与适应 方向：依从
关系结果	选择性：主动 重要性：战略战术关系 成长性：大 效果：长期或短期、有形或无形、战略和战术	选择性：被动 重要性：战略关系 成长性：小 效果：长期的、无形的、战略的

5. 声誉管理

声誉，是指一个组织获得社会公众信任和赞美的程度，以及组织在社会公众中影响效果好坏的程度。声誉管理是指组织以正确决策为核心，通过声誉投资、交往等手段，从每个员工做起，建立和维持与社会公众信任关系的一种现代管理方法。声誉管理的三大内容是：财务表现、组织文化、社会责任。

声誉来自更好的财务表现。声誉变化是未来财务变化的指示器，声誉提高自然带来销售上升。在许多公司中，并没有声誉管理的预算，但是都有声誉建立的预算，比如，有人认为，联想市值中有30%是企业声誉贡献的，柳传志对联想的合理改制，创造性地解决了企业体制问题，无形中提升了企业声誉。

声誉来自更优的组织文化。声誉管理对组织文化的管理就是对体现组织内在价值观的"组织个性"、体现组织外在价值观的"组织身份"和体现组织的社会公众认知度的"组织形象"的管理。

声誉来自更高的社会责任。人们更关注组织的公共政策，而不是一个操作议题。公众越来越会支持那些对他们的自身行为以及公共利益负责的机构，一个组织必须对社会做出积极贡献，才能够赢得更高的荣誉。

6. 议题管理

议题管理是对涉及公共政策事件的系统识别与完整行动，它包括议题沟通、议题监督、议题规划三个方面。

（1）议题沟通。通过讨论各种议题的利弊，能够促进企业和外部公众更好地相互理解。比如，1982年，通过议题沟通，美国政府取消了10%的个人所得税。这种议题沟通可以采取直接联系、大众联盟或公共沟通联盟等形式。议题管理能够管理公司对公共政策议题的反应，也能够影响公共政策议题。议题管理不仅仅被用来保护企业对付不应有的公共政策，也被用来寻求有利的、更可取的公共政策。

（2）议题监督。通过议题监督，组织可以掌握瞬息万变的环境信息，以此来发现企业生存环境的机会和威胁，评估企业的目标与运营标准是否需要改变或替代。

（3）议题规划。议题规划就是帮助组织把公共政策计划与商业计划整合起来，根据公共政策的变化所带来的商业机会和威胁，提出沟通目标与战术的应变方案，以提高组织的社会责任敏感性。

议题管理被运用于各个方面，最常见的表现形式是分析处理公共事件、公司规划、企业沟通、政府事件、公共政策等。

7. 危机管理

危机管理是一种应急性的公共关系，是一种预见性的实践活动，也是一种高级公共关系管理功能的体现，从横向角度来看，危机管理包括以下五项内容：一般危机和重大危机，内部危机和外部危机，有形危机和无形危机、自然危机和人为危机，以及其他危机的管理。从纵向角度来看，一个危机事件的危机管理包括前期的危机识别和预警、中期危机处理和反应以及后期的危机调控。

8. 活动管理

活动管理就是对公共关系专题活动的管理，它们包括开放参观、特别庆典、周年纪念、新闻发布会、展览展销会、大型路演、特别事件、节假日促销活动等组织实施。

 案例

酒吧派对主题活动

在北京和上海的酒吧派对里，常常能碰到很多有名的模特儿、明星，而广州本地娱乐业很难培育出受到年轻一代所认同的娱乐明星，酒吧派对里更难觅明星，也难以营造令人眼前一亮的惊艳效果。

广州的有些酒吧投资人过于注重眼前利益，例如，在某酒吧里策划一个派对，原计划嘉宾的表演时间是30分钟，但酒吧老板却说："客人都顾着看表演了，还哪有人买酒消费啊。"这其实代表了广州一些酒吧投资人的心态，他们并不了解品牌文化的价值所在。而举行一场成功的派对，并不是为了营造一夜爆炸性消费的现象，而是要为这家酒吧的品牌贴上一个独特的标签。酒吧如果只是为了制造一夜暴涨的营业额来策划派对，水平只会停滞不前。

主题派对的本意是设立一个既定的主题，通过音乐、服饰、文化等各方面营造出主题气氛，从而让参加者有一种身处陌生环境的感觉。空姐、护士等制服主题派对开始为各家酒吧所青睐。

比如北京的某个酒吧做了一个很普通的怀旧派对，在着装方面要求非常严格，如要求穿20世纪六七十年代的学生装，来参加这个派对的人会按照着装规定去打扮自己，抱着非常严谨的态度穿上白衬衫、红领巾、蓝西裤。甚至参加派对的外国人，也会查资料，并按规定穿着出席派对。而随性的广州人则在穿着上更"自由"，如要求参加者穿白色衣物，大概只会有半数人能遵照要求穿着，不大可能全部都穿成派对要求的穿着出席。去年在广州曾举行过一个以医院为主题的派对，派对场内的女艺人和女服务生都打扮成护士模样，并要求客人最好以医疗人员装扮示人。但前来派对的参与者大多只是抱着看客的心态，多数人并没有按照要求着装。广州人的行为习惯相对比较独立，我行我素的精神很难适应古怪的要求和限制。而另一方面，有表演的活动在广州却很受欢迎，如果主题派对中加入了相关演出，无论是打异国风情牌还是文化小资牌，都能吸引到爱看秀的广州人的目光。当酒吧里面有了一个聚焦点，我行我素的酒吧客便有了留下来消费的念头。

广州的主题派对主要以服饰装扮为主，属于典型的"视觉系"产物，随着时间的推移，就走入了一个误区：主题派对=制服诱惑。这些制服主题派对已不能满足贪新鲜的广州人了，广州夜店派对遇到了发展的瓶颈，不少业界人士和派对策划人也开始重新思考，夜店派对策划到底路在何方。

2008年，广州的一些酒吧派对策划人开始提出新的发展概念：文化派对。文化派对其实是保留了DJ和主题派对的优点并加以开发利用，再通过融入不同的文化元素，使之进行碰撞，产生出崭新的派对感受，也就是时尚界里常说的"跨界（crossover）"。这些融入了夜店派对的新元素包括了商业、艺术、地域等不同方面。这类酒吧与品牌商家合作的派对是双赢的结合，由于酒吧和品牌商家拥有各自的消费群体，利用主题派对将两个群体互相融合，让酒吧消费者也更了解时装品牌商家的产品，进而成为服装品牌商家的消费者。除了加入一些商业元素，业内人士还大胆尝试加入一些文化元素，比如和一家酒水商合作策划的某个派对，曾邀请了一些外国人穿着京剧戏服，配合着电子音乐唱京剧、跳舞，还邀请了外国乐队的DJ和艺人前来表演。中国、西欧和拉丁三大文化元素融合在派对里，产生了奇妙的效果。

问题与思考：

从酒吧派对主题活动的演变分析酒吧主题活动应如何适应不断发展变化的环境？

第四节 公共关系工作的基本原则

公共关系工作复杂而又繁琐，在这些具体工作中要想取得事半功倍的效果，就必须掌握一些搞好公关的基本原则。这些原则可以说是进行公关活动的指南，可以使我们避免一些常见的公关活动的问题，同时，我们的社会生活中存在相当多的假公关和庸俗公关活动，这些原则也是我们区分真假公关活动的锐利武器。

一、老板至上原则

自从现代公共关系之父——美国的艾维·李在处理美国煤矿公司工人罢工时，提出他必须有权直接和组织的最高管理层接触，能影响最高决策过程以来，"公共关系始于最高管理层"这一原则就成为公共关系的金科玉律，没有组织最高领导人的支持和理解，公共关系工作将一事无成。

公共关系始于最高管理层，因为公共关系工作是一项事关组织全局性的工作。从公共关系机构的设置、人员的安排、职位的分配，到公关计划、公关经费的确定、公关决策的实施都需要得到组织最高领导人的支持，或由与最高领导人有着非常良好关系的人来领导。

公共关系始于最高管理层，也是与最高领导人的工作性质分不开的。比起组织中的一些员工，最高领导人抛头露面的机会更多。他们是主持和参与各种重要会议的首选，是新闻媒介重点关照的对象，在组织内部，他们也是员工眼中的"公众人物"。总之，最高领导人的一言一行、一举一动都具有公关效应，在很大程度上，他们就是组织形象的代言人。

例如，当××瓶装水发生苯污染事件的时候，××矿泉水高级管理层就表现出对公共关系的无知，他们首先表示，这种情况只是一个单独的、孤立的卫生事故，那些受到污染的只是极少数仅限于从北美回收来的瓶子，当人们在欧洲也发现受到苯污染的产品后，高级管理人员又把苯污染归罪于一个过滤器系统问题。最后面红耳赤的××矿泉水管理层宣布进行世界范围内的回收。媒体对××矿泉水进行了集中的轰炸，质问该公司的管理层诚信何在？××矿泉水失去了并且再也没有恢复到它以前在瓶装水市场所占有的份额。

然而，××公司对于泰莱诺尔对乙酰氨基酚胶囊投毒事件的危机处理，与之形成了鲜明的对照。最高管理层把顾客放在了首位，立即把这个产品从零售架子上撤走，回收了在美国和国外的全部胶囊。尽管明明知道投毒的情况仅限于芝加哥地区，管理层还是采取了这些引人注目的措施。媒体称赞了这家公司勇于承担社会责任的行动，报道了这个公司与联邦机构合作，并且对后来宣布推出能防止投毒的新型包装给予了充分的报道。在这些案例中，首席执行官把握着航向，并且在对危机做出反应的过程中成为公众熟悉的面孔。

每一次危机都为高级管理层在一个组织的公共关系工作中所扮演的关键性角色提供了实例，所有这些案例表明，公共关系的信誉开始于管理层的诚信和对社会负责任的行动。

领导人的亲历亲为在公共关系中作用甚大。我们不会怀疑一些新闻报道的真实性，如某一高级领导人如省长、市长的光临，使一些基层工作人员激动万分，备受鼓舞。其实，如果你是一个普通百姓，突然有一天，省长亲自接见你，并解决了一个长期悬而未决的问题，你也会增加对省长以及他所领导的政府的好感。

以上这些情况表明，组织的良好形象开始于管理层良好的公关意识和对公关工作的大力支持。一般说来，最高管理层对公共关系工作的作用，表现在以下几个方面。

（1）在组织中确立公关指导思想，承认公共关系的重要地位。

（2）在制定组织长远目标时，把公共关系目标作为重要内容之一。

（3）支持公共关系部门的公共关系传播政策。

（4）提供公共关系活动经费和必要的人力、物力支持。

（5）注意自身良好形象。

另外，公共关系的长期成功还需要高级管理层做到以下几点。

（1）承担公共关系的义务，并且参与公共关系活动。

（2）保持有能力的公共关系咨询。

（3）在政策制定中融入公共关系视角。

（4）与内部和外部的各类公众进行双向传播。

（5）把说的与做的协调起来。

（6）清晰地界定目标和目的。

老板至上原则为公共关系的正名提供了有利的支撑，它使公共关系不再处于隶属营销战略范涛的三级地位，让人们对公共关系的理解不再停滞于迎来送往的交际型工作，而是展现了公共关系战略与企业发展战略的相关性，显示了公共关系在组织发展中发挥战略与战术层面作用的一级地位。

二、　全员公关原则

全员公关，简称全员 PR，是指一个组织公关工作的开展，不仅要依靠专职公关机构和公关人员的不懈努力，而且有赖于组织各部门和全体员工的配合，要求组织的全体成员都注意树立公共关系概念，都要关注并参与公共关系工作，都要为公共关系工作做出贡献。

一位公共关系经理这样说："公共关系是无法与企业的日常活动分开的，它是企业有机体的一部分，它是推销员脸上的微笑，皮鞋上的闪光和握手时的力量；是你迈入企业大门时笑盈盈向你走来的服务生；是迅速为你接通电话的接线生；是你收到的一封封由总经理亲笔签名的热情洋溢的慰问信；是那些认为你的公司好、说你的公司好的批发商，更重要的是公关是顾客洋溢在脸上的微笑、掩藏在心底的感激，任何一家哪怕只与公司有一点点接触的企业，都有公关的存在，任何一个在公司工作的人员都是事实上的公共人员，上至总经理，下到刚报到的职员，概莫能外。"

由此，我们可以看出，公共关系工作并不是一般人眼中漂亮小姐的交际应酬，公共关系工作也不是大家所想象的"食有鱼、行有车、玩有伴"的风流快活的生活，公共关系的工作范围涉及组织的每一个人和每一个方面。因为组织形象是通过组织所有人员的集体行为表现出来的，是组织内个人形象的总和。每一个成员与外界发生联系时，其个人形象直接体现了组织整体形象和风貌。因此，严格遵守全员公关原则，可以增强组织全体员工的公共意识，让员工上下齐心，合理搞好公关工作，从而维护甚至扩展组织的形象。

第五节　公共关系工作的类型

 案例

别出心裁的校庆

与一般的校庆方式不同，清华大学在欢庆建校 85 周年的时候，采取了别出心裁的庆祝方式：开展一系列的"校长征求意见活动"。于校庆前后，王大中校长先后邀请了已成为中国科学院院士的校友、担任省部级以上领导职务的校友、担任国有大中型企业领导的校友及海外清华校友中取得了突出成绩的科学家等来校座谈，征询他们对学校建设的意见和建议。《光明日报》对清华大学采取的更务实、更富有新意的校庆方式给予了高度评价，载文指出"它的意义超出了校庆"。

问题与思考：

随着公共关系理念的普及和公关意识的深入，现代公共关系工作在日益专业性、细化性的基础上更强调创新性。案例中的公关专题活动创新主要表现是：在创意上新、在形式上新、在内容上新以及在方法上新。在近几年的公共关系专题活动中，越来越多的庆典活动跳出旧的模式，取得了卓尔不俗的纪念效果。

社会组织在面临内部公众和外部公众的关系协调过程中，由于对象不同、环境不同、时间不同，以及所遇到的问题不同、矛盾程度不同，在开展公共关系工作时，应根据具体情况与要求选择不同类型的公共关系工作方式，进行公共关系活动，以取得良好的工作效果。一般说来，公共关系工作类型有以下十种。

一、宣传型公共关系

宣传型公共关系是通过宣传的途径，建立良好的公共关系网络，来达到公共关系的目的。大众传播媒介是支配或控制社会舆论的一个重要途径，它的主导性和时效性强，传播面广，能比较有效地沟通与公众的关系，应很好地利用。

从目前社会情况看，大众传播有两种：一种是公关广告；一种是新闻报道。一个企业可以把它的形象塑造作为广告的中心内容，着重宣传企业的管理经验、经济效益、社会效益和已经获得社会声誉的发展过程等；还可以采取新闻报道的形式，通过新闻、专题通讯、记者专访和经验介绍等来宣传自己。这种宣传权威性高，比较客观，容易为公众接受，且不用花钱。不过，这种机会不多，主动权不在组织。对组织来说，可以巧借媒介来"制造新闻"。例如北京长城饭店，在1985年美国总统里根来华访问期间，把里根的答谢宴会安排到长城饭店召开，当时来参加采访的有五百多位中外记者，长城饭店随着里根开答谢宴会的消息传遍了世界各地。又如第26届奥运会，"健力宝"与中央电视台合作，设计了一个"奥运千里热线节目"，让获奖的运动员与其家属在电视上见面和对话。这个电视节目看的人特别多，"健力宝"也就随着奥运会的信息，传播给所有观众，给人留下美好而又深刻的印象。

二、 交际型公共关系

交际型公共关系是指社会组织不借助于媒体，而是以人际接触为手段，与公众进行协调沟通，为组织广结良缘的公共关系工作。它的特点在于：（1）"快节奏"，节省人力、物力。（2）有灵活性，即利用面对面交流的有利时机，充分施展公关人员的交际才能，达到有效沟通和广结良缘的目的。（3）人情味强，以"感情输出"的方式，加强与沟通对象之间的情感交流。在现实生活中，人们利用人际交往的方式，施展交际才能，取得良好效果。在美国就有一批职业游说人员和游说集团专门进行交际型公共关系活动。最典型的是美国前国务卿基辛格博士，他组织了一批在国际舞台上很有影响力的各界人士，组成一个咨询机构，他们的工作主要是为世界各个国家政府及首脑间的交往疏通渠道，提供方便。由于基辛格与各国领导人和知名人士有广泛接触，又有此私人情谊，由他出面代表一国现在领导人与其他国家接触与联系，往往比这些领导人直接出面试探要好得多。一宗贸易、一个合作项目、一个合作途径，由他们出面推荐或接洽，成功的可能性就大得多。在我国，交际型公共关系应该称得上是公关活动方式中用得最为广泛的一种，如春秋战国时期的活动家和谋士们都是我国古代进行交际型公共关系活动的专家。在现实生活中，人们对人际接触与交往的作用和影响还是很重视的。善于进行人际交往的人，比较容易建立起良好的社会关系，往往在事业上的发展也比较顺利。

三、 服务型公共关系

服务型公共关系是一种以提供优质服务为主要手段的公共关系活动方式。其目的是以实际行动来获取社会公众的了解与好评，塑造自己的美好形象。任何一个组织都可以以自己独特的方式为公众提供必要的服务。当前，我国许多铁路局火车站实行一条龙服务，全体员工从本人的工作出发，从乘务员的扶老携幼照顾乘客的上下车，到各项服务实施的完备，以及售票托运的周到服务，都尽量做到方便乘客，得到了群众的好评。特别动人的是：长沙火车站的几个列车乘务组，在列车长带动下，除对一位从长沙去哈尔滨治病的乘客无微不至的照顾外，并来回为其带药数年之久。这种服务精神感动了许多人。

现代社会，随着经济的发展，市场竞争日益激烈，在同类企业之间的竞争，更多地体

第五节 公共关系工作的类型

47

现在服务上。哪个企业服务热情周到，哪个企业就能赢得更多的公众，树立起企业的良好信誉。从现代企业之间交易的成功率来说，周到的服务是至关重要的。当然，它必须以货真价实为基础。

现在在我国工业企业中的售后服务、消费指导，商业企业的优质服务、送货上门，公用事业单位的完善服务、接受监督，宾馆开展的企业文化等，都是服务型公共关系。一个企业开展服务型公共关系至少要考虑三个问题：一是创造条件，具备服务设施；二是开动脑筋，确定服务方向和内容；三是要力所能及，说到做到。

服务型公共关系往往与一个组织的业务密切渗透，因此不能仅靠几个公关人员去做，而要由企业主管动员各个业务部门去共同完成，实行全员公关。服务型公共关系的真谛在于把组织对公众的爱心落实在行动上，因为行动比空话有力得多。衡量服务型公共关系是否成功，应该以公众是否满意为标准。

四、 社会型公共关系

社会型公共关系是指社会组织举办某些社会公益活动，来扩大影响，赢得公众的赞誉，以树立自身良好形象的公共关系活动。实践证明，经过精心策划的社会型公共关系活动，往往可以在较长的时间内发挥作用，具有潜移默化地加深公众对组织美好印象的功能，取得比单纯的商业广告好得多的效果。

开展社会型公共关系活动，很重要的一条就是所举办的活动必须对社会有利，符合国家的政策法令，能引起社会的重视，特别是引起新闻媒介的重视。新闻媒介重视了，通过他们的传播，可以扩大影响，取得更加良好的效果。有些组织与一些新闻媒介合作，不仅提高了组织机构的声望，也有助于扩展组织的公关网络。例如上海××有限公司与八家新闻单位联合主办"××杯迎亚运世界体育知识大奖赛"，公司出资25万元支持了这一活动。通过报纸对竞赛过程的连续刊登，公司名称广泛传播，公司的标徽也走进了千家万户。中央电视台举行了有体育界领导和知名人士参加的"迎亚运××杯世界体育知识大奖赛"的实况转播，轰动了全国，使公司的名字不断反复地映入全社会公众的眼帘，留下深刻的印象。另外，在此期间，这些新闻媒介还主办高层次、高规格的经验座谈，分别介绍了公司的业绩与经验，使上海××有限公司的公共关系活动收到了极好的效果。

在社会型公共关系活动中，基本的指导思想应该是"创造条件，抓住机遇，扩大影响，赢得信誉"。社会型公共关系的特点在于它的公益性和文化性，不拘泥于眼前的得失，而着眼于长远的效益和整体的形象。

五、 征询型公共关系

征询型公共关系是指社会组织为自我生存与发展而收集社会的舆情民意，掌握社会发展趋势的公共关系活动方式。其目的是掌握舆情民意为组织机构的经营管理决策提供依据，使自己的行为尽可能地与国家的总体发展目标和市场的总体趋势相一致。其具体的实施过程是：当组织进行一项工作后，就要设法了解社会公众对这项工作的反应。经过征询，将了解到的公众意见进行分类、整理，加以分析研究，然后提出改进工作的方案，直至满足公众的愿望为止。

征询型公共关系的前期工作要从两方面入手，一方面要站在公众的角度去设想对具体工作的要求，另一方面要做好市场预测与分析。

征询型公共关系工作方式有：开办各种咨询业务，建立来信来访制度和组织接待机构，设立意见箱和热线电话，接受和处理投诉等。如我国省、市、县各级人民政府设立的信访办公室、领导办公室的专线电话等都是为了及时收集群众的意见和建议，帮助群众解决切身的问题，成为领导联系群众的纽带。群众的意见与建议又可以作为领导决定政策和措施的依据。这对于激发群众参政议政的积极性是有很大好处的。许多工业企业内部开展提"合理化意见"活动，设立"厂长信箱"或"意见箱"，在外部设立"信息点"，以征询公众对企业的意见，帮助改进业务。如江苏盐城的××电器公司，在许多大中城市的销售点建立了信息点，有专人征求消费者的意见，并在全国形成了信息网络，把群众意见及时反映给工厂领导，供决策时参考。由于采取了这种做法，信息灵通，他们可以随时根据消费者意见，不断改进产品，做到了经营长盛不衰。

六、 建设型公共关系

建设型公共关系是指社会组织为开创新的局面而在公共关系方面所做的努力。对一个企业来说，通过这种努力，使社会公众对自家的产品和工作产生新的兴趣，形成一种新的感觉，从而为该企业的发展创造更好的条件和环境。

现在企业一般把开展建设型公关活动放在开业前后的一段时间里，或者放在更换厂名、改变产品商标或包装的时机。例如上海市"稳得福"烤鸭店，是一家不起眼的小店。开张伊始，厂领导就雄心勃勃，决定创造一个上海的"全聚德"。他们分析了本店的有利条件，进行精心策划。首先，他们发动全店职工献计献策，为烤鸭店起个好听的名字；接着他们又从分析市场形势中，制订了与众不同的经营目标和方式。他们向全市没有烤鸭供应的饭店、酒家和工厂等单位发了一份"启事"，宣传该店的商品和服务宗旨，欢迎大家来批发"稳得福"烤鸭。在一次春节联欢会上，魔术师变出了一只"稳得福"的烤鸭。这样一来，"稳得福"的名声更大了。

一个企业不仅在开业前要进行建设型公共关系活动，而且在开业后也要注意自身在公众中的形象；如果长期显示不出企业的活力，树立新的形象，就会被社会淡忘。因此，企业必须时时注意在公众中的自我形象，以种种努力来引起公众的关注和社会的重视。

七、 维系型公共关系

维系型公共关系是指社会组织在稳定发展之际用来巩固良好形象的公共关系模式。其做法是通过各种渠道和采用各种方式持续不断地向社会公众传递组织的各种信息，使公众在不断接受组织的服务和友好情谊中，增强对组织的好感，把组织的美好形象深藏在心中，做组织的顺意公众。维系型公共关系的主要功能就是设法在不知不觉中造成和维持一种融洽气氛，以维护组织的良好形象。它的活动方式有两种："硬维系"和"软维系"。

"硬维系"是指活动形式所表现的"维系目的"很明确，公众一目了然。例如广州的中国大酒店在重大节日，坚持给住过酒店的顾客赠送贺卡和礼品，以联络感情。他们的元旦贺卡后面是全宾馆两千多名职工的集体照片，中间还编成一个"中"字，来强化公众对宾馆的印象。

"软维系"是指活动的目的，表面看过去不十分明显，表现比较洒脱，给人以"醉翁之意不在酒"的感觉，却能够收到特殊的效果。例如北京长城饭店在1986年的圣诞节把外国驻华使馆的小孩请去装饰圣诞树，除招待他们一天吃喝玩乐外，临走时还送给他们每人一份小礼品。这个活动从表面看是组织孩子们参加一次符合西方习俗的活动，但其真正用意在于通过这批孩子来维系长城饭店与各使馆人员的联系。孩子们在那里玩了一天，回去把情况告诉他们的父母，客观上充当了长城饭店的义务宣传员，维系了长城饭店在使馆人员心目中的良好形象。

八、 进攻型公共关系

进攻型公共关系是指社会组织采取主动出击的方式来树立和维护良好形象的公共关系类型。当社会组织，特别是企业的预定目标与所处环境发生冲突时，要及时抓住时机，调整决策和行为，积极主动地去改造环境，逐渐减少直至消除冲突的因素，以保证预定目标的实现。在当前市场竞争十分激烈的时候，一个企业更需要运用进攻型公共关系来取胜对方。有这样一个事例：

采用进攻型公共关系要注意几点：（1）要避免环境的消极影响，如避免参加过多的纵向关系的组织和不必要的社会活动，避免过多地承担社会义务，以免受过多的规章制度和社会关系的牵制。（2）不断开创新局面，如建立分公司，研制新产品，开辟新市场，创造新环境。（3）要协调社会关系，以减少与竞争者之间的矛盾和冲突，团结更多的支持者和协作者。

九、 防御型公共关系

防御型公共关系是指社会组织为防止自身的公共关系失调而采取的一种公共关系活动方式。它的特点是：（1）洞察一切，见微知著。当组织机构与客观环境出现某些失调的征兆时，能及时发现，迅速采取对策，予以防止。（2）居安思危，防患于未然。当组织处于稳定发展的状态时，及早制定防范措施，达到未雨绸缪的目的。（3）积极防御，加强疏导。利用不利的时机，创造有利的局面。

十、 矫正型公共关系

矫正型公共关系是指社会组织在遇到问题与危机、组织形象受到损害时，为了挽回影响而开展的公共关系活动。社会组织遇到的形象危机一般有两种情况：一种是公众的误解、谣言或人为的破坏；另一种是由于本身存在的问题造成的，如产品质量欠佳、服务态度不好、污染环境等，或者是管理政策、经营方针有问题。这时候公关工作人员要能及时发现问题，采取紧急措施来平息风波，以保证顾客公众的利益不受损害。

上面介绍的十种公共关系类型，在运用时要根据对象、环境、时机和需要选择最佳的方式，以便获得良好的效果。

 案例

花旗银行的全员公关意识

花旗银行是世界上最大的银行之一，每天的营业额高达数亿美元，业务十分繁忙。一天，一位陌生的顾客走进豪华的美国花旗银行营业大厅，仅要求换一张崭新的100美元钞票，准备当天下午作为礼品用。银行职员微笑着听完他的要求后，立即在一沓沓钞票中寻找，又拨了两次电话，15分钟后终于找到一张这样的钞票，并把它放进一个小盒子里递给了这位陌生顾客，同时附上一张名片，上面写着"谢谢您想到了我们银行"。

事隔不久，这位偶然光顾的陌生顾客又回来了，在这家银行开设了账户，在之后的几个月中，这位顾客所在的律师事务所在花旗银行存款25万美元。

问题与思考：

你从这个案例中得到了什么启发？

 本章思考题

1. 公共关系工作的基本原则是什么？
2. 企业如何与顾客建立起良好的合作关系？
3. 公共关系的主要功能是什么？

第三章
公共关系构成要素

◎ **本章提示**

公共关系的基本要素是主体、客体和中介。主体有广义与狭义之分，广义的公共关系主体是社会组织，狭义的公共关系主体是公共关系机构与公共关系人员，总体上讲主体发挥主导作用。客体是指公众，发挥能动作用。中介是指传播媒介。公共关系就是社会组织把有关信息通过传播媒介传递给公众，影响公众的心理与行为，并获得公众信息反馈的过程。

 案例

1982 年美国公共关系协会发布的有关公共关系的正式声明如下：

通过促进不同群体和机构间的相互理解，公共关系使复杂多元的社会能达成决议并更为有效地运转。它能帮助实现公众与公共政策的协调一致。公共关系适用于各种不同的社会组织，如企业、工会、政府机构、志愿者协会、基金会、医院、教育性宗教机构。为了实现它们各自的目标，这些机构必须和许多不同的受众或公众群体，如员工、会员、顾客、地方社区、股东、其他机构以及整个社会建立良好的关系。机构领导者需要了解公众群体的态度和价值观以最终实现机构的目标。这些目标本身的制定也受外部环境的影响。公关从业者既是管理层的顾问，同时又是一名协调人，他们帮助把社会组织的目标转化为合理的并为公众所接受的政策和行动。就其管理职能而言，公共关系包括以下几个方面：（1）预测、分析和解读各种能对本组织的行动和计划产生正面或负面影响的公众舆论、态度和问题。（2）就决策、行动过程和传播等问题为管理层提供建议，充分考虑这些建议可能带来的社会影响和本组织的社会责任。（3）对行动和传播计划进行调研、实施和连续的评估，以实现组织目标并使公众获得必要的知情权。这其中可能包括市场营销、财务、筹资、员工关系、社区关系或者政府关系及其他各种活动。（4）策划和实施组织活动以影响或改变公共政策。（5）制定目标、策划、预算、招聘和培训员工、机构功能开发等，简言之，管理实现以上目标所需的各种资源。（6）专业公关中需要的各种知识包括传播艺术、心理学、社会心理学、社会学、政治学、经济学以及管理和职业道德方面的基本知识。此外，还包括舆论研究、公共事务分析、媒体关系、直邮、机构广告宣传、出版物、电影/录像制作、特别活动、讲演等需要的各种技术性的知识和本领。

通过帮助制定和执行组织政策，公关从业者利用各种专业传播技术，不仅在组织内部，而且在组织与外部环境之间发挥整合功能。

资料来源：Public Relations. An Overview. New York：PRSA Foundation. 1991：4-5.

问题与思考：

美国公关协会（Public Relations Society of America，PRSA）是建立时间最长、规模最大的为公关从业者服务的行业协会。它发布的这则声明提到了公关定义的哪几个主要方面？

第一节　公共关系的主体

一、公共关系的主体构成

对公共关系主体的分析包括关系学和传播学两个视角。

从关系学的视角来看，公共关系的主体是社会组织，它属于中观层面的社会关系，这是相对于以个人为主体的微观关系——人际关系和以国家为主体的宏观关系——国际关系而言的。目前，社会组织公共关系是公共关系理论研究的核心。

从传播学的视角来看，公共关系的主体是无处不在的，凡是一切开展"爱与信"传播活动的对象都是公共关系的主体，小到个人，中到组织，大到国家，都需要运用公共关系手段来争取周围受众的支持与认可，建立良好的品牌形象，为其创造出良好的生存空间和发展环境。因此，公共关系的主体包括各式各样的组织和个人，这些组织或个人可以是歌星、CEO、政治领袖、企业、学校、社团、社区、城市或者一个国家。

本书认为，在关系学视角下，将公共关系主体锁定在社会组织，意在体现公共关系的"社会关系"特征，以此区别于以"个人关系"为特征的人际关系和以"国家关系"为特征的国际关系，这样有助于凸显学科特征，形成学科差异。

但是，如果从应用实践的角度来看，这种差异实际上是不存在的，无论是组织，还是个人、国家，都需要处理各种"社会关系"。比如一个影星、一个总统不仅需要处理好家庭关系、朋友关系等个人关系，更需要处理好与媒体、Fans等的社会关系，因此运用公共关系手段必不可少，而且十分重要。再比如，一个城市、一个国家不仅要运用外交手段处理好与其他城市和国家之间的政务关系、官方关系，还需要运用公共关系手段（在国际关系学中称为"公众外交"），建立与市民、相关城市、中央政府、国际社会的非官方关系。

因此，本书认为，公共关系的主体包括一切开展社会活动的关系对象，下面主要从个人、组织、政府和国家这四个主体来分析公共关系的主体特征。

1. 个人

个人公共关系就是以提升个人形象为出发点，有计划地、持续地运用传播手段，来建立和维持个人与特定公众之间的相互了解和彼此认知，从而塑造良好的个人品牌形象，开创有利的生存发展空间。

根据个人公共关系的性质，它可以分为独立个人和组织代言人两种。

独立个人的公共关系本质就是"自我行销"，把你个人在生活中很自然行销出去，行销使你经常接触人，打破人际隔膜，建立公共关系对象的认同感。日本把个人公共关系视为"人际资产学"，它是个人在社会立足、成功的重要基础和本钱。政治人物、科技专家、学术权威、杰出体育明星、影视明星都需要运用公共关系手段，来彰显自己出类拔萃的、与众不同的"特质"，开拓未来发展的空间。

组织代言人是指组织选择一些气质、外形以及个人魅力与组织文化相符的名人，经过训练沟通后，成为组织的代言人。组织代言人也可以分为两种：一是聘请明星代言；二是组织领导人代言。如：地产老总王石、潘石屹的名字可以说在全国是耳熟能详，作为企业管理者，他们从幕后走到了台前，经常成为媒体追踪的焦点。作为公众人物，他们的一举一动都会引起媒体和公众关注。比如王石攀上珠峰，王石出书《道路与梦想》；潘石屹则演电影《阿司匹林》、出书、写博客等，他们渐渐从一个管理者的角色转变为组织代言人，成为公司的金字招牌，对公司品牌起到了非常重要的宣传推广和形象提升作用。因此，有人说王石的珠峰之行为万科省下了几千万元的宣传成本。

在中国，成功从个人品牌转型成企业品牌的是"李宁"运动系列。早期的品牌资产，建立在李宁个人辉煌的运动生涯上。整个产品系列设计也充满了对 Nike 的模仿，主要赞助国家队出赛奥运会这类大型综合赛事。这种传播方式初步建立了李宁品牌的知名度。到后期，李宁退居幕后，品牌代言人也选择了目前市场目标消费者喜欢的李铁、李小双等，品牌定位也变成了"一切皆有可能"。作为一个建立在个人名气上的品牌，最大的好处是具有独特的个性：创始人本身的个性和成长故事带给品牌丰厚的品牌资产，像微软的比尔·盖茨，戴尔电脑的戴尔等，都是如此。

总之，无论哪种类型，好的个人公共关系可以适当建立各公共关系对象对当事人的社会认同，成为个人无形的社会资产，对组织而言，良好的个人公共关系，更能够形成组织整体的形象资产，通过社会对组织内部特定人物的认同与信赖，转移为对企业的认同和信赖。

2. 组织

公共关系学的发展，是以组织的公共关系为主流和骨干而延伸、扩大的。组织公共关系是当今公共关系研究的最主要内容，也是公共关系事务运作最广泛的部门。组织公共关系活动的核心是建立良好的形象和声誉。

组织的形式多种多样，主要包括营利性组织和非营利性组织两种。营利性组织主要包括工商企业、贸易组织、酒店、旅行社等。非营利性组织主要是指那些社会事业单位，主要包括福利团体、民间团体、慈善团体、学术团体、宗教团体、教育团体和科学团体等，像体育协会、妇女协会、商会、红十字会、大众传播协会等，都属于这类组织。

由于非营利性组织主要是以服务社会事业为目的，其公共关系完全不同于营利性组织，一般来说，它具有以下几个特点。

第一，非营利事业通常会获得一部分社会人士，尤其是一些知名人士的支持，并成为当地一项比较重要的活动。比如希望工程，著名影星濮存昕免费为预防艾滋病代言等。

第二，非营利事业可以获得大众媒体的义务宣传。

第三，社会大众对非营利事业心存敬重和认同。

总之，任何一个组织机构，不管是营利性的，还是非营利性的，都需要开展公共关系活动。而且，非营利性组织的公共关系更能够体现"说真话、做善事、塑美形"的公共关系本质特征，因此，有学者认为，要想改变营利性活动带给公共关系的负面印象，必须大力开展非营利性公共关系活动。

3. 政府

从历史来看，公共关系是民主政治的产物，政府机构是公共关系最早的实践者，也是最具影响力的执行者。比如国务院推行的新闻发言人制度，就是一种政府公共关系活动。

政府的职能是对国家各个方面的事务进行指导、管理、协调、监督、保卫、服务。由于公共权利在实行过程中必然对当事人带来权威性和强制性，因此在政府公共关系中，如何体现"公众利益第一"的公共关系观念，就成为首要目标。

简单地说，政府公共关系的主要目的就是民知和知民。政府公共关系不是一般的对政府工作的单向宣传报道，而是运用双线路的公共关系技术，一方面向全国人们诚意地解释政府的政策、法令以及制定它们的依据，另一方面，要开通政府与民间的多种沟通渠道，倾听公众呼声，了解民意，促使老百姓积极参政议政，使国民成为耳聪目明的国民，同时使政府成为负责任的政府。

4. 国家

以国家为主体的公共关系活动，实际上是政府的对外公共关系活动，在国际上，称为"公众外交"。主要是指美国新闻署所从事的一些非传统性外交活动，即教育文化和提供信息的活动。它以政府为主体，以外国民众为对象，以对外文化宣传活动为内容，以出版物、电影、文化交流、电台和电视媒体的公开宣传为手段，以维护国家利益、提升国家形象为目的的一种外交方式。

与传统外交相比，公众外交是一种典型的"公关外交"。从公共关系历史来看，世界上第一家公共关系职业事务所就是前面提到的第一次世界大战期间公共信息委员会成员乔治·派克和现代公共关系之父艾维·李共同创办的，同时，另一位现代公共关系学之父爱德华·伯内斯曾经为20多位美国总统做过咨询，是他开创了"首脑外交"、"公关外交"的先河。

从历史上看，公众外交与战争息息相关，与舆论宣传紧密相连，4 次战争成为"公众外交"的 4 个分水岭和公关活动的主战场。第一次世界大战期间是萌芽期，以美国总统威尔逊成立的公共信息委员会为标志；第二次世界大战期间是成长期，以罗斯福总统成立的对外信息服务局（如"美国之音"电台广播）为标志；冷战期是发展期，其标志是1953 年，艾森豪威尔总统成立美国新闻署，负责举办国际交流项目，筹划"美国之音"广播。东欧剧变后，美国公众外交日渐萎缩，其标志性事件就是其负责机构美国新闻署于1999 年 10 月 1 日被正式取消；伊拉克战争是公众外交的恢复期，其标志是"9·11"事件以后，布什政府为了打击恐怖主义，于 2002 年成立"全球传播办公室"。以上实践活动证明了拿破仑的那句名言"精神和公关是战争的半个战场"，公众外交史实际上就是政府对外公共关系的活动史。

在网络时代，日益透明和自由的信息传播以及日益融合的政治经济一体化的时代背景，使得国家品牌建设和声誉管理日益重要和紧迫。公众外交能够弥补传统外交、首脑外交的不足，让全世界充分了解本国的文化、政策、制度和发展现状，从而更加有利于向世界推销本国的整体形象。

具体地说，公众外交具有重大的政治、经济、文化和社会意义。

从国家层面看，公众外交和对外宣传是一国政府从被动反映国际舆论，到主动建立国家声誉的一种进攻型、建设性的公共关系策略。它是一场对外的政府公共关系战争，一场对外的文化宣传战争，一场对外的媒体战争，它既可积极主动地抗衡其他国家的公众外交战略，又可以全方位、立体化、多层次地塑造本国形象，增强民族凝聚力，提升在国际社会的政治地位。

从经济层面讲，公众外交属于国家形象推广策略，有利于在全球范围内"共建经济生态圈，打造产业价值链"，有利于系统地、有计划地、有组织地推出国家品牌矩阵，加速国家品牌的国际化进程，促进实现品牌兴国、经济兴国的强国战略。

从文化层面看，公众外交和对外宣传是弘扬民族文化，增强民族凝聚力、社会凝聚力、文化与意识形态吸引力的一场跨文化传播活动，其核心是把民族文化当做一种国家竞争力来进行培养，当做一种文化资源进行挖掘，一种"社会资本"来进行运作，既可以弘扬民族传统文化，增强民族文化的国际影响力，又可以开发文化市场，输出文化产品。

从社会层面讲，通过公众外交，可以清醒地意识到世界对本国的认识与本国对自身的认识之间存在着强烈的反差，意识到"本国的形象问题不仅是地区性的，也是全球性的，不仅是官方的，也是民众的，不仅是自上而下的，也是自下而上的"。就中国而言，通过公众外交，既可以消除因"中国制造"而带来的国外失业民众的敌对情绪，又可以反击"中国威胁论"所带来的认识误区，建立中国社会与国际社会的内在和谐关系。

那么，一个国家的良好形象是如何建立起来的呢？下面介绍一个国家形象六边形模型，如图 3-1 所示。

第一、旅游宣传以及游客和访问者的感受，是树立该国家形象最响亮的声音，因为国家旅游局通常拥有最大的财务预算。

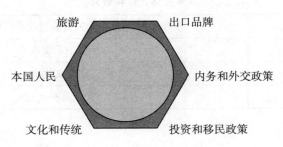

旅游　　　　　出口品牌

本国人民　　　　内务和外交政策

文化和传统　　　投资和移民政策

图 3-1　国家形象六边形模型

第二，出口品牌是该国家最强有力的对外形象大使，从而带来产品来源国效应。

第三，本国人民。包括引人注目的领导人、媒体、体育明星和民众总体，他们在国外的行为举止和在国内对待外国客人的方式。

第四，内务和外交政策。虽然政策传统上是通过正式的外交渠道传达的，但是在网络时代，一个美国的总统竞选也会牵动全球的目光。

第五，文化和传统。比如国家剧团的环球巡演、著名作家的作品、国家体育代表队等。

第六，投资和移民政策。它可以影响商业大众，吸引外资、外国企业和外国人士。

总而言之，在以上四类公共关系主体中，以个人为主体的公共关系活动最为广泛；以营利性组织为主体的公共关系活动最具规模，以非营利性组织为主体的公共关系活动最具代表性；以政府为主体的公共关系活动最具影响力；而以国家为主体的公共关系活动最具竞争性。

二、公共关系的主体定位

在日常实践中，人们常常把公共关系与人际关系、广告、宣传、促销等混为一谈，尽管专业人士一再申辩说，公共关系不是广告，不是宣传，不是行销，不是人际关系，但是人们仍然顽固地认为，公共关系与它们相差不大，造成这种认知的一个重要原因就是，公共关系的主体定位不够明确，几乎没有公共关系教材对公共关系的主体定位进行深入探讨。

俗话说，有定位，才会有地位，只有解决了公共关系的主体定位，才能够进一步指明公共关系实践的方向，进一步凸显公共关系的学科特色和地位。

实际上，明确公共关系的主体定位是要回答这样一个问题：我们应该从何种角度来认识公共关系主体的公共关系实践。

本书提出，公共关系的主体定位主要体现在以下三个方面：第一，作为生态系统的主体；第二，作为社会文化系统的主体；第三，作为社会好公民的主体。这三种定位是公共关系理论研究的视角，也是公共关系实践的出发点和着眼点。如表 3-1 所示。

表 3-1　　　　　　　　　　　　　　公共关系主体定位和研究视角

主 体 定 位	研究视角（关系管理的组织观点）
层次定位	生态系统观
功能定位	社会文化观
角色定位	社会好公民观

1. 生态系统观

生态系统观把公共关系主体看成是一个生物体，是一个生活在与其他事物相连接的"丛林"之中的，为地位而搏斗，为利益而竞争的生物体，这一丛林如同自然界的丛林一样，形成了自己的生态系统，自然进化。

以社会组织为例，生态系统观认为，组织是一个开放的并且依赖于外界的人员、资源、信息的开放系统，与外界要素的联系会比内部要素的关联更关键。作为开放系统的组织，其系统要素不是机械系统、有机系统而是社会系统。系统要素之间的关系不是僵化的、紧密的，而是松散的、变化的。所以，组织需要与公众进行费力的"协商和讨价还价"，同时创造出友爱的纽带和共识的体系，使参与者形成和不断形成暂时的联合。

在组织系统中，公共关系是组织的适应子系统的组成部分，它与其他子系统，如生产子系统、支持子系统、维护子系统、管理子系统一起构成组织的环境系统。一个组织对于新环境的调整和适应部分取决于组织对环境的开放程度，或者叫"环境敏感度"。

1985 年，卡特利普、森特和布鲁姆正式把生态思想纳入公共关系定义，用以描述组织角色和公共关系的功能意义，这就是公共关系理论模型"调整—适应模型"。

该模型认为，组织运行既要受到政治、经济、社会、技术的影响，又要受到公众的价值判断、希望、需求等因素的影响。反过来，组织运行又会影响环境的发展变化。此模型的组织定位是：组织和环境相互影响。

公共关系人员是边界的扫描者，他们会根据组织目标和公众兴趣，提供一些输入（从环境流向组织）或者输出（从组织流向环境）的信息，以便组织能够解决问题，消除危机，或者检测环境，预测变化趋势，并且在它们成为主要问题之前发起矫正性行动，旨在对抗或者抵消这些变化。

2. 社会文化观

社会文化观把公共关系主体看成是一个社会文化主体，而不是一个经济主体。二者的本质区别在于：社会文化主体追求生命的延续，文化的传承；经济主体主要是追逐利润，实现效益最大化。换句话说，公共关系追求的是其主体的文化传承，而非销售额提升，公共关系追求其主体的不断成长和可持续发展，而非利润最大化。

在公共关系视野中，社会文化系统可能和组织有三种关联形式。

第一，文化被看成是一个独立变量，这时的文化主要是指社会文化，如果从比较研究的角度看，文化几乎和国家是同义词。

第二，文化被看成是组织的一个内部变量，这时的文化主要是指组织文化，这种观点把组织看成是一个文化生产现象，主要生产传奇、故事、英雄、仪式、典礼等内部文化，即组织文化，组织文化决定了组织中公共关系实践的本质。

第三，文化不仅是一个变量，而且是一个"根隐喻"，这时的组织就是文化，文化就是组织的世界观。霍夫斯泰德（Hofstede）把文化看作"一套价值系统"，提出价值观是建立文化的基石。彼得斯（Peters）和沃特曼（Waterman）把组织文化看作一套有助于整合组织社会维度的价值系统。在"7-S框架"中，共享的价值观被作为一个中枢地位，组织文化也被看成是一种组织相处的游戏规则，新成员必须首先学习接受这项游戏规则才能成为其中的一员。

由此看出，文化与组织的三种联系分别以社会文化、组织文化和世界观的形式对公共关系实践产生了深刻的影响，图3-2描述了社会文化、组织文化和卓越公共关系的关系。

从图3-2中看出，一方面，组织文化是由权力联盟，尤其是组织的创建者创造的。换句话说，组织文化就是当权者文化的员工化，组织文化通过塑造公共关系的世界观而对公共关系产生长期的影响，它会影响到公共关系模型的选择。

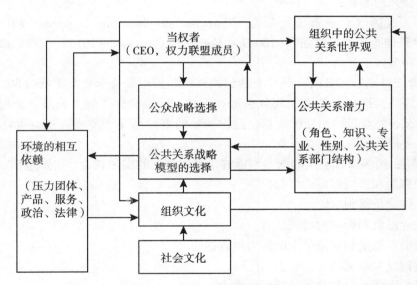

图3-2　社会文化、组织文化和卓越公共关系的关系

另一方面，组织文化又受到更大的社会文化和环境的影响，组织、环境、社会文化之间的相互影响，是一个连续的、功能性的、不可分割的单元，它们谁也不能独立运行，它们可以被分析，但是不能被分割。

公共关系的主要任务就是使组织适应社会和环境适应组织，从文化的角度来看，公共关系人员作为边界扫描者，右脚在组织里，左脚在环境中，右脑代表组织文化，左脑代表社会文化，所以，公共关系人员在组织文化的变化、选择和保留的问题上发挥着重要作用，尤其在组织与环境的相互依赖中扮演了一个决定性的角色。

3. 社会好公民观

社会好公民观是强调公共关系主体不仅要"做得好"，而且要"做好事"，不仅把"做好事"当作一项义务，更要把它当作一种竞争战略。不仅要"为了脸面好看才做些好事"，而且要"尽全力去做最多的好事"。换句话说，社会好公民观是强调公共关系主体要把社会责任作为其追求的一项战略目标。

长期以来，善尽社会责任一直被看成是独立于商业目标的慈善活动，而不是商业目标的重要组成部分，"做得好"和"做好事"被视为不同的追求。

但是，随着社会的进步，越来越多的组织认识到，"慈善行为＝经营之道"，如果从一开始就把对社会和环境的关心整合到经营战略中，这能够促成前沿创新和竞争优势，而且在这个过程中，能够加速产生新鲜的创意、新兴的市场和新一代员工的开发和培养。

例如，20 世纪 90 年代，美国电话电报公司 AT & T 基金会，支持了各种面向儿童的教育和艺术活动，结果，在阿肯色州举行的选后（克林顿和戈尔）经济高峰会议上，AT & T 公司的首席执行官罗伯特·艾伦能够就经济表现与儿童福利之间的联系发表评论，随后，克林顿为了感谢艾伦提出了一个至关重要的政策议题，特别邀请艾伦讨论信息高速公路的问题。结果，艾伦提出了一个能够影响企业发展的重要观点：信息高速公路应该是一项私营而非公共的事业。

2015 年，美国《企业责任》杂志（Corporate Responsibility Magazine，CR Magazine）发布 2015 "最佳企业公民百强"（100 Best Corporate Citizens for 2015）榜单，微软、孩之宝和强生公司名列前三名。

《企业责任》杂志评选的"最佳企业公民百强"榜单是基于七大领域的 303 项公开数据点和业绩评估，这七大关键领域分别是：环境、气候变化、员工关系、公司管理、人权、财务状况、公益慈善和社区支持。这份榜单的编制是基于罗素（Russell）1000 指数对这些公司进行审核的。

研究表明，组织对社会活动的参与能够带来一系列的实际利益，主要包括：

（1）销售额和市场份额的增长。

（2）品牌定位得到巩固。

（3）企业形象和影响力得到提升。

（4）吸引、激励和保留员工的能力得到提高。

（5）运营成本降低。

（6）对投资者和财务分析的吸引力增大。

除了第一项之外，这些利益都是公共关系努力追求的目标。所以，公共关系的主要任务就是不断促使其主体通过"既做得好，又做好事"，来塑造一个社会好公民的品牌形象。

通过对公共关系主体定位的分析，我们可以进一步明确：公共关系主要是从生态系统层次、社会文化功能和社会好公民角色等方面，来对其主体进行研究和实践活动，这是完全不同于广告、宣传、新闻和行销的主体定位。

三、 公共关系机构

公共关系机构就是从事公共关系工作，开展公共关系活动，达到预定公关目标的专业部门或机构。主要有三种类型：公共关系部、公共关系公司、公共关系社团组织。根据美国公共关系学会报道，它的会员中，有 45% 服务于工商企业，25% 就职于公共关系公司，其余 30% 受雇于协会、教育团体等非营利性组织和政府部门。

本部分主要介绍公共关系部门，后两个部分分别介绍公共关系公司和公共关系社团。

（一）公共关系部

1. 公共关系部门的主要职能

公共关系作为一种职业，最早源于新闻记者入驻企业，沟通企业和公众，促进双方的相互理解，从而为企业发展赢得优良的生存环境。根据报道，世界上第一个在公司内部成立公共关系部门的是乔治·西屋先生，他在 1889 年聘请两个人宣传推广交流电计划，最后终于打败爱迪生的直流电系统，使得交流电成为美国的标准电力系统。早期的公共关系功能相当有限，其主要工作就是处理媒体关系和产品宣传。国内第一个设立公共关系部门的企业是广州白云山制药厂，1984 年，该厂设立公共关系部。

而在现代社会中，公共关系部门所承担的职能越来越多样化，也越来越重要。有人把公关部称为一个机构的"五个器官"——眼、耳、鼻、喉、脑。

眼——观察机构与公众之间的联系和沟通状况。

耳——聆听来自各方对企业的意见、批评和建议。

鼻——嗅出对企业和公众利益不利的气味，及时通报并加以调整。

喉——向公众发布一切有关企业的真实信息。

脑——协助经营管理阶层制定全面的经营策略。

这一比喻形象地概括了公关部的主要功能和工作，具体来讲，公共关系部在社会组织中的作用表现在以下几个方面。

（1）公共关系部是组织的信息情报部，发挥"耳目"作用。

公关部收集、储存和处理同机构密切相关的大量的信息资料：通过对资料的分析，可观测其更深刻的内涵，分析其变化趋势与方向，如了解、预测消费流行趋势，机构在社会公众心目中的地位，社会环境变化对机构的影响等。它们需要把整个世界的资讯介绍给公司，同时也把公司的资讯介绍给全世界。

（2）公共关系是组织进行决策的参谋部，发挥着"参谋"的作用。

现代著名的决策理论学派代表人物、诺贝尔经济学奖的获得者、美国的西蒙教授说过："管理的重心在于经营，经营的重心在于正确的决策。"而决策的基础则是信息，因此决策水平取决于社会组织信息管理的质量。在社会组织内部，公共关系部与其他职能部门不同的地方之一，就是它拥有网罗信息、监测环境的功能，而且它所拥有的信息量是最多的，也是最全面的，并具有极高的参考价值。因此，公共关系部有助于最高领导者进行科学的决策。美国亨利·罗瑞评论说："今天，经理们都认识到公共关系如同设计、调查、制造、销售一样，对企业有重要的影响。他们认识到，公共关系部主任必须参加有关制定战略决策的会议，并帮助制定这些决策。"如果说总工程师是组织的技术参谋，总会计师是组织的经济参谋，那么公共关系人员就是组织的社会决策参谋。

（3）公共关系部是组织的外交部，扮演着"外交官"的角色。

在一个开放的社会中，一个组织必须面对和处理方方面面的关系，比如组织与员工、社区领袖、政府机构、顾客、股东和其他社会大众。公共关系部门需要分析这些特定对象的态度，并有效地与他们沟通，争取获得理解与信任，减少与外界环境的摩擦，为社会组织的生存与发展去营造一种"人和"的环境。

（4）公共关系部是组织的协调部门，扮演着"协调者"的角色。

公关部比较了解机构内部情况，因而容易找到机构问题的症结所在。公关部可以有针对性地开展活动，做到上情下达、下情上呈，培养职工的认同感，激发其工作热情，促进管理工作的民主化、科学化，提高机构的透明度，增强机构的凝聚力。

（5）公共关系部是组织的"新闻部"，发挥着"驻地记者"的角色。

公共关系部门是组织的新闻发言人，或是新闻发言人的支持部门，它们要定期撰写新闻稿，分送到各种媒体，定期策划和实施各种新闻发布活动和公共关系专题活动，定期或不定期地邀请新闻记者前来采访报道本组织，有效地传播企业或品牌的良好形象。

2. 公共关系部门的地位

公共关系部门的地位，反映了它在整个组织机构中所处的层次，这个问题会影响到公共关系部门的权利和影响力。

公共关系部在组织中的地位主要有以下五种。

（1）直接隶属型。

公关部的负责人由机构中的最高决策人兼任，或由副职领导担任，直接由最高决策者负责，这充分显示了公共关系机构在社会组织中的重要地位，如图3-3所示。

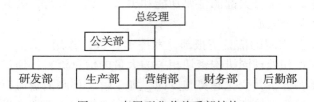

图3-3 直属型公共关系部结构

这是一种最理想的公共关系地位，公共关系部门是政策小组，能够直接向组织最高层报告，直接参与机构的整个决策活动，可较为自由地与其他职能部门沟通，具有相当的独立自主权。它多适用于部门多、分工细的大中型组织。

对此，格鲁尼格和亨特提出了一个直接隶属的理论模式，如图3-4所示。

公关部处于机构各具体部门与管理核心之间的中间环节，充当机构与各类公众的联系人、信息传递者的角色，同时也能积极地向机构核心提建议、参与决策。美国某大公司总裁在接受《华尔街日报》访问时，曾开玩笑说："我的高级公共关系助理才是公司的'第一号'人物，他是公司内唯一没有预算限制的人，而且每年都会超支。"

（2）部门并列型。

公关部与组织的其他职能部门平行并列，属于同一层次，由机构中的中层经理担任部长，如图3-5所示。这样使公共关系部平行于其他管理职能部门，进而平等自主地行使公

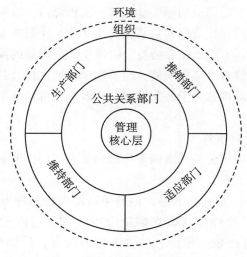

图 3-4　格鲁尼格和亨特的圈图

共关系的职能；而公关副总经理作为中级管理层的一分子，直接受机构最高领导者的领导，不仅可参与机构的重大决策，而且也具有一定的权限，能独立自主地开展公共关系活动，这是一种比较理想的模式。它多适用于一些层次结构较简单、机构最高领导下不另设副职的中小型组织。

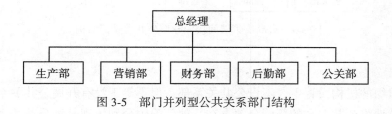

图 3-5　部门并列型公共关系部门结构

（3）部门隶属型公关部从属于机构的某个职能部门，具体属于哪个部门，视具体情况而定。一般来说，它隶属于传播沟通任务较重和突出的部门，如图 3-6 所示。

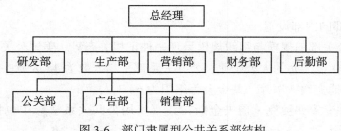

图 3-6　部门隶属型公共关系部结构

在现实中，公共关系部有不同的归属，常见的有：①归属于经营部门，以强调公共关系在整个经营活动中的特定管理的功能。②归属于销售部门，以偏重于公共关系的促销功能。③归属于广告宣传部门，强调公共关系的传播功能。④归属于外事接待部门，以强调公共关系的社会交往功能。⑤归属于办公室，以便于公共关系的灵活掌握和管理。这种模式往往使机构的公关工作偏重于某种职能，而不能全面地发挥公共关系的作用。它多存在于非营利性机构中。这种结构常见于公关发展还不普及、机构缺乏公关意识、公关对象比较简单时期。

（4）最高决策层间接领导型。

最高决策层间接领导型指公关部隶属于机构内某个部门，但最高领导成员经常直接过问公关部的工作，如图 3-7 所示。

其特点是公关部不是一个独立部门，但与最高层保持某种形式的热线联系、定期汇报和列席某些高级会议。这种模式多在职能分得较细、层次较多的中小机构中采用。但是，这种结构很容易造成多头领导、权责不分的情况，反而会增加内部关系协调难度。

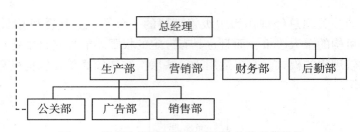

图 3-7　最高决策层间接领导型公共关系部结构

（5）职能分散型。

在许多组织的机构设置中，不设公共关系部，但不等于没有开展公共关系工作。这些组织有意无意地将公共关系的职能分解，在其他部门中分别体现某种公共关系职能，如在营销部门中，有人专门从事企业及产品形象调查和宣传工作；在宣传部门中，有人专门负责与新闻媒介联系；在办公室，有专人安排厂长（经理）与公众见面，接待来访人员和宾客、发布新闻等；在工会，专门开展一些员工联谊活动，以增强组织的凝聚力和向心力。

3. 公共关系部的内部设置

一般来说，公关部的规模与组织规模呈现一种正相关态势。美国公关学者经过调查发现：年产值超过 10 亿美元的大型企业，公共关系部平均人数为 44 人，一般的大中型企业平均为 10 人。其他文教、医疗、基金会等组织为 6~7 人。

英国著名公关专家弗兰克·詹夫金斯在其《实用公共关系学》中也提出了一个参考标准，如表 3-2 所示。

表 3-2   不同规模组织总公关部人数表

年度售额（单位：亿美元）	公共关系人数（单位：人）
>10	65
5~10	20
2.5~5	13
1~2.5	12
0.5~1	6
<0.5	4

（1）公共关系部的内在结构。

根据公共关系部的工作特点，其内在结构可分为四种模式。

① 按公共关系工作手段设置，如图 3-8 所示。

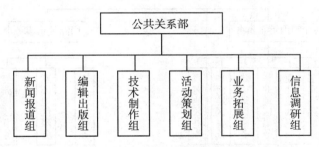

图 3-8　按公共关系工作手段设置的公共关系机构

② 按公共关系过程设置，如图 3-9 所示。

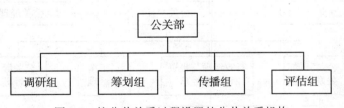

图 3-9　按公共关系过程设置的公共关系机构

③ 按公共关系对象设置，如图 3-10 所示。

④ 按公共关系工作区域设置，如图 3-11 所示。

在此，我们举出一个最具代表性的公共关系部结构图，就是位于加州帕罗埃托的惠普公司，它的公共关系部门有 27 位公共关系工作人员，其部门结构如图 3-12 所示。

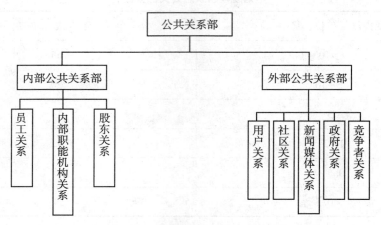

图 3-10   按公共关系对象设置的公共关系机构

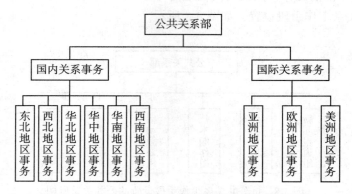

图 3-11   按公共关系工作区域设置的公共关系机构

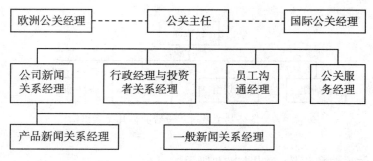

图 3-12   惠普公司公关部门结构图

（2）公共关系部的人员配置。

公共关系部的成员应各有所长，相互补充。根据一般工作量，通常需要下面五类人员。

① 策划人员。公共关系部为实现社会组织的某种目的，要进行一系列的公共关系活动。要想使这些活动取得良好的效果，就需要有高水平的策划人员。所以在选择这类人员时，要极为慎重。

② 信息情报人员。负责收集分析各种与组织有关的信息与情报，应有市场营销学、社会学、心理学等方面的知识和社会调查经验。

③ 编辑、撰稿人员。这类人员又被称为"宣传人员"，主要任务是采写新闻，撰写各种报告、请示，编辑各种刊物、年度报告、年鉴等。这类人员需要有新闻写作方面的知识和经验。

④ 组织人员。组织人员负责具体公共关系活动的准备、组织和管理工作。他们一方面要充分了解公共关系实务的工作原则、方法和技巧；另一方面，还要有组织管理能力及应付日常事务的能力。

⑤ 其他专门技术人员，如摄影师、美术编辑、法律顾问等。

（3）公共关系部的经费预算。

资金是一个组织维持和运转的必要条件。在设置公共关系部门时，必须编写科学合理的预算。一般来说，公共关系部的开支项目有：①劳动工资。不仅包括公共关系专职人员的工资，还包括与公共关系部的工作相关的一些人员的工资，如会计、秘书、通讯员的工资等。②办公费。包括房租、水电费、电话费、办公文具费等。③设备费。如配置摄影设备和材料、工艺美术器材、视听器材的费用等。④活动专项费。⑤机动费用等。前三种费用基本上是固定的，而后两种费用则弹性较大，具有不可预见性和非精确化的特点。

编制公共关系预算的方法有：①比例提成法。即按产值或销售额提取一定的百分比作为公共关系预算。此方法预算简便，而且是根据组织的经济实力量力而行的做法，因此不会给组织带来经济负担。但是，它缺乏弹性，没有考虑到实际需要和情况变化等因素。②目标作业法。即先制定年度公共关系预定目标、工作计划，并列出为完成目标、计划所需要的费用，然后汇总成为年度预算金额。此方法的优点是以公共关系工作的实际需要为基础的，能保证年度公共关系工作的经费开支，计划性强，但易受突发因素的影响。

公共关系部的设置是一种形式，并非内容。一切形式应该服务于内容。作为社会组织应根据具体情况，决定是建立公共关系部还是聘用公共关系公司，还是在特殊事件上聘用公共关系顾问。

4. 公共关系部的任务

公共关系部的工作主要包括对内关系协调、对外关系协调和专业技术等三个方面。

（1）内部关系协调。包括员工关系、部门关系、股东关系等，其具体工作有：

① 利用各种内部媒介与员工沟通。

② 教育引导组织的全体员工，增加公共关系意识，真正实现"全员公关"。

③ 编辑、出版内部刊物。

④ 随时搜集社会组织内员工的各种意见。

⑤ 参加董事会和生产、市场营销以及其他主要负责人的会议。

⑥ 为社会组织领导确定公共关系目标提供方案、数据，并为领导层的其他决策提供参考意见。

⑦ 定期召开股东大会。

⑧ 编制年度报告。

⑨ 培训公共关系工作人员。

（2）外部关系协调。主要涉及媒介关系、政府关系、社区关系等。其具体工作有：

① 负责同新闻媒介、出版机构的合作关系。

② 负责同政府有关部门的联系。

③ 负责与社区的联系。

④ 对消费者进行产品促销活动组织的庆典活动。

⑤ 进行各种礼宾接待工作。

（3）专业技术工作。其具体工作有：

① 组织安排社会组织的庆典活动。

② 组织安排开幕仪式。

③ 筹划和组织纪念活动。

④ 举办记者招待会。

⑤ 安排社会组织领导人与新闻媒介的接触。

⑥ 举办展览会。

⑦ 举办参观活动。

⑧ 开展广告业务。

⑨ 编辑、出版有关内部刊物。

⑩ 负责图片、摄影等支持性工作。

此外，专业技术工作还包括进行民意测验，进行舆论、意见研究；制作并维持社会组织识别标志；负责赠送礼品活动等。

（二）公共关系公司

公共关系公司，是指由各具专长的公关专家组成的专门从事公关咨询和向其他社会机构提供公关服务业务的具有法人地位的独立营利性机构。

公共关系之父艾维·李于 1903 年创办了世界上第一家公共关系事务所——宣传顾问事务所。而世界上最早以公关公司名义出现的公司是 1920 年美国人 N. 艾尔创立的。总部设在纽约的博雅公共关系公司是全球最大的公关公司之一，在 35 个国家和地区的 76 家办事处雇用了 2100 多人；全球第二大公关公司——尚德威克公司则拥有 100 多个遍布世界各地的办事处，有 1800 名雇员。

中国的公关事业起步较晚。1985 年 1 月，美国伟达公司在北京设立了第一家外资公关咨询公司，1986 年，中国第一家公共关系公司——环球国际公共关系公司成立，随后，上海、广东、天津等地也出现了专业的公共关系公司。

1. 公共关系公司的类型

公共关系公司没有固定的结构模式，从不同的角度，可以将其分为不同的类型。

（1）按性质分，可以将公共关系公司分为综合服务咨询型和专业定向服务型两种。

① 综合服务咨询型。这类公共关系公司可以为各种客户提供各种公关问题的咨询和

各种公共关系的技术服务，通常以分类公共关系专家和公共关系技术专家为主体组成。分类公共关系专家主要有媒介关系专家、消费者关系专家、社区关系专家、员工关系专家等；公共关系技术专家主要是由演说专家、出版物专家、民意测验专家、宣传资料专家等组成。其经济实力较为雄厚，业务范围广泛，并能为客户提供多方面的综合性的服务。

② 专业定向服务型。这类公共关系公司即是专门为特定行业或某类特定公关问题提供服务的公司。这类公共关系公司一般由某些行业或某类事务的专家组成，不但精通公共关系的业务，而且熟悉精通某些行业或某类事务。如专门定向为金融业，或旅游业，或政府关系和法律事务，或企业内部的职工关系等特定行业或特定公关问题提供咨询或代理服务的公司。如为客户专门提供广告设计服务或专为客户提供形象调查服务等。

（2）按服务范围分，可以分为区域性、全国性、国际性公关公司。

（3）按专业化程度分，可以分为独立的公共关系公司、广告公司隶属的子公司和广告公司的公关部。如著名的跨国公司博雅公共关系有限公司和希尔—洛顿公司，都已被大广告公司兼并成为其子公司。

2. 公共关系公司的服务内容

公共关系公司有大有小，其经营的业务也各有不同。有的专门提供咨询服务，如采集信息、分析公共关系状态、预测公关环境发展趋势，或提供客户要求的其他服务。有的公关公司则宣称提供"全方位服务"，从教育培训、咨询服务到专题策划、形象设计、公关广告设计等。

如中国环球公共关系公司客户业务部的主要业务包括：企业发展顾问服务、长期沟通计划、企业定位、强化企业形象计划、市场沟通计划、雇员关系服务、财经传播与投资者关系、媒介关系、公共事务、政府关系、议题管理、危机传播管理等。

一般来说，专业的、规范的公共关系公司提供的业务可分为咨询业务和代理业务，主要有以下几种：

① 确立公共关系目标。协助客户开展调查研究，分析原因，提出解决问题的办法，进而确立公共关系目标。

② 制订实施计划。根据已确定的公共关系目标，以及客户存在的实际问题，帮助客户制订有效的公共关系计划，并协助客户实施公共关系计划。公共关系计划实施包括新闻策划、礼宾服务、会议策划、推介产品和印刷制作等。

③ 公共关系业务培训。接受客户委托对公共关系人员进行培训，以提高他们的业务水平和工作能力。

④ 编制预算。帮助客户编制公共关系预算。

⑤ 协助客户开展内部公共关系工作。如为客户编写各种公关资料，如公关宣传海报、新闻稿、公关手册、讲演稿、产品说明、股东和年度报告等。

⑥ 协助客户处理突发事件，消除不良影响。

⑦ 帮助客户进行公共关系计划实施效果的评估等。

3. 公共关系公司的收费

目前，公关公司的收费标准还没有统一的规定，各公关公司的标准是不同的。一般而言，在确定收费标准水平时，要考虑下列五种因素。

① 公关公司的声望和公关人员的专业水平。

② 公关人员在公共关系活动中所花费的成本，包括服务时间费用、材料费用、差旅费、服务费以及机会成本等。

③ 公共关系行业的供求状况与收费标准。

④ 公关公司间的竞争状况。

⑤ 公关活动的复杂程度和效果。

公共关系公司的收费方式多种多样，下面介绍几种最为常见的收费方式。

（1）项目收费。

项目收费主要包括：

① 项目劳务费。即委托项目期间工作人员的工资以及有关高级管理人员、专家和文秘人员、会计人员的工资。

② 行政管理费。按项目总费用的一定比例提取，用于公司行政管理等办公经费。如公共关系公司在承担项目期间所需的房租、税款、水电费、电话费等。

③ 咨询服务费。即由于委托项目的需要，由公关专家为委托人提供咨询，给予指导的费用。

④ 项目活动费。在委托项目完成的整个过程中，需开展一系列的公共关系活动，按活动计划和实际需要，确定费用金额。其优点是专款专用，便于管理与考核，保证公共关系项目的质量。

（2）计时收费。

计时收费，即按参加此项目工作人员的工作水平、服务项目难易程度等，确定单位时间的开支标准，以项目完成所需时间计算费用。

它通常按小时计算收费，包括工资成本、行政管理费、专业管理费以及适当的利润。一般来说，收取的费用是工作人员每小时基本工资的 2~3 倍。如在美国的加利福尼亚州公共关系公司的收费标准为每小时每人 74 美元。至于每一个公共关系人员在每小时应收取多少费用，需要看他的声望和资历，他所从事工作的复杂和难易程度，以及其他公共关系公司的收费标准。

（3）综合收费。

公司在为客户代理某项业务和进行全面代理时，双方根据业务需要，协商确定收取（支付）费用的总金额。这种收费方式一般在业务开始时由客户支付。

（4）按项目需要分项收费即按照项目实际需要分项付款，如客户不满意，可选择其他公司代理。

（5）按项目成果分成公关公司和项目委托人共同承担风险、共同受益，项目最终取得收益时，按一定比例分成，但这种情况很少见。

4. 公共关系部与公共关系公司的比较

公司的比较公共关系部和公共关系公司各有优势与不足。组织在开展公关工作时究竟采用何种形式，应视实际情况而定。组织内公共关系部自身的业务水平、活动的范围、深度及时间长度、机构活动的目的及经费预算、领导的重视程度等均会对公关机构的选择产生影响。下面就两者的优、劣势进行分析。

（1）机构内公共关系部的优、劣势分析。

相对于独立的公共关系公司而言，组织内公关部的优势体现在：

① 公关部植根于机构中，是机构的知情者，能见外人所未见，充分了解机构的实际情况。这样，公关部只要有实事求是的态度即可为机构制定科学的公共关系目标和切实可行的公共关系工作计划。

② 公关部与机构利益目标具有完全一致性，其作为机构的职能部门，是机构的自家人，能够随时随地直接地站在主人翁的立场上全力维护机构的利益，谨慎处理具有社会敏感性的公共关系问题，处处着眼于提高机构的效率和效益。

③ 公关部与机构成员具有更好的认同感。由于公关部与员工有共同体验，在其处理内部公共关系时，更容易得到员工的配合，取得对机构的内部问题及其解决方式的共识，更容易与员工进行真挚的感情交流。

④ 公关部便于保证公共关系工作的连续性、稳定性和及时性。公关部作为机构内部的常设机构，能从体制上保障公关工作连续性；同时，它不存在联系障碍，在紧急的情况下，可做出快速的决策和反应。

相对于独立的公共关系公司而言，组织内公关部的劣势主要表现在以下几个方面：

① 公关部易受"当局者迷"的局限。作为机构的一部分，由于感情的因素和相同利益的牵制，考虑问题时容易使自己受难以觉察的主观心理定式的影响，特别是发生问题的症结处在领导层时，可能由于利害关系原因，忌讳坦陈直言，造成片面性、保留性。

② 外部公众容易对机构的公关部产生心理距离，尽管公关部对外开展工作时秉持信守诚实、负责的原则，但由于它不是"第三者"，往往难以在短期内获得公众的充分信赖。特别是在机构与外部公众发生较尖锐的利益冲突时，外部公众更容易对机构内部公共关系机构的活动产生怀疑心理，出现不合作倾向。

③ 公关部活动能力易受限制。机构内部公关部的活动能力直接受机构人、财、物条件及机构活动范围限制。公共关系工作是一项具有广泛社会性的工作，其活动的广度和深度都可能超出一个机构的现有力量和常规活动范围。相对于公关公司而言，公关部在经验、技术、人才方面的差距更明显。

（2）公共关系公司的优、劣势分析。

公共关系公司的优势主要体现在以下几个方面。

① 从服务的专业水平看，公关公司拥有一批具有各种专业知识、经验丰富的专家，具有明显的人才优势。可根据委托者的要求，选择不同人才执行不同任务，因而技术全面、专业性强。在处理危机、应付复杂局面、解决舆论问题等方面都比组织的公关部门实力强、办法多、经验丰富。

② 在分析、处理问题时，较为客观公正。专业公关公司以专业眼光，从外部公众角度去处理客户的公关问题，有较强的独立性、主动性，不容易受机构政策及其他方面如人事关系的干扰。专业人员的建议更权威，能起更大作用。因其经营活动能力、水平和社会联系，决定了公关公司有良好的社会声誉和公众信赖度，不会因内部人员的因素而降低对公司的信任。

③ 有健全、有效的沟通网络。公关公司的经营是以整个社会作为舞台，它受聘于众

多客户，并且与社会各方面有着广泛的联系。因此，它有较全面的信息资源，较广泛的社会通信网络，与当地的政府、企业、公众等均有紧密的联系，信息灵、眼光高。

④ 公司的经营灵活、广泛。它可根据委托人的要求，决定服务目标、内容、方式。由于大部分公关活动均是以项目形式承包，只要公关公司按时按质完成活动就可以，至于具体的服务内容、方式、安排等均由公司自定。

⑤ 由于公关公司在开展公关活动时，更具有比较优势，因此可以降低公关活动的成本。公关公司是一种营利性组织，而且公关公司特别是名牌公关公司收费还相当高，但如果综合考虑，选择公关公司还是更经济。一方面，组织维持一个公关部门的运转，同样需要支付日常费用、人员工资、办公经费等；另一方面，公关公司提供的方案往往更合理、更权威、效益更佳，其创造的收益、企业从中获得的效益也更大。

公共关系公司的劣势主要体现在以下几个方面。

① 对机构内部的情况了解不全，因而其建议方案等有可能同委托机构内部情况脱节。这就要公关公司花费更多的时间去做前期的调研工作，也就势必增加委托方的费用支出。

② 作为局外人，公关公司一般只为机构决策提供参考性建议和方案，而不直接参与机构的决策管理过程，这会使有关公关建议和方案难以在机构内得以贯彻。尽管存在从策划到具体实施的一条龙服务方式，但由于其涉及面广、持续时间长，一般公关公司不愿采用此种形式。

③ 公关公司及顾问可能遇到很多的障碍，包括机构内公关部和人员的阻力，以及来自委托机构的管理者及有关人员思维和行为惯性的影响，致使公关公司的工作得不到有力配合，方案难以落实。

而不直接参与机构的决策管理过程，这会使有关公关建议和方案难以在机构内得以贯彻。尽管存在策划到具体实施的一条龙服务方式，但由于涉及面广，持续时间长，一般公关公司不愿采用此种形式。

④ 公关公司及顾问可能遇到很多的障碍，包括机构内公关都和人员的阻力，以及来自委托机构的管理者及有关人员思维和行为惯性的影响，致使公关公司的工作得不到有力配合，方案难以落实。

5. 如何选择公共关系公司

组织在比较、权衡是否设立公关部或聘请公关公司之后，如果决定聘请公关公司，则面临着如何选择公关公司的问题。

（1）选择方法。

在具体挑选之前，组织可先查阅《广告年鉴》、《公共关系年鉴》、"公共关系协会的会员注册表"，以及公共关系协会的年报等资料，包括收看、阅读公关公司的广告或由其他的机构推荐。找到公关公司后，再通过下列方法进行评价和选择。

一般可以邀请目标公司提交竞争性计划进行招标，让初选的咨询公司，有机会提出机构所需的初期甚至持续的研究报告，然后由机构择优选择。这样能保证公关公司提供更加切合实际、更令人满意的服务。

（2）选择的标准。

正确的选择公关公司是一件大事。一般来讲，组织可以由以下五个方面来综合评价一家公关公司。

① 公司的信誉和声望。如一家公关公司的历史长短，以往工作的业绩如何，他们承办的活动在社会上影响如何，他们与社会各界的关系如何等。这些都是衡量公关公司信誉和声望的具体指标。

② 公关公司目前的人才状况。如人员素质情况、专业水平、专门训练时间的充裕情况等。人才是决定一家公关公司业务水平的最关键因素。

③ 公关公司现有客户情况。如其社会地位如何，对其服务满意程度有多高。

④ 公关公司的专长和本组织需要的相关程度。同样有信誉、有名望，人才济济的公关公司仍存在着不同的特点和专长的区别。选择公关公司是以专长最能满足组织的公关需要为最佳标准。

⑤ 收费标准情况。一般而言，信誉良好的公司可能收费较高，同时服务水平比较好；但企业选择时应针对切实需求来确定，一般的活动无须请大咨询公司。

（3）聘用公关公司时应注意的几个问题。

聘用公关公司时，机构如何使活动的效果最佳和成本最低，则需注意以下几个问题。

① 需清楚机构要从公关专家那里得到什么。如果仅希望公关专家认可你做出的决策，将毫无意义；应从咨询中得到简单而又实际的解决方法，而不仅仅是理性指导。

② 成本-效益分析。公关公司的服务是要收费的，因此机构在进行咨询时，次数应尽量少，可使时间长一些，这比分次简短咨询有效且经济。另外，机构在聘请公关顾问时，总是偏爱于最好的公关专家服务，但成本一定很高。如果只是一般性的公关活动，一般公关人员就能胜任，就不需聘请高级专家。

③ 注意公关活动的连续性。有许多机构的管理层虽同意公关专家的计划，但在实际操作中却又按照自己的喜好只遵循其中的几步，结果导致整个计划的失败。另外，公关公司提供的服务是按其所得报酬提供的，因此机构要根据活动开展的实际需要，找到最佳接合点，而不是做了一段时间就停止。

④ 保持与外界联系。机构在聘请公关公司时，必须要多和外界交流，从而提高机构的公关水平。这对于监督、参与公关公司的方案、活动均有很大的帮助。

（三）公共关系社团

公共关系社团指社会上从事公共关系工作和热爱公共关系事业的团体与个人自发组织的、非营利性的从事公共关系理论研究与实践活动的群众组织和群众团体，包括公共关系协会、学会、研究会、专业委员会、俱乐部、沙龙、联谊会等公共关系机构。

在现代公共关系发展史上，第一个公共关系社团组织是于 1915 年 7 月成立于美国芝加哥的金融公共关系协会，隶属于世界广告协会，1970 年后组织易名为银行和市场协会。1917 年 4 月，美国高等院校公共关系协会（当时名为"美国高等院校新闻协会"）宣告成立。20 世纪初，公共关系社团都属于某一行业社团组织，成立于金融界、教育界、新闻界等，并逐步发展成为全社会的由各行各业人士参与的社团组织。

1948 年 2 月 4 日，美国的全国公共关系顾问协会（NAPRC）和美国公共关系理事会（ACPR）合并成立美国公共关系学会，其总部设在纽约，下设 80 多个分会，成员超过 1

万人。英国公共关系学会（IPR）也成立于1948年，是一个范围涵盖12个地区性的团体，会员超过3500人。他们在建立和推行职业道德准则方面走在世界前列。

在所有专业性协会中，总部设在伦敦的国际公共关系协会（IPRA）无疑是颇具影响力的。尽管其在1955年刚成立时，只有5个国家，15名会员，但现在已发展到77个国家几千名会员。而且国际公关协会是得到联合国正式承认的，其会员也作为顾问服务于联合国经济社会会理事会。国际公共关系协会每年聚会两次，颁发"促进世界理解杰出贡献奖"，出版《国际公共关系评论》季刊；由于其在推动专业承认、职业标准和职业道德发展等方面的成就，在1980年协会成立25周年之际，法国邮电局发行了迄今为止仅有的一枚以公共关系为主题的邮票。

公共关系社团要依照国务院颁布的《社会团体登记管理条例》的规定到民政部门申请登记、经批准后组建并在宪法规定的范围内独立开展活动。在公共关系事业的发展过程中真正起到推波助澜作用的，往往是这些非营利性的公共关系社会组织。

1. 公共关系社团的类型和特点

（1）公共关系社团的类型。

公共关系社团的类型多种多样，根据我国公共关系社团的现状、可大体分为以下几种类型。

① 综合型社团。包括国家和地方成立的各级公关协会，如中国公共关系协会、中国国际公共关系协会，北京、上海、广州等地的公共关系协会，其职能多是服务、指导、协调、监督。

"服务"是指为会员单位提供咨询服务，加强与外界的联系与合作；"指导"是指研究公关理论与实践，培训公关专业人才等；"协调"指协调国内外公关组的关系，维护机构的正当权益；"监督"是指会员的活动必须符合行业的道德规范和职业准则，防止损害公关业声誉的事件发生。

② 学术型社团。包括公共关系学会、研究会等纯学术性的团体。其中心工是研究公共关系的动态和理论问题，总结公共关系的经验，进而把握公共关系发展的趋势，为从事公共关系工作的人员进行理论指导。

③ 行业型社团。公共关系组织的行业化，在国际上已成为一种趋势。行业社团保证了公共关系事业在某一行业的深入发展，是一种很有潜力的社团形式，现有中国煤炭公共关系专业委员会、浙江新闻和公共关系学会等。

④ 联谊型社团。联谊型社团包括公共关系联谊会、公共关系俱乐部、公共系沙龙等各种形式，其结构松散，以联谊为主，无固定的活动形式和会员条例。这类组织通过开展工作可以推广、普及公共关系知识，可以促进成员之间沟通信息，联络感情等。

⑤ 媒介型社团。这类社团主要通过报纸、杂志等传播媒介进行联络，并以此为依托建立公共关系社团。其工作主要是直接利用媒介来探讨公共关系理论，普及公共关系知识，交流公关活动经验等。

（2）公共关系社团的特点。

根据公共关系社团的性质，它具有以下特点：

① 广泛性。公共关系社团的广泛性体现在它的成员既包括了公共关系行业中各方面

的单位或从业人员，又包括不同地区新闻、科研、文教和党政机关等各界人士。这种组织形式，可以建立更广泛的信息渠道和社会关系网络，有利于成员间的相互沟通、交流。

② 松散性。公共关系社团与公共关系公司、公共关系部相比，它具有松散性特点。因为它没有严格的组织结构，会员入会和离会手续较简单，基本上没有强制性。

③ 权威性。参加公共关系社团的往往是社会上从事公共关系工作和热爱公共关系事业的团体和个人，其中聚集了一批有理论、有实践经验的公共关系专家、学者和实际工作者，他们通过理论研究和优质、高效的服务，不仅可满足社会对公共关系的需求，而且也提高所在社团的权威性和信誉。

④ 非营利性。公共关系社团不是一个经济实体，因此，它不是以营利为目的的。所以，在商品经济大潮的冲击下，为了维护自身的信誉和形象，公共关系社团在实际运作中应特别注意这点。

2. 公共关系社团的职责和活动

（1）公共关系社团的职责。

公共关系社团是一种特殊的公共关系组织，它既是广大公共关系专家、学者及公共关系爱好者组成的民间团体，同时又是公关界与政府、工商企业及其他组织相互联系的纽带与桥梁。其宗旨是宣传公共关系思想，普及公共关系知识，协调公共关系活动。其具体职责包括以下几点。

① 发展和联络会员。为了公共关系事业的发展，公共关系社团应把社会上各行各业的公共关系爱好者和实际工作者，源源不断地吸收到社团中组织学术和经验交流，研究我国公共关系理论和实践，以更好地促进我国社会主义公共关系事业的发展。同时，还要与会员进行经常性的横向沟通、联络，以便形成网络，进行广泛的协作。

② 宣传、普及公共关系知识。这应该是公共关系社团的一项经常性的工作。通过坚持不懈地向社会公众宣传、普及公共关系知识，来匡正社会公众对公共关系的误解，以提高全民的公共关系意识，为我国的改革开放和社会主义市场经济及两个文明建设服务。

③ 组织公共关系专业人员的培训工作。公共关系社团通过举办培训班、讲习班等形式来培训公共关系专业人员，以进一步提高公共关系专业人员的素质。在中国公关协会和中国国际公关协会的共同努力下，公关员国家职业资格认定于 1999 年 6 月获得原国家劳动和社会保障部的正式批准，使长期以来一直困扰着广大公关从业人员的资格问题得到解决，这将会大大推动我国公关职业的健康、蓬勃发展。这样，公共关系社团特别是公共关系协会有责任组织公关从业人员职业资格考试的培训工作。

④ 确立并制定公共关系从业人员的职业道德和行为准则。事实上，每一个行业都有各自的职业道德，作为职业化的公共关系也不例外。

⑤ 交流公共关系信息，开展公共关系咨询服务。公共关系社团应建立起公共关系信息网络，将国内外的公共关系信息、市场信息等传播，通报各方公共关系社团，以便各方结合自己的实际，为当地社会组织提供咨询服务，如招商引资、内引外联、给困难企业出谋献策等，以便更好地开展公共关系社团的工作。

⑥ 编辑出版公共关系方面的报刊和刊物。公共关系社团编辑出版有关公共关系的书籍和报刊，是宣传公共关系的重要手段。如美国公共关系协会编有《公共关系评论》季

刊；加拿大公共关系学会编有一个时事通讯季刊——《公报》；英国的公共关系学会每年出版 8 期《公共关系》；国际公共关系协会的官方出版物是《国际公共关系评论》季刊。

（2）公共关系社团的活动。

各种类型的社团在成立时都明确了各自的任务和工作内容，如中国公共关系协会在章程中明确规定：

① 联络全国各地区、各企业、事业单位的公共关系机构，组织学术交流和经验交流，研究社会主义公共关系的理论与实践，推动社会主义公共关系事业健康、深入发展。

② 制定和实践社会主义公共关系的职业道德准则。

③ 培养、训练和造就公共关系的专业人才。

④ 编辑出版有关公共关系的书籍、报刊，宣传、普及公共关系学知识。

⑤ 加强与海内外公共关系界的交流合作。

⑥ 开展国内外公共关系事业的咨询服务工作。

⑦ 维护公共关系组织和工作者的正当权益。

⑧ 协调国内外公共关系组织的关系。

3. 公共关系社团的经费来源

公共关系社团作为民间组织，国家原则上不拨经费，其经费来源都是多方筹集。

（1）主管机关拨款，这种属少数。

（2）会费收入。会员入会时，须缴纳一定数额的会费，收费标准由各社团自定。

（3）所属经济实体收入。

（4）服务社会收入。社团有能力、有条件承担咨询服务等活动，并收取一定的费用。

（5）社会资助。

四、 公共关系人员

公共关系不仅是一门新的学科，更是一种新的职业。据不完全统计，在 20 世纪 80 年代，美国公共关系从业人员 15 万人，90 年代则有 17 万人左右，目前，公共关系行业更加蓬勃发展，公共关系人员在世界各地的增加方兴未艾。

所谓公共关系人员，是指从事公共关系理论研究、教学活动以及实践业务的人员。在欧美国家对公共关系人员的称呼有 PR practitioner（公共关系从业人员）、PR man（公关人员）、PR officer（公关官员），但是并没有国内所说的 PR girl（公关小姐）之称。

（一）公共关系人员的角色

每一个打算进入公共关系领域的人，都想要了解：在这个行业需要扮演哪种角色？自身应该具备何种条件？工资待遇和发展前景如何？

下面，首先来看几则国内外公共关系人员的招聘广告。

公共关系助理

私立医院征求公共关系助理。工作职责包括替医院刊物和快报采访和写稿，以及发布新闻；回答新闻界对病人状况的询问；负责部分摄影、绘制图表和编辑工作、协助设计及制作宣传品送交媒体发表；筹备一些特别活动，包括策划、宣传、督导和评估结果。限获得公共关系或新闻学位者，略有经验。应征者必须外表和蔼可亲，能承受工作压力，善于电话沟通，能够自动自发，不必上级督促。

事 务 经 理

信用合作社征求事务经理。负责撰写和编辑每月的新闻稿，设计和编写宣传手册，每季策划各种推广活动，应征者必须经由刊物、电话与亲自拜访和会员维持良好关系，并协助各部门进行公共关系推广活动。应征者必须获有公共关系或新闻学位，且必须能够自动自发，独立作业，不怕压力，能在规定期限内完成所交代的任务，并有雅量接受善意批评。

公共关系计划经理

总部设在旧金山的一家国际天然资源公司，征求一名公共关系计划经理。应征者将负责策划及执行公司的公共关系计划，包括公司公关、员工会议、主管演说、运用视听辅助器材，以及在公司董事会上作报告。应征者必须拥有商学、新闻或公共关系学位，并且至少有从事公司公关工作 5 年以上的经验。高明的人际沟通、写作能力和口头沟通技巧也是必不可少的。

传播事务经理

大型公用事业公司征求传播事务经理。负责策划、组织及协调公司的传播计划，督导出版和协助部门管理员工。应征者必须拥有在公司传播方面的管理、行政与督导经验。

国际公共关系经理

上海一家名列《财星》杂志前十强的大公司，征求一位有事业心的国际公共关系经理。协助公司的公关副总裁从事国际公共关系工作。应征者必须拥有大学学历，有在新闻界或公共关系界 5 年以上的从业经验，有海外工作经验，最好精通外语。录取后须经常赴国外出差。

政府关系主管

加州一家银行征求一位政府关系主管。主持一个快速成长的新部门，负责注意与分析所有各级政府的立法与法规规定，协调银行的政治和捐款活动，并担任银行与政府之间的联络人。应征者必须拥有良好的政府关系或 5 年以上的公共事务工作经验，文笔佳，口才好，大学学历，最好有在银行工作的经验。

大学公共关系副总裁

主要负责评估和促进大学与各界的关系，并推动大学的各项发展活动，督导校内的发展、新闻与其他相关单位。这些单位的主管都必须向公共关系副总裁负行政责任。应征者最好拥有博士学位，有在大学服务的丰富经验，拥有极佳的人际沟通、演说与写作技巧，有能力与各部门沟通，是协助大学发展校务的重要主管之一。

从以上几则招聘广告可以看出，公共关系人员应该具有较高的综合素质和工作才能。从外在的仪表仪态到内在的性格品德，从教育背景到工作经验，从创意思维到研究能力，从知识结构到工作能力，都有一些具体的要求。公共关系人员要多交友，少树敌，公共关系人员既要在前台做组织形象的传播者，又要在后台做组织形象的设计者，所以，公共关系人员应该是一个通才。

1997年美国著名公共关系专家布鲁姆和史密斯将公共关系从业人员的角色类型划分为四种。

第一，专家诊断者。他们以"外脑"的身份，站在经营者的立场上，从战略高度，发现问题并提出解决问题的方案，他们是战略管理专家，具有统观全局、独立思考和判断的能力，无须太听从管理层的指示。

第二，传播服务者。他们是传播专家，主要职责是通过开展一些策略性的传播活动，维护组织与公众之间双向传播的畅通性。

第三，问题解决者。他们不同于专门的诊断者，他们与组织的其他管理者合作共同界定问题，并指导其他管理者运用一种合理的解决问题的程序来解决问题，相当于项目专家。

第四，传播技术专家。其主要职责是撰写和发布新闻稿，处理媒体关系，开发网站内容，不参与管理决策，但负责向员工和新闻界进行解释。

事实上，不同的人会扮演传播技术专家角色，但同一个人可能会趋向于同时扮演专家诊断者、传播服务者、解决问题服务者这三种角色。

（二）公共关系人员的基本能力

如果打算以公共关系作为终身职业的人，不管今后从事哪一个行业，哪一项公共关系工作，都必须具备以下几项基本才能，它们分别是：写作能力、研究能力、策划能力和解决问题的能力。

（1）写作能力。

这是公共关系人员的基本能力，公共关系人员一定要是一个杰出的撰稿人，能够写出极佳的客户报告、新闻稿、图片说明、年度报告、特别报道以及各种文章。

（2）研究能力。

公共关系人员一定要有较高的理论水平和研究能力，一方面能够充分了解客户的业务状况，并随时注意可能影响到公司业务的商场和政府的各种最新发展；另一方面能够评估大众的需求和认知，善于设计和进行民意调查，从各个方面收集资料。

（3）策划能力。

公共关系人员一定要能够进行长期或者短期的策划，能够替每一位顾客构思和执行完整的公共关系计划，有丰富的创意和想象力，不受限于传统想法，具有开放的心胸，愿意接受新观念，知道如何构思出很有创意的点子，并把它付诸实施，以达到宣传效果。

（4）解决问题的能力。

公共关系人员一定要能够自信地向公司最高管理层提出具有建设性的意见，能够帮助管理者解决一些重大问题或者危机问题。比如公司的发展战略、竞争战略、整合传播战略、企业文化战略，以及一些危机事件的处理。

（三）公共关系人员的教育

公共关系人员既需要知识与智慧，又需要技能与经验，更需要道德与品行，所以要使公共关系发展到理想境界，必须加强公共关系教育和培训。

关于公共关系教育，一直有三个不同的观点：第一，到底是将公共关系保持在本科教育阶段还是提升到研究生教育阶段？第二，在传统的本科教育后，应该授予公共关系硕士学位，还是授予商业管理的硕士学位？第三，应该加强传统的公共关系课程的教育，还是加强文学艺术的教育？

1990年，美国国际公共关系协会发布了一个"公共关系教育轮"，系统地提出了公共关系的教育内容，如图3-13所示。

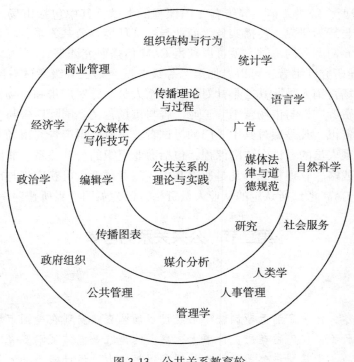

图3-13　公共关系教育轮

公共关系知识体系由3个子系统构成。

第一，公共关系理论与实践，这是教育轮的核心层。

公共关系基本理论知识包括：公共关系的基本概念、公共关系的由来和历史沿革、公共关系的职能、公共关系活动的基本原则、公共关系要素、社会组织、公众和传播概念与类型、不同类型的公共关系工作的原则和内容、公共关系工作的基本程序等。

公共关系实践知识包括：公共关系调查研究、公共关系活动策划、公共关系活动实施与评估、公众分析、与各类公众的沟通技巧、社交礼仪知识等。

第二，传播领域的知识，这是教育轮的中间层。传播领域的知识主要包括：传播理论与过程、广告、媒体法律与道德规范、研究、媒介分析、编辑学、大众媒体写作技巧、传播图表。

第三，一般人文社科知识，这是教育轮的外围层。

这主要包括组织结构与行为、统计学、语言学、自然科学、社会服务、人类学、人事管理、管理学、公共管理、政府组织、政治学、经济学、商业管理等。

由于公共关系是一门实践性很强的学科，对公共关系人员的培养，需要长期不懈的努力。一般来说，有关公共关系人员的培养主要有两条路径：一是学院教育，二是社会教育。学院教育是一种传统正规的学历教育，而社会教育主要是从业资格认证培训。这类活动一般由公共关系协会等专业组织来主持。

目前，公共关系人员资格认证主要有英国公共关系协会参与和主持的 CAM 考试（CAM 是传播、广告、市场教育基金会的缩写）。

CAM 考试分两个等级。第一等级有 7 门课程的考试，其中包括市场、广告、公共关系、媒体、调查与行为研究、传播实务、商业与经济环境。公共关系、广告和市场营销人员只要通过其中 6 门课程的考试，就可以获得 CAM 传播研究证书。

获 CAM 传播研究证书者，可以参加第二等级考试，第二等级考试有两种类型，其一是针对广告和市场营销人员，其二是针对公共关系人员。针对广告和市场营销人员的考试科目有 5 门：消费者广告与市场营销、工业广告与市场营销、国际广告与市场营销、高级媒体研究、管理资讯，凡是通过其中 3 门的考试者，可以获得广告与市场营销文凭。

针对公共关系人员的考试有 4 门课程，包括商业组织的公共关系、非商业组织的公共关系、公共关系战略、管理资源。凡是通过其中 3 门考试者，可获广告与市场公共关系文凭。现在，英国 CAM 考试所认定的从业人员资格，已为英国各界所普遍承认。

第二节　公共关系的客体

 案例

美国麦尔·休·高浦勒斯制鞋公司经过市场调查，发现在美国市场上，人们购买鞋子的目光已不仅仅停留在质优价廉上，更多的需求是能体现消费者个性和寄托消费者情感的产品。于是，该公司设计人员便发挥想象力，设计能激发人们购买欲望、引起感情共鸣的鞋子，并有意赋予鞋子以不同个性的情感色彩，如"男性情感"、"女性情感"、"优雅感"、"野性感"、"轻盈感"、"年轻感"等。此外，他们还费尽心机地给鞋子起了一个个稀奇古怪的名字，如"笑"、"哭"、"愤"、"怒"、"爱情"等，充分满足消费者的情感需求，同时高浦勒斯公司也创造了巨额利润。

从以上案例可以看出，消费者在购买行为中的心理需要是不断变化发展的，是非常复杂的，同时有着明显的个体差异性，不仅仅满足于产品给他们带来的使用价值，还要追求产品给他们带来的精神上的享受。

公众是公关工作的对象，广泛存在于社会组织的内部和外部，团结内部公众，发展外部公众是公关工作的主要内容。本节主要探讨内外公众的特点、构成、分类、公众意识以及内外部公众的具体公关实务，以便读者了解公众的基本理论和处理各类公众关系的具体方法。

公众是公关工作中一个非常重要、非常活跃的社会群体，它广泛地存在于社会组织的内部和外部。以投石入水为例，把组织当做石子投入水中，就会产生一道道的波纹，波纹越来越大，层次越来越浅，这样就形成了关系的亲、疏、远、近，最里面的波纹距离组织最近，好似内部公众，最外面离组织最远，但仍与其相连，好似外部公众。这些内外公众共同构成了组织的公关工作对象。研究内外公众的构成、特点、分类及实务操作是公共关系学的重要内容。

一、公众概述

（一）公众的内涵

公众是公共关系中一个极其重要的概念，其重要性可与"公共关系"这一概念相提并论。因为没有公众就没有公共关系，一切公关工作都是围绕着公众而展开的，没有公众，公共关系就毫无存在的价值和必要，这就如同没有上网的用户，因特网就徒具形式，徒有空壳一样。

公关中的"公众"概念不同于一般意义上的"公众"概念。一般意义上的公众是指"社会上大多数的人"，这些人是作为群体而存在的一般民众，它可以指具有政治色彩的人民群众，也可以指具有社会学意义的人群大众。从质上讲，此"公众"与"私人"相对而言；从量上讲，此"公众"仅与个体相对而言，是大众而非小众，是人群而非孤家寡人。

而公共关系中的"公众"概念具有特定的内涵，它特指公关主体交流信息的对象。具体地说，是指与特定的公关主体相互联系及作用的个人、群体或组织的总和，是所有公关工作对象的统称。任何一个公关意义上的公众都是社会公众，但并不是任何一个社会公众都是公关意义上的公众。一个人可以自然而然地成为社会公众的一分子，但是只有当他进入某一特定公关主体的视野，与其有现实的或潜在的相关利益时，才能成为真正意义上的公关公众。比如，对于武汉的小学来说，山东的农民子女一般不会是它的公关对象。与社会公众相比，公关中的"公众"概念具有明确的规定性。

（二）公众的特征

1. 公众的整体性

整体性是指公众的总体特征。公众是公关工作对象的总称，从概念上讲，它自然不是指某一个单一的公众对象，而是指与某一组织运行有关的整体环境。这个整体环境并不是像生物有机体那样，是一个各部分紧密结合的整体。它是一个松散的整体，各个要素构成之间或多或少是自由的和分散的。比如顾客和供应商之间，新闻界和社区之间没有必然的联系，相关性较小或无相关性，但它们又共同构成了组织必须面对的公众环境。对于组织而言，若忽视或未妥善处理好其中任何一类公众，都可能导致公众环境的恶化，从而影响组织的正常运转。因此分析"公众"时，首先要把它当做一个系统的、完整的有机体来看待，只有这样，才能使公关工作做到宏观把握、系统运筹。

2. 公众的同质性

同质性是指公众的性质特征。公众在数量上尽管具有广泛性、模糊性，但在质上却具有明确性、规定性。对一个具体的公关活动而言，公众并不是一盘散沙似的乌合之众，而是具有某种内在共同性的群体。这种内在共同性，可能是共同的利益、共同的需求、共同的目的、共同的问题、共同的兴趣、共同的背景等。无论这种共同性是现实的还是潜在的，都会导致与此有关的人采取相同或类似的态度和行为，从而构成组织所面临的一类公众。比如一家航空公司发生空难事件后，分散在世界各地、看似毫无关联的遇难者会成为这家航空公司必须面对的特定公关对象。公众的同质性特点使公众不再是一个不可数的笼统概念，而是具体的特定的现实存在。

3. 公众的多样性

多样性是指公众的构成特征。公众构成形式是丰富多彩、复杂多样的。具体地说，公众的构成可以分为以下三种存在形式。

第一种，个体。个体是公众构成最基本的细胞，最常见的存在形式。比如企业内的某一员工、前来投诉的某一顾客、常常来往的某一经销商、努力追求的某一记者、必须面对的某一政界要人等。在某一特定时期的特定条件下，公关对象往往表现为某一个具体的人，公关活动因此常常以交际活动的形式出现，带有强烈的人际交往色彩，这也是人们将公关混同于交际的主要原因。个体公众往往是不稳定的、变动不居的。

第二种，群体。群体是公众构成的中间层次，也是相对重要的存在形式。它包括初级社会群体和人群集合体。初级社会群体是指成员之间有亲密的关系，如家庭、邻里、老乡、朋友、伙伴、亲属等。人群集合体是指因临时性、偶然性的因素而聚集在一起的人们，如飞机和火车中的旅客、商店里的顾客、餐馆里的食客、公园里的游客、电梯里的乘客等。初级社会群体相对稳定和持久，而人群集合体则变幻莫测。

第三种，组织。两个同类组织之间可以互为公众。比如，两个同等企业之间、两个政府机构之间、两所同类大学之间都可以互为公关对象。组织公众比较固定。公众形式的多样性决定了沟通方式和传播媒介的多样性。

4. 公众的变化性

变化性是指公众的动态特征。根据"动者恒动、静者恒静"的惯性原理，公关主体——社会组织的动态运行，必然带来公关客体——公众对象的动态变化。这主要表现在公众的数量、范围、形式、态度等都会随着主体条件、客观环境的变化而变化，公众对象的产生与消失、公众数量的扩大与减少、公众态度的时好与时坏都处于不断发展变化之中。打个比方，在数量上，公众不是立定的军队方阵，而是正在前进中的游行队伍；在方向上，公众不是一潭静止的死水，而是四处流动的活水；在态度上，公众不是射击场中被动挨打的靶子，而是捉摸不透的"黑箱"。公众对象的变幻莫测、难以把握是公关工作的难点所在，也是公关工作的魅力所在。

5. 公众的相关性

相关性是指公众的个性特征。公众虽然广泛存在，但不是各组织通用的抽象概念，而是与某一社会组织特定相关的。各社会组织都会因其自身的性质、地位、环境、形象而与某些特定的公众对象发生利益关系，从而形成自身特有的公众对象。比如工商企业的公众就不同于事业单位的公众，即使组织性质相同，公众也可能不同，比如同样都属于酒店业，五星级酒店的公众与个体小店的公众就不大相同。同样是五星级酒店，广州中国大酒店的公众也不同于北京长城饭店的公众。公众的相关性特点是组织与公众形成公共关系的关键所在。公关工作的一个重要任务就是要寻找、确定和发展这种相关性。

（三）公众的地位

（1）公众在整个公关传播过程中，既是信宿又是信源。从公关的正向传播过程来看，公众处于这一过程的终端，是公关信息传递的目的地——信宿，公众对公关信息的实际接收情况决定了公关活动的成败。

从公关的反向传播过程看，公众处于这一过程的始端，是公关信息再次传递、阐释和扩散的出发点——信源。公众并不是一个静止不变的"接收器"，而是一个十分活跃的社会群体，在它们的内部不停地进行着公关信息的第二次、第三次传播。凭借这种传播，公关效果不断放大，公关信息不断回流，公关方案也不断完善。

（2）公众是公关传播活动的制约因素。公关传播活动的最终目的是影响和获得公众，而公众的各类需求是推动公关传播活动的一个直接原因，并在具体传播活动过程中起着制约作用。西方传播学理论中有一个受众选择信息或然率的公式：选择的或然率＝报偿的保证/费力的程度。

该公式表明公关对象希望以最省力、最便利的方式，满足自己的信息需要，这就给我们的公关活动造成了强大的推动力，同时，也在公关活动中起着制约作用。

（3）公众是公关方案的最终完成者。西方在文学上有一种接受理论，这种理论把一切没有经过读者阅读和检验的作品称为"文本"，只有经过读者阅读思维的参与和检验，并被他们接受以后，才能成为作品。

对于公关活动来说也是如此，人们策划出的公关方案仅仅是一纸"文本"，只有经过公关方案的实施才最终完成。

（4）公众信息反馈会影响公关传播活动的继续进行和深入展开。在公关传播过程中，有以下三种公众反馈信号。

第一种，强化信号。一项公关传播活动展开以后，公众以肯定欢迎的态度奔走相告并积极见之于行动，这是强化信号。强化信号反映出公关传播产生了积极的正效应。它表明了此项公关活动适应了公众的心理，满足了公众需求，并表明了公众对这类活动的再需求。强化信号出现时，公关人员应该乘胜追击。

第二种，干扰信号。在公关传播中有两种情形的干扰信号：一是公众行为与传播内容不一致的干扰信号；二是公众对信息的理解、评价产生"歧义"现象，公关信息"再传"时出现"变形、失真"，这两种情形的特征是受众的思维、舆论、行为指向背离公关内容和传播目的，而呈侧面、背向状态。在这样的情形下，公关信息流通渠道不畅，公关传播的作用被削弱、抵消，甚至可能出现负效应。干扰信号出现时，公关人员必须及时调整公关方案，以迎合公众的需要。

第三种，逆反信号。当公关方案实施后，公众对传播的内容做出与传者本身正好相反的理解和阐释。在"再传播"中传播恰恰相反的事实和意见；在行动上故意反其道而行之；在情绪上激动失控或出现不正常的冷漠态度，这就是逆反信号。其特点是公众的思维、舆论、"再传播"及行为指向与公关传播正好相反或相对，并且在"对抗"中强化对公关信息传播的抵制行为，使公关信息流通受到阻碍。逆反信号出现时，公关活动应立即停止并采取相应措施进行补救。

二、 公众的分类

根据公关传播的实际需要，公众分类可以有多种角度和标准。下面介绍七种常见的分类方法。

（一） 公众的横向分类
按照横向分类原则，可把公众分为两大类九小类。

1. 内部公众

（1） 员工公众：领导、职工、勤杂工等。

（2） 股东公众：股民、董事会、股票经纪人等。

2. 外部公众

（1） 社区公众：员工家属、附近居民、当地政府。

（2） 当地银行、金融机构。

（3） 经销商公众：批发商、零售商、代理商、进出口商。

（4） 消费者公众：顾客、用户。

（5） 竞争者公众：同行、替代品行业。

（6） 舆论界公众：新闻界、社会名流、专家权威。

（7） 政府公众：纵向政府机构、横向政府部门。

横向分类法是一种平面分类法。它有助于全面了解公众的分布情况，从总体上把握公众的数量和类型。

（二） 公众的纵向分类
所谓纵向分类，即把公众作为一个动态发展过程来分类。美国公关专家格鲁尼格和亨特按照公众的一般发展过程，把公众分为非公众、潜在公众、知晓公众和行动公众四类。

1. 非公众

从社会学角度看，不存在"非公众"这一概念，任何人都属于社会公众的一员。非公众是公共关系学中的一个特殊概念，即不和组织发生任何联系和不对组织造成影响的群体和个人。例如，在一般条件下，美容店是家电公司的非公众，服装店是机床厂的非公众。把"非公众"排除在组织的公共关系范围之外，有利于减少盲目性，增强针对性，避免不必要的浪费。

但要注意，非公众虽然不是公关的实际对象，但是从发展的眼光来看，非公众也有可能发展为潜在公众。在确定公众时，要预留界线，适当超前。

2. 潜在公众

潜在公众是指由于潜在的公共关系问题而形成的潜伏公众或未来公众。比如，某航空公司的空难事件发生后，遇难者的家属还不知道他们的亲人已经遇难。这时，他们就是航空公司的潜在公众。

从公众发展的全过程来看，潜在公众是由非公众发展而来，处于公众发展的第一阶段。这一阶段是公关工作的最好时机。若潜在公众对组织有利，公关人员应洞烛先机，及时推出公关活动，使之向知晓、行动公众转化；若潜在公众对组织不利，公关人员则应未雨绸缪，防患于未然，将问题解决在萌芽状态，避免酿成更大的危机。

3. 知晓公众

知晓公众是指那些已经意识到问题的存在，但还没有付诸实际行动的公众。比如，遇难者家属得知亲人遇难后，一直沉浸在悲痛之中，还没有采取任何行动。这时，潜在公众已发展成知晓公众。知晓公众一旦形成，公关工作就变得刻不容缓了。因为知晓公众急于想了解问题或事件的真相和解决办法，内心惶惶、心急如焚。面对知晓公众，公关人员应以积极主动的姿态、实事求是的态度，采取行之有效的措施缓和、化解危机，控制舆论态势，赢得公众对组织的信任。相反，如果从潜在到知晓的转化对组织有利，比如形成更加壮大的顾客队伍，就应积极加以促成。

4. 行动公众

行动公众指那些不仅意识到问题的存在，而且已经采取种种实际行动的公众。行动公众是由知晓公众发展而来，是公众发展的最后阶段。当知晓公众意识到的问题没有及时得到解决时，公众就开始采取行动了，如诉诸大众传媒、政府有关部门甚至法律等。

面对行动公众，公关人员必须全力以赴、多管齐下，开展补救工作，变被动为主动、变不利为有利，否则，将会威胁到组织的生存和发展。

从非公众发展到行动公众的过程，是公众影响力不断增强的过程，也是一个双向互动的过程，在这个发展变化过程中，公关的重点应放在知晓公众和行动公众身上。

（三）按关系重要程度分类

按公众对组织的重要性分类，可以把公众分为首要公众、次要公众和边缘公众。

1. 首要公众

首要公众是指对组织的生死存亡有重大影响，起决定作用的那部分公众，如企业的员工、股东、商店的顾客、工厂的用户等，首要公众是组织生存和发展的基础，是最为重要的一类公众。

2. 次要公众

次要公众是指对组织的生死存亡有影响，但不起决定作用的公众，比如社区公众、新闻界公众。

3. 边缘公众

边缘公众是指与组织有一定的联系，但不影响组织正常运转的公众，如竞争对手。"首要"、"次要"、"边缘"公众的划分，是相对的，在特定条件下三者之间可以相互转化。在这个转化过程中，公众的数量与重要程度无关但要注意辨认关键的少数和次要的多数。

在公众结构上，有一个著名的"8：2"原则，即20%的公众（员工或消费者）产生80%的企业效益，而80%的普通工人则生产的20%企业效益，这其中，20%的人是关键的少数，80%的人就是次要的多数。

（四）按公众对组织的态度分类

按公众对组织的态度，可把公众分为顺意公众、逆意公众和独立公众三类。

1. 顺意公众

顺意公众指那些对组织的政策、行为、产品持赞成、支持态度的公众。如企业的业务合作伙伴，产品或服务的使用者、消费者。

2. 逆意公众

逆意公众指那些对组织的政策、行为、产品持否定、反对态度的公众。如企业的恶性竞争者、怀有敌意的记者、消费者等。

3. 独立公众

独立公众指那些对组织持中间态度，观点和意向不明朗的公众。如对企业和产品漠不关心的社会大众。

（五）按组织对公众的态度分类

按组织对公众的态度，可把公众分为三类。

1. 受欢迎公众

受欢迎公众指那些和组织两厢情愿的公众。如股东、赞助者、捐赠者等，主动对组织表示兴趣，而组织也非常欢迎和重视。这种关系可谓你情我愿，一拍即合，双方均处于积极主动的态势。

2. 被追求公众

被追求公众指组织对其一厢情愿的公众。如新闻媒介、社会名流是任何组织都积极追求的公众，这种关系可能是"剃头挑子一头热"、"落花有意，流水无情"，难以如愿，因此需要讲究追求艺术。

3. 不受欢迎公众

不受欢迎公众指那些对组织一厢情愿的追求，而组织又力图躲避的公众。如一味索取赞助的团体或个人、持不友好态度的记者等，这种关系令组织比较恼火和头疼，一般的态度是能忍则忍，能躲则躲。

（六）按公众的稳定程度分类

按公众的稳定程度，可分为临时公众、周期公众和稳定公众。

1. 临时公众

临时公众指因某一临时性、偶然性因素聚集在一起的公众。如专题活动的来宾、展览会的观众、演讲会的听众、促销现场的围观者等。这类公众不仅是公关对象，而且是传播公关活动的活媒介，是可以燎原的星星之火。因此在公关工作中不可忽视这类公众。

2. 周期公众

周期公众指按一定规律和周期出现的公众，比如节假日的游客、竞选时的选民等。周期公众的规律性比较强，对于季节性比较强的行业来说，周期公众的确定非常重要，公关人员可事先精心准备、周密策划，使周期公众转化为稳定公众。

3. 稳定公众

稳定公众指具有稳定结构和稳定关系的公众。比如长期合作伙伴、老主顾、常客、社区中人、老经销商等。稳定公众是组织最忠实的公众，也是需要特别对待的公众。比如特别的优惠、特别的政策、特别的产品等，通过特别对待以示亲密。

（七）按人口学结构分类

按人口学结构分类即按性别、职业、经济状况、教育程度、政治或宗教信仰、种族和民族背景等标准分类。这是最基本的分类方法，对任何公众都适用，便于积累基本的统计资料。

犹太人最善于用此分类法，他们做生意的秘诀就是：盯住男人的嘴和女人的身体。如果调查发现妇女数量较多，他们则从事服装业、珠宝业、化妆品业；如果男性比例较大，则从事餐饮业、酒店业，这使犹太民族成为世界上最会做生意的民族。

三、内部公众

内部公众是组织的主体，更是组织的主人，他们是组织中最活跃、最有创造性的生产力，他们内部公关的首要对象，又是处在对外第一线的公关工作人员。掌握内部公众状况，满足内部公众需求，协调内部公关公众关系，调动内部公众积极性，是内部公关的主要任务和根本目标。

（一）内部公众与组织形象

俗话说："水能载舟，也能覆舟。"内部公众就像水，在组织形象的塑造中可以载之，也可以以覆之。二者的关系具体表现在以下三个方面。

（1）内部公众是组织形象的体现者。

他们的文化素养、专业水准、职业道德、精神风貌、言谈举止、服务态度和衣着打扮都是组织形象的缩影，是组织形象人格化的具体体现。他们每日、每时、每事、每处的言行都是直接影响着组织形象，或是增添光彩，或是涂污抹黑。

（2）内部公众形象的传播者。

他们处在组织对外公共关系的第一线，不管组织有没有要求，他们都在有意无意地传递着组织的信息。比如内部公众经常被问到这样的问题："你喜欢在这家公司工作吗？你觉得你的老板为人如何？你们的产品究竟好不好？"他们的回答往往比千万种宣传都要有说服力。因为内部公众在外部公众中享有最高的可信度，无论内部公众有无权威力，都会被人们视为权威人士，人们相信他们最了解所在机构的内情。由此可见，内部公众的传播行为，对塑造组织形象有着举足轻重的作用。

（3）内部公众是组织形象的反馈者。

他们是组织的千里眼和顺风耳，他们经常与消费者、竞争者、社区公众以及其他公众对象接触，比较了解外界对组织的观点看法，可以随时随地将外部信息反馈给组织，这种善意的、无偿的回馈将有助于组织形象的矫正和重塑。

内部公众的根本任务和最高境界，就是使组织形象根植于每一个内部公众头脑中，化为他们的自我意识的一部分，在日常生活中得以体现和传播。

（二）内部公众的特点

与外部公众相比，内部公众具有以下特点。

1. 相对稳定性

在计划经济体制下，内部公众如同棋盘上的格子，一旦进入那一格就永远定格，具有绝对的稳定性。市场经济体制下，劳动力商品化，员工可以自由择岗、自由择业，员工流动性逐渐增大，稳定性减弱。但与外部公众相比，内部公关工作必须保持长期性、连续性和计划性，才能巩固这种稳定性。

2. 严密性的组织性

社会组织不是零散个体的简单集合，而是具有严密的组织程序、组织纪律、组织规范并具有独立法人地位的机构。组织内部公众是按照科学的、严密的工作程序和经营管理规律有机地组合起来的，受到较强的约束和限制。每个环节，每一个部门的公共关系出现问题，都会牵一发而动全身，影响整个组织的正常运行。

3. 利益直接性

利益是永恒的。这种永恒的利益最直接地体现在内部公众身上。内部公众与组织有最直接、最密切的经济利益关系，员工每天工作 8 小时，最根本的目的是获得报酬，股东愿意提供资金支持，也是为了赢得更多的红利。利益是维持内部与组织合作的交点，也是内部公关的聚焦点。股份制改革，使得企业和员工的利益更加休戚相关，在利益的直接驱动下，企业和内部公众的关系日益密切。

4. 人际亲密性

在社会上，每个人都与某些人关系较密切，而与另外一些人关系较疏远，甚至无往来。根据组织行为学家的研究，影响人际关系、疏、好、坏的因素除了个性特点外，还有距离远近的相似性。空间距离越接近，越容易建立密切的人际关系；对各种事物的态度越相似，相互的关系也越密切。

内部公众尤其是员工，每天在一个共同的工作空间里朝夕相处、同甘共苦，为了一个共同的发展目标，心往一处想，力往一处使，情同手足，亲若家庭，因此人际间的关系最密切。

5. 竞合性

组织的内部公众都存在着共同的整体利益，而合作是这个共同利益的根本保证，内部成员之间只有相互支持，精诚团结，才能共同分享更多、更大的利益。一个组织的外部环境威胁和内部团体氛围都会激发内部成员的合作意识。

内部公众也存在着竞争关系，既有部门间的竞争关系，也有个人间的竞争关系。内部公众的竞争具有良性和恶性两种运动方向。良性竞争可以激发工作热情和内在潜能，调动公众的积极性，为组织提供不断发展前进的动力；恶性竞争则可能导致激烈的冲突和严重的内耗，阻碍甚至摧毁的发展，针对这种特点，内部公关既要发挥协调凝聚作用，又要发挥激励开发作用。

（三）内部公众的构成

一般而言，一个社会组织的内部公众主要包括员工和股东两大构成要素。

1. 员工公众

员工是领导、职员和工人的总称。包括上至组织最高领导，下至勤杂人员的全体人员。具体地说，员工公众可分为四大类：决策层、知识层、管理层和操作层。

（1）决策层公众。

决策层公众即企业家、政治家等最高领导，他们是组织中非同凡响的领袖人物，具有"登高一呼，应者云集"的感召力和影响力。俗话说，火车跑得快，全靠车头带；龙头怎么摆，龙身怎么甩。决策层素质直接决定着组织的素质，如果决策层思想平庸，能力低下，分崩离析，当官摆谱，就无法充当群众的车头和龙头；如果决策层思想开明，观念超前，能力高超，领导有方，就能使组织蓬勃兴旺，欣欣向荣。决策层的重要性正如常言所说的"兵熊熊一个、将熊熊一窝"，"一个狮子带领的羊群胜过一个绵羊带领的狮子群"。

内部公关的一个重要内容，就是要塑造决策者形象。为政府塑造政治家形象、为企业塑造企业家形象、为学校塑造教育家形象。

（2）知识层公众。

彼得·圣吉在《第五项修炼》中指出：未来最成功的企业将是一个"学习团体"，每一个企业中人都应该不断学习，成为一个有知识的人。在知识经济时代，拥有知识是对组织内全体成员的共同要求，这里我们把知识层公众单列出来，有它特殊的含义，它是指有特殊的知识和智能结构的专家群体，如技术专家、管理专家、公关专家、策划专家等。他们是组织的"头脑"、"智囊"，是组织科技生产力、管理生产力和思想文化的凝聚者、催化者和组织者。企业家与专家结盟是企业力量呈几何级数增长的关键所在，也是现代企业管理领域的一种先导性战略。

（3）管理层公众。

古人云："将将、将兵，各有分工。"决策层的职能是"将将"——领导管理层，管理层的职能是"将兵"——领导操作层。决策层是元帅，是指挥机构；管理层是将领，是执行机构。两者不能也不应重叠。管理层公众主要是指组织内部各级业务部门和职能部门的主管人员，他们是介于决策层和操作层的中间力量，知上情、懂民意，擅长实际运作，执行力强，协调性好，对组织形象比较敏感和关注，他们常常是内部日常公关活动的贯彻者、执行者。

（4）操作层公众。

如果说决策层是金字塔的塔尖，知识层是塔侧，管理层是塔身，那么，操作层则是塔基，是规模最大、数量最多、情况最复杂的一类公众。它包括生产服务第一线的职员、工人和后勤部门的门卫、司机、厨师、清洁工等，他们是内部公关活动的首要对象，需要投入较多的时间和精力，展开深入、细致和长期的公关活动。

2. 股东公众

所谓股东，是指以多种形式为社会组织提供资金而获取利润的个人和团体。股东公众一般分为两大类，一类是个体投资者，主要包括以下两类人。

（1）股票持有者。即他们持有股票而不是卖出自己的股票，他们是组织的真正股东。在这些人中有的是外部加入者，有的则是组织中的员工。实行员工股东制，将成为组织实行股份制改革的主要方向。

（2）股票交易者。即他们属于一些买入和卖出股票的人。广泛地吸引这些个体投资者，可以有效地避免股票高度集中在少数外部机构手中。

另一类是团体投资者。主要包括金融机构、保险部门、各种资金管理机构以及各种各样的社会组织等。从股东的构成可以看出，股东与组织的生存和发展休戚相关，股东是组织的"权源"和"财源"，既是组织的支柱，又是组织的赞助者；既是最可信赖的内部公众，又是最忠诚可靠的顾客群，搞好股东关系对组织经营十分重要。

（四）内部公众对组织的期望和要求

公关工作中的一个重要理论是"投公众所好"。要做好内部公关工作，首先必须清楚地认识内部公众对组织的期望和要求以及这些期望实现或满足的程度如何，因为这是内部公关的焦点，也是内部公关的出发点，只有以此为出发点才能选择适合内部公众特点的沟通方式和传播媒介。大量调查表明，员工对组织至少有以下几方面的期望和要求。

（1）工资报酬。一般社会大众都是把自己卖给报酬，作为享受生活的代价，工资报酬是员工努力工作的根本动机，是员工对组织的基本要求，员工希望得到公平的待遇和合理的劳动报酬。进一步精细地做好分配制度的均等，公平地解决劳动报酬问题是组织管理中的一件头等大事。

（2）奖金、福利。奖金是工资之外用以表扬优秀员工的一种物质激励手段。奖金发放的原则是，既要刺激进步，又要有助于团结。福利是员工关心的又一重大问题，主要包括住房、医疗、育儿、养老、娱乐、教育等内容。工资报酬、奖金、福利是组织发展的利益驱动力，是确保员工工作热情和劳动积极性的原始动力。

（3）工作环境。工作环境既包括物质环境和精神环境，也包括利益环境和发展环境。工作环境直接影响员工的工作热情和积极性，让一个人在他不喜欢或不满意的工作环境中长时间假装抱有热情、向上、乐观、勤劳、忠诚的态度是非常难的，从人的本性上讲几乎是不可能的。因此，内部公众往往追求一个既喜欢又满意的工作环境。知识经济时代，新知识工人不再像传统组织工人那样，仅仅注重劳动收益，他们更注重知识力的发挥，他们更希望寻找一个充分发挥自己知识潜能的环境。对发展空间的要求比利益空间的要求更迫切、更大。因此现代组织必须为他们提供一个完整的工作环境。

（4）领导素质。领导素质是指领导者个人所具有的品德、能力、知识、修养和领导艺术等。领导素质的高低，直接决定着组织素质的高低，也直接决定着内聚力的大小。一个组织的领导者是组织理想的构思者和实践者，他的自身魅力就足以吸引众多追随者，足以树立一个组织的精神信念。对员工来说，他不仅挑选工作，而且挑选领导，有时候，领导比工作更重要，一个好领导可以让员工感到工作更有价值，生活更有意义。

（5）管理制度。管理制度主要包括组织机构设置、民主管理制度、财务制度等。员工希望增强管理的科学性、民主性和公开性。现代许多企业逃不过"火不过三年、好不过五年"的命运，主要问题就出在管理上。

（6）组织氛围。氛围是人与环境互动的状态，好的氛围不仅可以提高工作效率，而且可以提高生活品质。大多数人选择工作时，都对工作氛围有特别的要求，这不仅仅是出于一种对安全感的追求。

以上列举的六点，既有物质需求，又有精神需求，它们共同构成了员工与组织关系的焦点。

四、 处理内部公共关系的基本理论

组织是由人组成的环境，是个人实现人生价值的场所。公共关系工作实际上是做人的工作，要影响人的心理和行为，就必须承认和尊重每个内部公众的个人价值，最大限度地满足其正当的生理和心理需要，通过各种激励手段，发挥其积极性和创造性。因此处理内部公众关系，必须充分了解管理理论中的人性理论、需要理论和激励理论，并能够适当地运用。

（一）人性理论

人性理论主要是关于组织人角色属性的认识理论。西方管理学者先后提出过 4 种观点："经济人"、"社会人"、"自动人"、"复杂人"。

1. "经济人"理论

从 19 世纪末到 20 世纪 20 年代，一直流行亚当·斯密的"经济人"理论。他认为：组织人是"经济人"或"实得人"，人的一切行为都是为了最大限度地满足自己的私利，工作的唯一目的是为了获取经济报酬。多数人天生懒惰，喜欢安逸，不愿意工作，以自我为中心，不愿尽任何责任，心甘情愿地接受别人的指挥。因此组织主要实行"胡萝卜加大棒"的管理方式，把金钱当作主要的激励工具，把惩罚视为一种有效的管理手段。把人当作"经济人"管理，显然是视人为物，忽略了人的精神需要。虽然不能离开人的经济利益空谈调动人的积极性，但是一味地把"金钱万能"当武器，一切向钱看，一切用钱管，"要奖励得员工眼珠子发红，要惩罚得员工腿肚子发抖"，最终必然使金钱成为新的精神鸦片，使组织走入一条难以为继的死胡同。

2. "社会人"理论

盛行于20世纪20年代至50年代的"社会人"理论,以著名的"霍桑实验"的主持者埃尔顿·梅约(Elton Mayo)的人群关系理论为代表。他认为人是有思想、有感情、有性格的"社会心理"的满足,如友情、被了解、交际、安全感。组织团体中人际关系的和谐比经济刺激具有更大的驱动力。社会人理论是把组织置于群体人的角色,并以融洽个体与群体的关系来寻找员工的心理满足,以此提高劳动效率,这种理论提出"满意的工人才是有生产率的工人",力图以"利益"和"感情"作黏合剂,凝聚该组织内部公众的心。

3. "自动人"理论

"自动人"理论盛行于20世纪40年代末,以马斯洛的需要理论为代表。马斯洛把人看成是"自动人",即"自我实现的人"。他认为,一般来说,人都是勤奋的,能够主动承担责任,具有创造性和自控性,并能把个人目标和组织目标很好地结合起来,因此监督、控制和惩罚并不是实现组织目标的唯一方法,应该对人进行诱导,创造适宜的工作空间,使人们充分发挥自我潜能,求得自我实现。自动人理论是以人为中心的理论,强调满足自我实现需求的"内激励"比满足物质需要和社会需要的"外激励"更重要。这种对人认识上的重大理论突破,其实质是建立在对员工信赖的基础上,让员工参与管理,使员工感到自己是非常重要的人,因而自豪地工作。这种理论被认为是过于理想化,社会上仍有许多人偏重于生理和安全的需要。由于这种理论不可能是万能的,又有人提出新的观点。

4. "复杂人"理论

"复杂人"理论盛行于20世纪60年代初。以沙因(Edgar H. Schein)提出的人性理论为代表。沙因认为:人的需要是多种多样的,既不是纯粹的"经济人",也不是纯粹的"社会人"或"自动人",而是"复杂人"。由于人的需要是多种类、多层次的,人的动机模式也是错综复杂的,这种复杂性不仅因人而异,而且因境而异,同一个人在不同情境中,也会有不同的需要和感情。因此"经济人"理论并非一无是处,"社会人"理论、"自动人"理论也并非万能灵药,应该针对不同情况,选择或交替使用以上理论。复杂人理论,实际上是一种情势理论。它提倡将个人、组织、工作三者之间做最佳的配合,也就是说因人、因事、因其不同的情况而采取不同的方法,而不是千篇一律或因循守旧。这种理论在西方流行很广,目前已被大量采用。

综上所述,组织人是经济人、社会人、自动人、复杂人的角色复合体,是由人的多种属性和多种角色构成的全息聚焦人。组织管理人员和公关人员不能重演盲人摸象的故事,摸到象腿就说"象是一棵树",摸到象身则说"象是一堵墙"。对组织人的管理应综合多种视角,进行全息聚焦,这是做好内部公关的根本出发点。

(二) 需求理论

从心理学角度讲,人的行为动机源于需要的满足。需要本身就是激发动机的原始驱动力。一个人如果没什么需要,也就没什么动力和活力,反之,一个人有所需要,也就存在着激励的因素。例如佛教宣传"四大皆空"、"看破红尘"、"舍弃七情六欲",视功名利禄如尘土,似乎无所需亦无所求,其实都存在着最强烈、最迫切的信仰需要。正是受宗教信仰需要的驱使,信徒们才能激发常人难以有的力量,做出常人难以忍受的牺牲,克服常人难以想象的困难。苦行僧、清教徒以艰苦卓绝著称，可见需要对人的激励作用。所以研究人的需要，掌握需求理论，有助于公关人员激发内部公众的积极性和劳动热情，促成公关目标的实现。美国人本主义心理学家马斯洛提出的"需要层次理论"是影响最大、流行最广的一种需求理论。马斯洛认为，人的基本需要可以归纳为生理、安全、交往、尊重和自我实现五种，它们是由低到高，逐级形成和发展起来的。

（1）生理需要这是人类生存所必需的，因而也是最基本、最原始、最优先的需要。这类需要包括对衣、食、住、行、性等生理机能的需要。

（2）安全需要这是指人们寻求自己免受生理与心理上侵害的一类需要。主要包括人身安全、劳动安全、职业安全等需要。

（3）社交需要也称友爱和归属的需要，包括对人际交往、对集体或家庭的依赖、朋友的友谊和男女双方的爱情等方面的需要。

（4）尊重需要可分为两种：内部尊重和外部尊重。内部尊重是指一个人希望自己具有各种能力和知识，有自尊心等；外部尊重是个人希望有地位、有威望、受到别人的尊重、信赖和认可。

（5）自我实现的需要，这是一种要求发挥自身潜能，实现自己理想和抱负的需要。它有别于尊重需要，尊重指需要得到他人的重视，在社会上有地位。而自我实现则是更高一层的需要，是指实现人生理想，成就一番事业的需要。马斯洛说："一位作曲家必须作曲，一位画家必须绘画，一位诗人必须写诗，否则他始终都无法安静，一个人能够成为什么，他就必须成为什么，他必须忠实于他自己的本性。"这就是自我实现的需要。"自我实现"一词在古文里就类似于荀子所言的"天降大任，舍我其谁"的"志向"、"抱负"。马斯洛还认为，这五个需要是多层次的动态系统，是分层次呈阶梯状、由低级向高级发展并依次提高的。古人云"苟全性命于乱世，不求闻达于诸侯"、"仓廪实而知礼节，衣食足而知荣辱"。它形象地说明人们需要的层级发展。需求理论为更好地激励人们去工作提供了一定的方向。对公关人员来说，通过准确地把握员工的需要，尤其是当前的优势需要（即迫切需要解决的问题），采取与之相对应的激励措施，就一定会取得满意的公关效果。表3-3是需要层次、追求目标与管理策略的关系表，供内部公关参考。

表3-3　　　　　　　　　　　　　需要层次、追求目标和管理策略的关系

需 要 层 次	追 求 目 标	管 理 策 略
生理需求	工资 健康的工作环境	待遇奖金 保健医疗设备 住房福利等
安全需要	职业保障 意外事故的防止	雇用保证 退休金制度 意外保险制度 利润分配制度

需 要 层 次	追 求 目 标	管 理 策 略
尊重需要	地位、名誉 权力、责任 与他人之待遇的比较	人事考核制度 晋升制度 表彰制度 选拔进修制度 委员会参与制度
社交需要	友谊（良好的人际关系） 团体的接纳 组织的认同感	协作制度 团体活动计划 互助金制度 教育培训制度
自我实现需要	能发挥个体特长的组织环境 具有挑战性的工作	决策参与制度 提案计划 研究发展计划

（三）激励理论

激励即激发鼓励之意，其实质就是调动和发挥人的积极性，激励是人的行为的钥匙，是行为的键钮。按动什么样的键钮，就会产生什么样的行为。詹姆士（James）通过对员工激励的研究发现，在按时计酬制度下，一个人要是没有受到激励，仅能发挥其能力的20%～30%，若受到正确而充分的激励，就能发挥到80%～90%甚至更多，他由此得出一个公式：工作绩效=F（能力动机激发），即人的工作绩效取决于能力和工作积极性。其中动机激发更重要。因为一个人的能力是有限的，而动机激发是无限的。在龟兔赛跑故事中，兔子能力高超，乌龟先于兔子跑到终点，说的就是动机比能力更重要。古人云："明察秋毫而不见车薪，是不为也非不能也。"一个人如果眼睛能发现细微和毫毛，却坚持说看不见一车柴薪，这显然不是能力大小的问题而是动机的问题。国外管理界学者从心理学角度出发创立了一整套激励理论。现择要介绍如下：

1. 双因素激励理论

双因素激励理论又称"激励—保健因素"理论，是美国心理学家赫兹伯格于1959年提出的。他认为，有两类因素会影响一个人的行为动机。一类是外部因素或称保健因素，如工作条件、人事关系、薪金待遇；另一类是内部因素或称激励因素，如工作上的成就、提升，对未来发展的期望等。保健因素得到满足，只能消除员工的不满，使其安于工作，不能真正激发其工作积极性，提高劳动效率，故又叫维持因素。激励因素对于人的行为动机有着积极影响，它是人的真正的行为动机之源。只有致力于激励因素的开发和运用，让员工发挥才能，获得成就，实现价值，才能真正激发员工的工作积极性和劳动热情。应当指出，具体问题应具体分析，不可将激励因素和保健因素作绝对的理解，激励因素也有保健功能，保健因素同样也会有激励作用。比如有时金钱、安全也可以成为激励因素，二者是可以相互转换的，有效的管理就在于力求化保健因素为激励因素。

2. 期望理论

期望理论是美国心理学家弗鲁姆于 1964 年提出来的。弗鲁姆认为决定行为动机因素有两个：期望与效价，更准确地说，行为动机是由二者的乘积决定的，用公式表示如下；激发力量（M）= 效价（V）×期望值（E），其中，激发力量即激励程度，反映一个人工作积极性的高低和持久程度，它决定着人们在工作中会付出多大的努力。效价即目标价值，指目标对于满足个人需要的价值，即一个人对某一结果的偏爱程度。期望值即期望概率，指人们对某一行为导致的预期目标或结果之可能性大小的判断，其数值变化范围是 0 到 1 之间。这个公式说明，若激发对象认为效价（V）越大，估计能实现的概率（E）越高，则激发的内部力量（M）就越大。例如，某合资企业向社会公开招聘员工，有人报名，用期望理论分析，不去报名原因有二：一为效价低，那份工作没有多大吸引力；二为期望值低，或许那份工作吸引力大，而自己被录用的可能性非常低，这两个原因正好相反。这一理论的重要性在于，它能帮助公关人员明确了解员工的积极性是否已被充分调动起来。若积极性未调动起来，就应该找出原因，正确处理好 E、M、V 三者的关系。

3. 目标理论

目标理论又称目标设置理论，是由美国马里兰大学心理学教授洛克（E. A. Locke）于 1968 年提出的。他认为目标是引起行为的最直接动机，设置合适的目标会使人产生想达到该目标的成就需要，因而对人具有强烈的激励作用。其基本模式如图 3-14 所示。

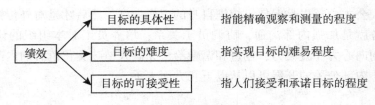

图 3-14　目标设置理论基本模式

任何目标的实现都与以上 3 个因素相关，一般而言，具体的、难度较大而又为人们接受的目标所具有的激励作用最大。若目标难度较高，可分解为若干个阶段性的子目标，通过子目标的逐一完成，最后达到总目标。在设置目标的过程中，员工参与性方法比上级指示性方法更好，更能提高目标的可接受性，有利于员工把该目标变成自己的目标。目标理论为组织实行目标管理提供了心理学方面的理论依据，因而应用广泛，影响甚大。

4. 强化理论

强化理论是由斯金纳提出的，强化理论认为，只要控制行为的后果（奖惩）就可以达到控制和预测人的行为目的。强化可分为正强化和负强化两种，正强化是指使行为得到加强并使之重复出现的刺激。如赞许、赏识、加薪、提升、挑战性工作的委派等。负强化是指使行为削弱或消失的刺激，如批评、罚款、停职、降级、撤销特权等。无论哪种强化，都要持久而有计划地实施，才会产生激励效果。

在运用强化激励时，要注意 4 个原则：奖惩结合；以奖为主，以罚为辅；及时而正确地强化；奖人所需，形式多变。

5. 公平理论

美国心理学家亚当斯于 1967 年提出了公平理论。该理论侧重于研究工资报酬分配的合理性、公平性对员工工作积极性的影响。公平理论指出，员工的工作动机不仅受其所得的绝对报酬的影响，而且受相对报酬的影响。即一个人不仅会把自己的报酬与他人比较；也会与自己的过去比较，比较的结果，若两种比值是相等的，就会产生公平感；若两种比值不相等，则产生不公平感。此理论又叫社会比较理论。用公式表示如下：

$$\frac{自己的所得}{自己的付出} : \frac{他人的所得}{他人的付出} \text{（横向比较）}$$

$$\frac{自己现在的所得}{自己现在的付出} : \frac{自己过去的所得}{自己过去的付出} \text{（纵向比较）}$$

这里的"付出"和"所得"都是一个人的主观感觉或判断。造成"不公平感"的原因是组织客观分配的公平与否和个人主观认知的正确与否。对不同原因造成的不公平感，应用不同的措施予以消除，以保证员工的积极性。

五、 内部公共关系若干技巧

美国著名公共关系专家亨得利·拉尔特明确提出：公共关系 90% 靠自己做，10% 才靠宣传。在欧美各国，专家们曾给公共关系下这样的定义："PR = DO GOOD + TELL THEM"。由此可见，现代公关，首先是促使组织把自身的工作做好，然后才是对外传播沟通。内部公关的基本任务就是加强内部沟通，协调员工关系，培养员工对本组织的认同感和归属感，增强组织的向心力和凝聚力，创造和谐融洽、充满人情味文化色彩的内部环境。

具体地说，内部公关的开展可以从以下几方面入手。

（一）以人为本，开发人力资源，增强组织的凝聚力

1. 树立人本观念

在人类社会漫长的发展过程中，一个共同的特点就是，人在人类社会中丧失了自己。农业社会追逐资本，信息社会追逐信息，人成为追逐的附庸工具，成为零部件。因此在组织管理中通常是"把人不当人，购物不见人"。进入知识经济社会后，社会由于追逐知识而回归到人本身，人是知识创造的主体，也是知识运行的载体，又是知识创造的目的。因此，人、人才成为社会组织第一资本、第一资源。组织优势来自人才优势，得人才、得天下，失人才、失天下。树立人本观点，这是搞好员工关系的根本基点。

2. 体现人才宗旨

在一个组织中，尊重人、信任人、关心人是人本管理宗旨的具体体现。尊重是前提，信任是基础，关心是表现。尊其所长，信其有用，关心其所想，就能充分激发员工的潜能，调动其工作的积极性。尊重人表现在不把员工看成是抽象的、毫无区别的集体成员，而把他们看成是一个个独一无二的个体。每个人都有自己的荣誉和尊严，都有自我实现的

愿望，并且每个人都会把自己所特有的个性能力和技能、个人的梦想和目标以及所受到的挫折的情绪带到工作中去。承认并尊重每个人，就会使员工产生"被组织需要"的感觉，而这种感觉是一股不可思议的神奇力量。它可以使得平凡的员工因此变得非常杰出，甚至出类拔萃。信任人表现在为员工提供一个十分自由、宽松的工作环境，让其大胆工作、放手一搏，对员工而言，信任就是最高的奖赏，当员工被信任后，就会产生荣誉感，激发责任心，增强责任感，工作不再是一种负担，而是一种享乐。目前，我国许多成功企业发生的员工危机，就是尊重危机、信任危机，在组织发展顺利时，老板眼里下属都是吓不了，看不住，因此造成许多组织"各领风骚两三年"的命运。关心人表现在对员工的工作和生活状态，物质和精神需要方方面面的爱护和照顾。俗话说："天下大事，必作于细。"只有在细节上让员工感到温暖和满足，才能有效地激发其工作热情。

　　3. 进行人才开发

　　人才是组织之本，人才开发是组织的生命线。人才开发包括识才、选才、育才和用才4个环节，其中，识才和选才是育才和用才的前提。庄子提出如下识人之术：让他到远处任职，来观察他的忠诚；让他在身旁，观察他是否谨慎而有礼；让他做繁杂之事，观察其办事能力；突然提出难题，观察他的机敏；仓促约会，观察他是否讲信用；与众人混杂相处，观察他为人处世的方法和神态。这些方法至今仍值得我们借鉴。识人时不可以貌取人，只重衣冠不重贤，所谓"大贤虎变愚不测，当年颇似寻常人"，"丈夫未可轻年少"，"雏凤清于老凤声"，才有多样，要唯才是用，唯实而择。选才时应求实而不求全，就好比选美女不必要求出身名门，只要有智慧、漂亮就行。所谓术业有专攻，只要他在某一领域有特长，就可视为人才，加以重用。育才是指人才的培养。人的优秀在于教育，成才之道即培养之道、学习之道。未来的社会是学习型社会，未来的组织是学习型组织，学习型组织的典型特征就是以人才培养为第一要务，以"日常工作就是学习，日常管理就是训练"作为根本宗旨，通过建立一个出人才的机制，为员工构筑一个成长与发展的基础平台，同时也使组织文化一代代继承和进化。用才是人才开发的关键，历史上的刘邦，运筹不及张良，领兵不及韩信，管理不及萧何，而三者皆为所用，原因就在于刘邦会用人。海尔集团总裁张瑞敏提出"人人是人才，赛马不相马"的人才观。他认为，企业领导的任务，不是去发现人才，而是应该建立一个出人才的机制。海尔科学地提出了"三工并存，动态转换"的用工改革思路，极大地调动了员工的积极性。目前国内成功企业在人才的使用上陷入某种二律背反的窘境，一方面大呼人才断层，人才缺乏；另一方面又压制人才，浪费人才，大搞"武大郎开店——谁也不许比我高"。尤其在一些家族式企业里，存在着严重的用人"肠梗阻"：新人进不来、上不去，老人出不去、下不来，搭起新台，还是唱旧戏。使企业生存受到严重的威胁。因此建立科学的人才动态组合结构，是领导和公关人员要共同解决的问题。

　　（二）以文为根，培育组织文化，增强组织的凝聚力

　　如果说以人为本是通过对组织中个体价值的尊重来激发个体潜能，理顺内部关系，那么以文为根则是通过对群体文化的凝聚来追求整体优势，凸显组织个性。组织文化是组织在长期生产经营过程中形成的，为全体人员遵守和奉行的价值观念、行为准则和审美理念的综合反映。主要包括精神文化、制度文化和物质文化三个层次。

建立组织文化，可从以下三个方面入手。

1. 筑构组织理念，建立精神文化

理念是组织文化的磐石，是组织得以成功的精神真髓，它不仅决定了组织与众不同的个体特征，而且为全体员工提供共同努力的方向以及个人行为的准绳，使大家产生一种认同感。在日本，企业理念已经被赋予宗教般的地位。为了摆脱企业寿命 30 年的局限，企业理念已具有更为崇高的使命。如松下公司就已形成了一个独特的"松下教"，他们采取各种方式，将企业理念输送到每一个人的潜意识中。筑构组织理念要遵循八大原则：目标原则、共识原则、卓越原则、参与原则、成效原则、实证原则、亲密原则和正直原则。

2. 塑造组织英雄，固化物质文化

如果说理念是组织文化的灵魂或核心内容，那么组织英雄则是组织理念的化身、组织形象的缩影，是组织文化的代表性人物。俗话说"拨亮一盏灯，照亮一大片"，"榜样的力量是无穷的"，组织英雄在培育组织文化中具有样板对照功能、种子培育功能、纽带传播功能、攻坚实战功能、形象展示功能等，他们是一种象征，是人们心目中有形的精神支柱，假如没有他们，组织文化就会由于缺乏形象性而涣散与支离。按照美国学者的分类，组织英雄的塑造可以分为两大类：共生英雄和情势英雄。共生英雄是指那种与组织一起诞生的英雄，他们是组织的奠基者和创始人，如日本的松下幸之助、美国的比尔·盖茨、中国的张瑞敏。他们在组织文化中具有传奇性、象征性和神秘性，具有无可比拟的影响力和感召力，因此应重点塑造。在塑造方法上，可学习《未来之路》式的塑造法。如微软的比尔·盖茨撰写的《未来之路》、英特尔的葛洛夫写《十倍速时代》，松下的松下幸之助写的《松下幸之助》都有效地塑造了组织及其领导者的形象。情势英雄就是人们精心造就的英雄。他们是一本活灵活现的教科书，他们的行为规范、精神风貌正是组织生存与发展的需要，可以有效地激发广大员工的"从众心理"。许多著名的大公司都非常注重塑造情势英雄，并对他们予以优待和重点保护，即使这些典范改换门庭或逐渐失去榜样作用，公司也会不惜代价，投入大量资金，重造新英雄并乐此不疲。

3. 建立组织特有的仪式，形成制度文化

仪式是把组织运作和员工生活中发生的事情戏剧化，以弘扬组织的价值观念，从而强化自身的组织文化。仪式包括的范围很广，其中有工作仪式、管理仪式、会议仪式、交往仪式、庆典仪式等。仪式的表现形式多种多样，比如挂厂旗、唱厂歌、背诵组织理念、佩戴组织徽章、施行组织礼节等。通过这种仪式可以使员工从中感受到一种强烈的荣誉感和责任心。

（三）以信息为纽带，完善内部沟通网络，营造组织的和谐氛围

美国民意调查公司的一项调查表明，只有 10% 的员工认为组织的事与己无关，而 90% 的员工都渴望知道组织的最新动态，希望了解组织的内情。因此，把组织的信息及时告知员工，是管理者和公关人员做好内部公关的一项重要任务。组织内部的信息沟通类型多种多样。

从媒介划分可将信息沟通分为：书面沟通（如公文、通告）、口头沟通（如面谈、会议、电话）和非语言沟通（如面部表情、体态等）三大类。从方向划分，可分为直、平行和斜向沟通三大类。直沟通分为向上和向下两个方面，如上情下达，下情上呈；平行沟通指同事之间、同部门之间的沟通；斜向沟通指与其他部门不同公众之间的沟通。它打破了部门界线和职务隔阂。从渠道划分，可分为正式沟通和非正式沟通。正式沟通是通过组织明文规定的渠道进行信息沟通，如例会制度、汇报制度。非正式沟通指以尊重员工分享信息的优先权为任务，建立完善的内部沟通网络，减少误解和冲突，营造组织和谐氛围，提高员工的满意感和群体内聚力。

建立和完善内部沟通网络，可以从以下几方面入手：

（1）创立常用的传播媒介。①企业刊物：一份内容丰富的富有娱乐性的刊物，可以增强与内部员工的信息沟通，在不知不觉中培养员工的归属感、安全感。企业刊物包括小报、业务通讯、杂志、小册子等，刊物内容主要针对员工和股东，除了传达公司的一些重要信息外，还要注意增加趣味性和可读性。②黑板报和墙报：中小型企业最常采用，以此传递各类工作信息。而在大中型企业中则用来宣传组织理念，美化视觉环境，增强文化氛围。③会议：包括工作例会、信息会、听证会、座谈会等，在一些组织，会议只是一种制度，并没有成为双方沟通的渠道，而一些杰出公司，则非常重视会议沟通。比如，沃尔玛的例会，可以以各种形式进行，一个任务、一则游戏、一首歌曲、为一位同事祝贺生日，都是例会的内容。例会的宗旨是一定要出新意，让每个同事都参与进来，在畅所欲言、集思广益中缩短彼此距离。每次例会最后都要呼一遍口号。④电子渠道：包括广播、现场闭路电视、录像播放、录音带、电话交流、互联网络等，尤其是互联网的开通和普及，为内部沟通提供了更加丰富和广阔的空间。

（2）建立合理化建议制度。这是实行民主管理，调动员工积极性，发挥他们的聪明才干的良好途径，具有保险阀的功能，它使员工不再袖手旁观，甚至落井下石。合理化建议制度可以通过设意见箱、热线电话、演讲会、举办活动等多种形式进行，它为信息的多方向流动创造了条件。

（3）重视"意见领袖"，处理好与非正式群体的关系。组织规模无论大小，都有一些讲故事者、消息灵通人士、传递小道消息者以及形态不一的非正式团体，它们虽是一些自由、松散的交际圈，但都是以情感和共同利益为纽带，自发聚合而成的。因而与正式沟通相比，其联系交往更亲密、更频繁、更有效。在公关工作中，它们既具有积极作用，又具有消极作用。比如传播流言蜚语，消耗和削弱正式团体的影响力。心理学博士佛龙·克劳福形容这种人际关系是"你抓我的背，我也抓你的背"，一报还一报，彼此维持合理的平衡。因此，公关人员首先要学会与"意见领袖"和非正式团体的沟通，引导这些团体与组织行为保持协调一致。其次，要加强与非正式团体的感情联系，与之交朋友，使他们信服而不是压服。最后，要防止小道消息和流言蜚语的蔓延，将员工情绪导向正确健康的方向上来。

（四）以联谊为手段，营造大家庭氛围，培养员工归属感

举行一些茶话会、座谈会、对话会，确定一个或几个主题，由公关人员主持，邀请公司领导、股东代表、员工代表参加，以此增加接触，增进了解。举办感情交流型联谊活动，在一些重大节日，如公司的周年纪念、年终联欢、各类节日、员工生日等，举办一些形式多样、生动活泼的联谊活动，以此联络感情，增进友谊。举办文化娱乐型联谊活动，组织建立文艺演出队、时装表演队、书画社、围棋社等。举办各种文化娱乐活动，一方面可以展示员工的多才多艺，另一方面也可以陶冶情操，营造一种高尚的文化氛围。

（五）协调股东关系，增强"造血功能"

对组织来说，资金就像肌体中的血液，股东则是制造血液的骨髓。失去了骨髓，也就切断了血液来源，组织生命也就会枯萎。良好的股东关系可以使组织获得雄厚的资金来源，增强自身的"造血功能"，使组织始终处于朝气蓬勃的状态。美国蒙森托公司总裁奎恩内认为："公司的事务与雇员、股东及消费者之间的利益有着不可分割的联系。这三个方面组成了公司赖以生存的三角支架。管理部门的工作必须使其中的每一方面都得到公平、合理、恰当的对待。"

协调股东关系，应做好以下几项工作。

1. 尊重股东特权，激发主人翁意识

股东自购买企业的股票之时起，就成为企业的主人，他们对入股企业至少拥有如下特权：（1）有权投票选举企业董事会，并由董事会推举管理人员管理企业。（2）有权参加企业的重要会议，并决定经营管理中的重大决策。（3）对企业持有财产所有权。（4）有权按股份金额获得当年相应的股息和红利。（5）企业解体时，股东有权分配剩余财产。

企业在处理股东关系时，要努力维护股东的上述正当权益，不论其占有股票多少，都要一视同仁，尊重股东的这种特权。只有这样，才能增强和激发股东的主人翁意识，培养股东与企业同心同德、荣辱与共的责任感和自豪感。

2. 加强与股东的信息沟通

搞好股东关系的关键就在于为股东提供充分准确的投资信息和投资效益分析。因为大多数股东并不完全了解企业的业务，他们只是依靠一些外部宣传和熟人介绍来认识企业的，因此他们所掌握的信息是不完整、不全面的，甚至有一定的片面性，一旦企业陷入困境，股东就会对企业失去信心。因此要增强股东的信心，必须加强信息沟通，通过信息沟通使股东了解自己投入的资金是如何使用的，企业的效益如何。

一般来说，对股东的信息沟通工作，主要是针对股东所关心的问题而展开的，据国外公关专家调查发现，股东最关心的问题，主要是下列几个方面：①组织的经营管理情况；②组织的赢利情况；③组织的产品或服务项目；④组织的业务拓展；⑤分红政策；⑥组织在同行业中的状况和竞争地位；⑦组织的历史和成长过程。

公关人员应经常地、主动地向股东提供这些问题的详细资料，以增强股东对持有股权的自豪感和继续投资的热情。

3. 制订股东关系计划

股东关系计划主要包括以下五项内容。

第一，确定股东关系目标。根据股东关系现状和需要确立目标。公关专家常常做出如下目标提示：①唤起股东对公司的兴趣；②在公司股东和经济团体之间建立有效的相互了解；③促使股东使用和购买公司产品；④减少股东对管理部门的批评和集体对抗；⑤稳定公司的有价证券市场；⑥增强公司在股东心目中的地位和提高公司的地区声望；⑦争取股东对公司的忠诚；⑧获取股东的支持，以便提供新的资本来源；⑨争取和引导股东来办好企业；⑩增加新的投资者；⑪争取股东对社区关系计划的支持；⑫协调好投资顾问、证券分析人员关系，以得到有利的忠告。

第二，股东意见研究。需要确定握有不同股份的股东数目，他们是如何分布的。比如，个体投资者人数，共有股票的股东人数，入股集团、信托公司、保险公司、基金组织、雇员福利基金会、高等院校等机构和团体的数目，雇员中的股东人数，股东的地区分布，入股期限及其他信息等。

第三，确定股东需要了解的信息。

第四，制定股东关系政策。

第五，确定沟通方式。与股东沟通的方式无一定之规，视股东的具体情况而定，在一般情况下，最常采用以下几种沟通方式。

① 年度报告。年度报告主要是回顾过去、检查现状、展望未来。公共关系学原理的内容主要包括财务、生产、销售、人事行政等计划和数据。

② 股东会议。从出席人员看，股东会议可以是董事会，也可以是全体股东会议或股东代表会议；从时间上看，可以是年度、季度会议，也可以是临时会议。股东会议的目的是沟通信息，进行重大决策。股东会议是股东对组织负有责任的"审判日"，因此必须高度重视、精心组织。

③ 发函或寄发调查表。

④ 编印刊物。如将"股东通讯"，"宣传手册"等送发股东手中，并保持密切联系。

⑤ 审查或试用新产品。

⑥ 个别访问。

案 例

美国心理学家所罗门·阿希在实验室中设计出了这样一种情景：找一个被试跟另外四个人，自愿参加一个知觉判断实验。实验者给甲、乙、丙、丁、戊五个人出示一条直线a，同时出示另外三条与a平行的直线b、c、d以做比较，让大家判断三条直线中那一条线段的长度与a线段的长度最接近。这个判断对任何人来说都非常简单，比如说b的长度显然与a的长度是最接近的，如果要甲先回答，毫无疑问地会选择b。但是，现在并没有叫甲回答，而是先叫了别人。乙仔细看了看，回答说："c线"。他的回答使甲惊讶，甲怀疑地看着他，心里嘀咕说："这怎么可能呢！"现在轮到丙了，他也选择了c线。这时甲开始感觉不可思议："怎么会呢？难道这两位是瞎子？"但是，当丁同样回答是c线时，甲开始重新审视这些直线和你原先的判断。"也许我错了？"甲默默地念叨着。现在轮到戊了，他也判断c线是正确的。此时甲出了一身冷汗。最后，轮到甲了，甲说："当然是c线，这谁都知道。"

问题与思考：

这就是阿希实验中被试所体验到的内心冲突：先回答并且给出错误答案的乙、丙、丁、戊都是实验者的助手，事先得到了做出错误答案的指示。实验说明，当一个人没有受到团体压力去判断的时候，无论判断多少次都不会出现错误；当看见同伴们在几次判断中都同意同一个错误答案时，将近四分之三的被试至少有一次遵从了错误答案，这正是从众的结果。

许多研究表明，如果个人在知觉、判断、信仰、态度和行为方面与大多数人不一致的话，就会感到一定的压力，以至于可能不由自主地否定自己而保持与多数人相一致，甚至不相信个人感官得到的证据，哪怕这种证据确实可靠。

从众是个体社会认知和社会适应方面重要的机制之一，也是个体自我调节和防卫的心理途径之一，从众态度和行为的发生是以个体感受到的社会压力为特征的。公共关系实践中要研究如何培养和利用从众心理增强组织的凝聚力，创造人和的组织氛围。

第三节　公共关系的中介

 案 例

"一起来，更精彩！"这一口号是对所有希望参与亚运、服务亚运的志愿者的号召。广州亚运会志愿者标志是志愿者口号的形象展现。标志将乐于奉献的"爱"与不畏艰苦的"行动"结为一体。强调"有心，更有行动"；标志设计把"心、脚"进行了融合。红色的心，是志愿者的淳朴微笑与真诚服务的象征；而心灵下方的那一双脚，代表了切实的行动。志愿者标志唤起了人们的心灵共鸣，代表着志愿者出色的服务、友善的行动，富有强烈的感染力，号召大家一起来，举办一场更精彩的亚运会。

2010年7月17日上午，亚运志愿者歌曲发布仪式在东方宾馆隆重举行。仪式上，亚组委志愿者部公布了15首亚运志愿者入选歌曲。广州亚运会宣传大使、广州亚运会志愿者名人堂成员谭晶与来自高校的亚运志愿者歌手代表合唱了亚运志愿者歌曲《一起来更精彩》。据悉，这15首志愿者歌曲将部分由亚运志愿者演唱。谭晶在现场表达了自己的志愿服务心声："虽然我在大家眼中是明星，但我并不希望自己仅仅做一名明星志愿者，我希望能像所有的志愿者一样参与到实际的志愿服务工作中。"

广州亚组委志愿者部计划在59万广州亚运会志愿者中挑选演唱者，担任"第16届亚运会志愿者歌曲专辑"中部分志愿者歌曲的主唱人。其中，谭晶与志愿者代表将一同合唱《一起来更精彩》，"志愿彩"形象代言人、歌手韩庚和广州亚运会、亚残运会香港地区招募宣传大使、歌手谢安琪将联袂演绎《我是火焰》。

2010年7月17日，来自首批亚运志愿者招募培训示范高校的9名志愿者歌手与谭晶共同演唱了《一起来更精彩》。他们都是极有名气的校园明星，舞台演出经验丰富。来自中山大学的莫沉就曾获得过校园歌手大赛冠军。对于与谭晶同台演出,他坦言是一个极为难得的学习机会。

广州亚运会志愿者标志:"一起来,更精彩!"这一口号是对所有希望参与亚运、服务亚运的志愿者的号召,也体现了公共关系心理本身具有的两个特征:双向性和情感性。

公共关系心理具有双向性的特点。一方面,能否达到互相沟通、互相理解和互相支持的目的,取决于能否正确地认知和把握公众心理;另一方面,还要取决于公关主体能否根据公众心理和公共关系活动的要求,有意识地调整和改善自身的心理。

公关工作也是情感工作。"一起来,更精彩!"用真诚、真情去打动公众是做好公关工作的有效手段。公共关系活动的情感性也就决定了公共关系心理的情感性。

随着社会的不断发展,信息传播行为和信息传播现象,已经成为现代社会人们日常生活中不可缺少的重要组成部分。组织存在于现代社会环境中,必然会与传播密切相关。组织的奋斗目标、行为方式等有关情况,都会有意或无意地通过各种方式向社会广泛传递,这是不可否认的事实。因此,信息传播是组织公共关系工作中的重要环节。公共关系活动成败与否,关键在于传播。传播媒介是公共关系的中介,制造舆论、强化舆论离不开传播媒介的作用。

一、 印刷传播媒介

印刷传播媒介的历史相对比较悠久,人们掌握印刷技术后,就能够运用印刷媒介传播信息。现代技术如电子技术注入印刷技术后,印刷媒介又得到充分的发展,成为社会中最重要的传播媒介之一。

(一) 印刷传播媒介的类型

印刷传播媒介主要包括四类:一是报纸,如日报、晨报、晚报、综合报纸、专业报纸、中央报纸、地方报纸等;二是杂志,如周刊、旬刊、半月刊刊、双月刊、季刊等;三是图书,如工商名录、年鉴、日、电话号簿等;四是宣传单。这些印刷媒介对于公共关系宣传具有重要的作用。

(二) 印刷传播媒介的特性

相对于电子传播媒介来说,印刷传播媒介的信息容量比较大,这是它们的共同优点。文化水平低的人特别是文盲无法充分接触印刷媒介。这是其共同的缺点。由于报纸、杂志和图书的周期与性质不同,它们在传播信息方面又都具有自己的优势,同时也都有一定的局限性。

报纸从总体上看,发行范围和覆盖面比较大,遍及整个城乡角落和各界公众,是最有影响的大众传播媒介之一。报纸宣传优势主要在于:①造价低廉,制作简便;②读者享有阅读时间、地点、速度的主动权;③报纸的信息容量大,往往拥有大量不同层次和类别的读者群，拥有较高的接触率和阅读率，有利于在广泛的范围内传递社会组织的各类信息；④报纸出版印刷周期相对短暂，以及已形成的高效率投递工作网络，能够让各种社会信息及时介入公众生活；⑤报纸版面编排灵活，可以根据用户的意见和要求设计出理想的宣传版面，做到图文并茂，从而增强公众的印象。

相对报纸而言，杂志公共关系的时效性要欠缺一些。不过，在传播信息方面，杂志也有其他印刷媒介难以替代的优势：①持续时间长，精读率高，有效接触率更大；②除为数不多的综合性刊物外，大量存在的专业性刊物往往都有一批稳定的明确的读者对象，公共关系宣传容易做到有的放矢，而且由于具有较高的专业权威，一般可以取得较为理想的宣传效果；③篇幅灵活，印刷精致，图文并茂，可以让公众获得更直观的认识。但是，由于杂志时效性较差，周期较长，公共关系宣传的功效呈慢性状态，难以产生广泛的"轰动效应"，而且杂志专业性较强，读者面比较小，加上各种杂志可利用的宣传版面极为有限，从而影响公共关系宣传的规模效应。

相比之下，图书的出版印刷周期更长，读者群也更为狭小，因而其时效性和功用性稍嫌不足。但是图书公共关系由于内容较为稳定，信息容量大，尤其是专题性介绍同类企业和产品的图书具有供读者长期查找的资料汇编性质，而且一般为图书馆所收藏，因此在公共关系宣传方面也有特殊的功效。由图书的性质所决定，图书一般不宜刊登具体产品宣传，而应刊登旨在宣传企业和商品的整体形象的宣传作品。

二、 电子传播媒介

电子传播媒介是指通过电信器械和电子技术向公众传播商品信息和形象信息的传播渠道，如电影、广播、电视、网络等。

在各种传播媒介中，电子传播媒介是后起之秀，它是随着电子技术的发展而成为现代大众传播媒介的。随着计算机技术和卫星通信事业的发展，电子传播媒介能够更加迅速地向更加广泛的公众传播信息，更加深刻地影响人们的思维和行为。因此电子传播媒介成为公共关系宣传的首选传播媒介。

（一） 电子传播媒介的共同特征

在社会生活中，电子传播媒介已成为一种特殊的生存环境，这就是"媒介环境"，具有重要的影响作用。这是由其独特的传播性能决定的。总体而言，电子传播媒介具有权威性高、感性色彩浓、传播速度快、形象生动、娱乐性强、影响范围广、公众接触程度高等特点。在现代化国家里，任何一个地方发生了重大事件，通过电子传播媒介，就能够在很短的时间内让分布在世界各地的公众知晓事件的全过程和具体细节，而且还能给公众一种身临其境的感觉，形成倾向性的心理气氛和舆论环境，或支持或反对，或理解或抵制，公众的集群性社会行为往往在电子媒介助长的作用下呈现鲜明的一致性。电子传播媒介具有强烈的导向功能容易使公众几乎无暇仔细思索就接受其推介的价值观念和行为方式。所以现代社会中经常会出现各式各样的流行、时尚现象。

（二）电子传播媒介的个性特征

由于各种不同种类的电子传播媒介作用于人体不同的感觉器官，其信息状态也不尽相同，它们在传播商务信息影响公众心理、劝导公众消费行为方面又各具特色。

20世纪初广播技术研究成功后，迅速投入使用，特别是美国西屋公司及时广播1920年11月2日总统大选的消息后，广播迅速成为大众媒介形式，现在已经有80多年的历史。在电子传播媒介众中，广播始终是公共关系媒介系列的基本方面。在影响公众方面，广播具有以下宣传优势：①辐射范围广，传播空间大；②传播速度快，当企业出现具有新为价值事件时，广播能及时准确地向公众进行传播，时效性最强；③传播对象众多，男女老少都是广播的听众，由于广播是一种听觉型的传播媒介，传播对象无论其文化程度高低，都能理解其中的传播信息，这不仅可以维持企业的知晓顾客，而且可以影响潜在顾客，从而扩大消费队伍；④传播的重复率高，频率快，容量大，公众可以从中获得较为准确、周全的信息；⑤传播过程人格化，播音人员美妙的嗓音，加上迷人的音乐，给人一种亲切的感觉，与公众之间具有较强的接近性；⑥制作简便，费用低廉。但是，广播仅仅局限于对公众听觉系统的刺激，不能在视觉上施加影响，因而形象性较差，这是广播的主要缺点。一般来说，如果企业向公众传播的信息内容主要是视觉范围内的，则不宜选择广播媒介。如果信息内容是听觉范围内的，而且信息量大，则应选择用广播媒介。

电视是一种将声响、文字和画面结合起来进行信息传播的大众工具，主要供家庭使用。20世纪30年代开始，英、美、法等国相继建立了电视台。而真正深入广大的公众家庭之中，则是在第二次世界大战后，但是它的发展速度快，现在已到了相当程度的普及。由于电视传播媒介能够把文字、声音、音乐、图形融于艺术之中，构成一个声色兼备、视听结合的传播手段，通常视觉、听觉和动觉甚至感觉全方位地表达企业和商品的形象，对公众具有较强的感染力。因而电视已成为公共关系传播的理想工具。相对其他大众媒介，它的传播优势是显而易见的：①具有实体感和传真性，能够快速而逼真地展示信息的客观形态，可接受性比较强；②艺术性与娱乐性较强，它能把各种信息资料转换为直观的图像，声音和文字，形成一个具有美术价值的节目形态，表达方式新颖、生动、活泼，以感人的形象、优美的韵律和独特的技巧给公众以美的享受，有效影响公众的思想观念和行为方式；③功能齐全，电视具有宣传、教育、娱乐和服务诸方面的功能，从而提高了公众对传播信息内容认可的积极性与主动性；④电视传播不受空间制约，速度快，覆盖面广，收视率高；⑤电视传播具有较强的影响力，能够激发公众的参与心理和模仿心理，形成有利于企业的公众环境。但是，由于制作电视节目需要较齐全的设备，所需费用也较昂贵，而且持续时间比较短暂，信息容量相对有限，因而难以全面地宣传企业和商品的整体形象。

网络即互联网，是由千万台电脑通过调制解调器和电话线、ISDN专线 DDN专线、ADSL专线、有线电视专线等联结组织的全球信息网络，发展十分迅速。相对于电视、广播，互联网在传播信息方面具有以下特点：①传播速度更快，时效性更强，能够直接刊发信息，无须加工制作，具有即时传播的特点。②信息容量更大，信息网络是个没有边界的世界，在这个无边界的数字化空间中，可以十分详尽地介绍各种商品信息和企业信息，满足公众深入了解的需要。③有效覆盖面更大，目前，全球互联网用户分布在160多个国家和地区，经过初期的超常规发展后，全球互联网用户的年增长率将维持在50%，任何国家的公众只要点击相关网页，就能浏览其中所刊载的信息内容。④形式更加生动，视觉效果更好。互联网借助各种以电脑为中心的硬件设备和软件技术，运用各种艺术汉字、美术字、图片、三维动画技术等多媒体开发工具，将文字、图形、表格、声音、动画融为一体，显得更加形象生动，吸引力更强了。⑤费用更低廉，在互联网上创作宣传作品，属无纸化办公，创意设计和制作几乎不用材料费用，一切工作都可以借助计算机工作平台完成，而且网上发布信息相对也比较经济。所以说，运用互联网创作的发布信息，具有显著的集约化效应，是实现"最小化投入、最大化收益"目的的最佳途径。⑥互动性强。多媒体技术的运用，使得网络不仅能够有效的处理文字和数据，将电脑、电视、录像、录音、电话、传真等融为一体，形成智能化的多媒体终端与人之间相互交流的全息操作环境。⑦灵活性。传统的媒介信息不能随意更换，但是互联网上的信息内容可以随时、轻易地更换掉，有利于及时传递企业和商品的最新信息，强化信息的时效性。⑧逼真性。信息网络借助多媒体技术能够提供集协同工作、娱乐、消费于一体的综合性虚拟空间。多媒体具有多重感官的刺激功能，能够使公众的多种感官同时感知信息，其宣传效果明显优于单一感官接收信息的宣传效果，特别是其虚拟现实技术，通过计算机创造出真实的环境。⑨持续时间长。从技术上讲，互联网的传递模式是数字化信息的复制，信息复制传递之后，源信息还存在，没有时间、地点的限制，只要网上内容没有被删除，公众可以随时随地查询相关内容。⑩易统计性。对传统的媒介宣传进行效果测试具有一定的难度，不能准确地判断报纸、杂志的阅读率和电视广播的收听率。而在互联网上发布信息，借助软件技术则可以迅速统计出看信息广告的人数以及时间分布、地理分布等情况，这样就可以相当准确地评估宣传效果，并有针对性地提出相应的网上信息传播策略、创意策略和发布策略，提高宣传效果。

三、户外传播媒介

在今天这样一个信息多元化的时代，企业发现了户外广告的魅力，在人口拥挤的城市里，户外广告对眼球的吸引率比任何网络广告或电视广告都要高，足以保证广告传播的最佳效果。这一事实已经被众多广告公司及客户所认识，户外广告备受商家的青睐，成为各种广告形式中最为看好的广告传播媒介。

户外传播媒介是指利用霓虹灯、广告牌、路牌、旗帜、灯箱、车船、气球、市政公众建筑等传播宣传信息的渠道。户外传播媒介的宣传内容一般比较简单，侧重于企业名称、品牌名称的宣传，对于提高企业的知名度、刺激公众的消费欲望具有一定的作用。

企业在城市高层建筑和市政公共场合设置五光十色的霓虹灯，由于色彩鲜艳，容易给人们的感觉系统以强烈的刺激，让人一目了然，留下深刻的印象。但是，这种媒体受到场地的限制，没有流动性，辐射面较小，即使在繁华的闹市地段，尽管车水马龙，人群熙熙攘攘，公众也很难闹中取静，驻足观看，因此其宣传效果一般比较微弱。此外，由于户外传播媒介信息载量有限，信息量不大，不利于传播企业整体形象的详尽信息，不能有效地展示企业和品牌的整体形象，但有利于特色信息的传播。

现在越来越多的企业利用各种交通工具如火车、汽车、地铁、轮船、出租车等媒体或形式进行宣传。车船作为传播媒介，具有以下优点：①它是一种流动性媒介，辐射范围相对较大，加上乘车船的人多，阅读对象遍及各国、各地、各阶层、各职业和各年龄段，有利于提高企业的知名度；②制作简单，费用低廉；③信息精简，内容集中，突出了企业的特色形象，不仅有利于公众知晓企业名称，而且有利于公众记诵企业品牌形象。

第四节 外部公众

 案例

　　某公司每年要印制并分发一份报告书给公司的1万名员工，这份报告的内容为陈述公司过去一年来在经济上的成就，表扬对提高生产力有重大贡献的员工，同时讨论一些员工感兴趣的话题，比如升迁机会、增加福利以及公司在增加工作场所安全方面的各种努力。

　　但最近几年来，这份报告的阅读率却呈逐渐下降趋势。其实没有什么特别的原因，但最常听到的评语则是"这份报告太枯燥了，令人读不下去"。有人建议把这份年度报告制成录影带；也有人建议在报告里增加图片；更有人建议把这份年度报告制成电脑磁片，然后邮寄给所有的员工，让他们可以在家里个人电脑上阅读。这些建议，各有哪些利弊？你最后会建议采用哪一种？

　　外部公众是指组织之外的、与组织有实际的或潜在的利益关系和影响力的公众。它们构成了组织生存和发展的外部社会环境，是制约和促进社会组织生存和发展的重要因素。"组织存在的唯一原因，就是为外界环境服务"。没有外界环境，组织就会像泰山离开了大地母亲，发挥不了任何作用，失去存在的价值和意义。因此，了解和研究外部公众，协调与各类外部公众的关系是公关工作中十分重要的内容。

一、外部公众的定义

　　外部公众是组织的外部舆论环境，是组织实际形象的评价者。以企业为例，外部公众构成的舆论环境问题主要包括三个方面：一是产品知名度，企业知名度，企业家知名度；二是产品形象，企业形象，企业家形象；三是产品信誉，企业信誉，企业家信誉。这三个方面相互联系，公众首先要了解产品，了解企业，了解企业家，才能对他们产生印象。好的印象日积月累，于是形成了信誉，即美誉度。由此可见，外部公众对组织的正确认识和良好评价是塑造组织形象的关键所在，外部公众对组织的认识程度决定了组织知名度的高低，评价程度决定了美誉度的高低。但是组织并不是被动地屈从于外部公众，简单地适应外部公众。社会组织往往能够积极主动地反作用于外部公众，引导外部公众，改造外部公众。公共关系正是促使社会组织与外部公众保持动态平衡的协调机制。

二、外部公众的特点

与内部公众相比，外部公众具有以下特点。

1. 分布的广泛性

外部公众是数量最多、分布最广、规模最大的公众群体，它们散布在社会各个阶层、各个角落，就像天上的繁星，点缀在组织的周围。认识公众的广泛性，有助于我们对公众进行高屋建瓴的宏观把握。

2. 构成的复杂性

外部公众既可能是某一个人，也可能是某一群人，还可能是某一社会组织；既可能是利害关系一致的群体，如业务上的合作伙伴，认同某一品牌的各地消费者，也可能是利益相冲突的反对者，如竞争对手，投诉者；既可能是老人，也可能是儿童；既可能是工人、农民，也可能是官员、明星；既可能是中国人，也可能是外国人……总之，外部公众千姿百态，错综复杂，构成了组织的外部公众环境。可以说有多少种外部公众，就有多少项外部公关工作。

3. 利益的矛盾性和差异性

外部公众与社会组织之间的利益既有矛盾，又有差异。首先，各类外部公众不像内部公众那样，与社会组织是"利益共同体"的关系，它们之间是一种"利益矛盾体"的关系。各类外部公众都在与社会组织争夺利益，比如，消费者希望组织提供的产品或服务价廉物美；供应商、经销商希望风险共担、利益共享；社区希望得到赞助；政府希望多得税款；甚至新闻界也希望多进广告费。公共关系正是平衡多种利益的一种手段。其次，不同外部公众之间的利益需求也各不相同，具有差异性。组织必须分别满足各类公众的利益要求，才能得到他们的支持和合作，更好地生存和发展。这一特点决定了公关工作的刺激性和挑战性。

4. 关系的不可控性

外部公众进入或退出社会组织的关系网络，完全是自由的和随机的，虽然外部公众与社会组织的关系会受到一些社会因素和其他因素的制约，比如区域关系、传播媒体、行政关系等，但是外部公众是自由的，一般不受社会组织的控制，社会组织对它们没有太大的约束力和强制力。

三、社区公众

社区是一个社会学的概念，其英文为"community"，是指以一定地域为基础的社会集体。具体地说，居住于同一社会里的、具有共同联系并彼此交往的人们，就构成了一个社区。例如村庄、集镇、街坊邻里、城市的一个市区或郊区，甚至整个城市，都是在规模上大小不一的社区。社区是一个相对独立的地域性社会，每个社区都有其特定的人口和特定的地理区域，其居民之间有着共同的制度、共同的价值观念以及共同的社会来往。

社区公众是公共关系学的概念。它是相对社会组织而言的，是指社会组织所在社区的区域关系对象。主要包括当地的居民家庭、社区管理部门、各种社会性组织与社区公众形成的公共关系，即社区关系，社区关系也称区域关系、睦邻关系、地主关系。谚语云："金乡邻，银亲眷"、"远亲不如近邻"、"邻里好，赛珍宝"，这种传统用于组织就是说要搞好社区关系，使组织和社区之间建立和保持一种亲情和相互理解的关系。

（一）社区公众的重要性

1. 社区公众是组织劳动力的主要来源

劳动力是社会组织正常运转的基本保证，而组织大部分的新员工主要来自社区的居民。这种就地取"材"的方法，不但可以节约组织的招聘费用，而且可以使社区居民安居乐业，减少社区以及组织的不安定因素。社区居民的教育文化水平决定着组织员工的素质，决定着组织的发展后劲。

2. 社区是组织最可靠的后勤保障系统

在后勤保障系统中，有相当一部分来自于所在的社区。组织所需要的相当大一部分的物资，也有赖于社区的提供。另外，组织员工和家属的日常生活也要依赖于周围的商店、医院、学校、电影院、菜场、停车场等，社区生活环境的配套完整，可以解除组织员工的后顾之忧，使其全心全意地投入工作。

3. 社区公众是组织较稳定的顾客

组织提供的产品和服务在社区内推出，可以减少大量的运输费用与仓储费用，降低商品的价格。同时，组织可以较快地从社区公众中获得反馈信息，及时改进产品，提高在市场上的竞争力。从顾客的角度说，购买或享受本社区的产品或服务，不仅价格上有优惠，而且售后服务更为方便。良好的社区关系有助于促成这种购买倾向，形成稳定的顾客队伍。

4. 社区文化会影响组织文化

社区文化是指社区公众在社会生活过程中创造孕育出来的人为环境、行为习惯和行为方式，它为社区成员所共享，又由社区成员共创和发展，社区文化的物质层面、精神层面、制度层面都会影响渗透到社会组织中去，成为组织文化的一个组成部分。

总之，社区是组织自下而上发展的土壤，离开了这个土壤，组织就无法生根立足，更谈不上发展壮大了。

（二）处理社区关系的方法

美国公关学家罗伯特·L.狄恩达在《公共关系手册》中指出："公共关系学是从社区关系开始的，而且应该认为社区关系是公共关系中一个专门组成部分，值得特别考虑、计划与实施。良好的社区关系将使公司受益无穷。"

组织怎样才能建立良好的社区关系呢？关键就在于促使组织社区化。组织社区化具体包括：信息社区化、活动社区化、利益社区化和性格社区化等四个方面。

1. 信息社区化

加强与社区公众的信息沟通，是搞好社区关系的基础。信息社区化包括两个方面：组织信息社区化和社区信息组织化。一方面，社会组织应将本组织的政策宗旨、工作业务、员工人数、工资与福利待遇、产品用途、治理"三废"的情况、对社会的各种支持等信息及时有效地传递出去，以增加透明度，提高知名度；另一方面，组织负有宣传社区的责任，通过对社区的历史、传统、区位、建筑、自然景观、社区人物及社区事件等社区信息的宣传和介绍，增进社区全体成员对所在社区的了解和认同。社会组织可以通过以下三种方式传递有关组织信息和社区信息。

（1）人际沟通。社区公众是组织内部员工的延伸，员工即是社区中的人，每天都要与社区居民打交道。因此可以有意识地培训员工与社区公众的普遍交往，以此沟通信息，达到信息社区化目的，另外社会组织的各级管理者、公关人员也应该积极与社区代表密切交往，加深组织与社区之间的相互理解。

（2）媒介沟通。组织可以利用报纸、广播、电视和组织的报刊、宣传手册、广告招贴等各种媒介与社区公众进行广泛沟通。

（3）意见征询与交流。一般而言，社区公众对他们的邻居、社会组织和社区传统也会产生兴趣和好奇。组织可以通过正规调查、访谈、开座谈会、舆论、领袖会议等形式向社区公众征询意见，交流信息。

2. 活动社区化

要证明组织是社区内的好公民、好邻居，最佳的方式就是同社区打成一片，使社区公众觉得组织的一举一动都是与社区相一致的，这样组织的运行公共关系学原理机制就达到了社区化。社区活动是社区成员相互认识、相互交流、相互影响的重要途径。正是在丰富多彩而又有自己特色的社区活动中，人们的社交、受尊重的需要才能得到相当程度的满足，社区活动既可促进社区成员价值观的趋同，也使社区生活方式更加特色化和定型化。因此，社会组织应鼓励组织中各级人员参加社区的各种活动，而且越多越好。比如参加社区大会、庆祝会、联谊会，参加植树活动、卫生防疫活动、社区文化活动和社区互助活动等。

3. 利益社区化

组织是社区的一分子，社区的利益也是组织自己的利益，对社区的损害就是对自己的损害。组织与社区拥有共同的基本要求，如都希望有卫生安全的生活环境、畅通的交通、完善的文化娱乐设施等。因而一个组织若想分享社区福利，就必须先尽义务，分担社区内政治、经济和文化的服务活动。比如：开展绿化社区环境的活动；赞助社区居住条件的改善；赞助养老院、残疾人基金会、希望工程等社会福利事业；赞助社区的体育运动和文化事业；关心和帮助社区某些贫困或危难的居民等。

4. 性格社区化

社区性格是社区文化的综合反映，是社区文化的缩影。社区性格包括社区意识、社区精神、社区生活方式、社区形象等四个方面。社区意识体现为社区成员的社区共同感、社区归属感、社区满意感和社区参与感。这些社区意识可以凝聚和上升为社区精神，社区精神指导和制约着社区生活方式，在社区生活方式中逐步形成更具典型性的社区形象。社区形象是社区性格成熟的标志。社会组织在这四个方面与社区保持谐调一致，也就是实现了组织性格社区化。

组织性格与社区性格的相互融合，有一个从被动适应到主动影响的过程，公关人员应努力缩短这个过程，主动把社区性格纳入组织性格之中，使组织性格成为社区性格的典型代表和具体体现。

四、新闻界公众

新闻界公众包括两部分：一是新闻机构，如广播、电视、电视台；二是新闻工作者，如专栏作家、节目主持人等。新闻界公众是公关对象中最重要、最敏感的公众。搞好与新闻界公众的关系，是组织最主要的外部公关工作之一。

（一）新闻界公众的特殊性

新闻界公众是组织中一类特殊的公众，其特殊性表现在：新闻界公众具有双重身份。

一方面，新闻界是公关传播的渠道，另一方面，它又是社会组织特别争取甚至努力追求的公众对象。对象与手段合一的双重性，赋予新闻界公众特别重要的地位。

（1）新闻界公众告知信息时，具有普遍性、组织性、社会性、公开性、及时性、工具性六大特征。正是这些基本特征，使新闻传媒与其他传媒相比，在时空上、在权威性与可信度上、在可受性上与可塑性上都具有明显的强势。这种强势使它成为社会组织传递信息的主要通道。

（2）新闻界公众是社会信息流通过程中的把关人。在社会信息流通过程中，到处都设有把关人，这些把关人主要是新闻界公众。比如记者确定究竟哪些事实应该加以报道；编辑确定哪些应该刊登，哪些应该抛弃；专栏作家确定有哪些人物和事件值得书写；电视节目制作人决定摄影机应指向哪里。总之，他们决定着各种信息的取舍、流量和流向，也决定着社会组织的曝光机会、程度和频率。

（3）新闻界公众是组织舆论环境的引导者。新闻界公众具有"议程设置"的功能，也就是说，只要新闻传媒对一些问题给予重视，集中报道，并忽视或掩盖对其他问题的报道，就能影响公众舆论。而人们则倾向于关注和思考新闻传媒注意的那些问题并按照新闻传媒给予的重要次序，分配自己的注意力。比如某个组织、人物、产品或事件，如果成为新闻报道的热点，便会成为极具影响力的舆论话题，获得较高的社会知名度，如果是正面报道，则会提高组织的美誉度，反面报道则会降低组织的美誉度，正可谓"得之者锦上添花，失之者名誉扫地"。新闻界公众通过发挥议程设置功能，引导着社会组织的舆论导向，赋予社会组织某种特殊的社会地位。

（4）新闻界公众是组织形象社会化的塑造者。组织形象只有经过社会化即获得社会各界公众的认同和支持，才能转化为实际组织形象，而这一社会化的过程，也就是组织信息向社会公众传播的过程。这种传播可以通过组织的自我传播来进行，比如产品销售和服务、广告等，但是这种传播过程缓慢，范围局部，效果有限，要使组织形象从微观走向宏观，从局部走向社会，必须借助新闻传播。新闻传播的过程，也就是组织形象社会化的过程，组织的新闻形象，在很大程度上代表了组织的社会形象。

（5）新闻界公众是组织形象的监督者。俗话说："成也萧何，败也萧何。"新闻界公众就是社会组织的"萧何"，因为新闻界公众不仅是组织公关工作的同盟军，而且也是社会大众的卫士，他们常常利用手中的传播工具，用舆论的力量来维护社会大众的利益。当组织行为有利于社会大众时，新闻媒介便进行正面报道，为之扬名；当组织行为不利或有损于社会大众时，便进行反面报道，发挥舆论监督的作用，以促使社会组织矫正其行为，重塑良好形象。

（二）处理与新闻界关系的方法

组织和新闻界的关系，应是一种相互合作的关系。因为在实际工作中，公关人员是半个新闻记者，新闻记者也是半个公关人员，二者是互为中介的。一方面，公关人员要通过新闻记者，把组织的信息及时准确地传递出去，另一方面，新闻记者需要通过公关人员提供具有新闻价值的素材，丰富报道的内容和品种。因此，公关人员应加强与新闻界公众的合作与联系，建立良好的伙伴关系。

1. 尊重新闻界公众

这是搞好与新闻界关系的前提条件。组织对新闻界的尊重可以概括为 16 个字：以礼相待、以诚相待、平等对待、严阵以待。

以礼相待，指对新闻媒介机构和记者的接待要友好热情，有礼有节，尽力为他们来组织采访写稿、核实工作等提供必需的帮助和服务。

以诚相待，指组织要讲真话，要向新闻界提供真实可靠的材料和数据，既不能夸大组织业绩，也不能掩盖失误，更不能制造假新闻。如果确定为保密的技术和参数，或预见报道可能会带来巨大经济损失时，应如实向有关记者说明利害关系，请他们酌情考虑。

平等对待，指组织对各种新闻界公众要一视同仁，不分厚薄亲疏，决不可因新闻界单位名气大小和级别高低而区别对待。应尽可能使它们获得平等的信息量，使它们平等获得采访组织的机会，有时候，一个小报记者的一篇文章有可能"一石激起千层浪"，带来出人意料的效果。

严阵以待，指当组织发生危机事件时，组织应当严阵以待。严阵以待并不是想方设法掩盖"家丑"，也不是对新闻媒体横加指责，而是应本着虚心接受批评、认真查明真相、积极承担责任的态度，与新闻界公众进行合作，以化险为夷。

2. 保持长期接触，善交无冕之王

俗话说"若有恒，何必三更起五更睡；最无益，便是一日曝十日寒"，任何关系的建立和维系都在于持之以恒的不懈努力，平时就要与之保持经常性的联系，尤其是要善于结交新闻记者。他们是消息灵通人士和社会活动家，新闻媒介的舆论力量都是在记者的笔下形成的，如同影片《水门事件》片头那句精彩的话："记者手中操纵的打字机发出子弹的呼啸声和炮弹的轰鸣声。"所以，组织要想与新闻界搞好关系，就必须重视与新闻界公众的交际，善交无冕之王，切忌"平时不烧香，临时抱佛脚"。

3. 联合举办活动，全力支持新闻媒介

在市场经济条件下，日趋激烈的竞争更加体现出社会组织与新闻传媒的天然联系。一方面，组织把新闻传媒作为展开激烈竞争的工具与手段，推动着传媒的进一步发展；另一方面，新闻传媒的视角更加集中于各类组织，尤其是经济组织，促进了组织的发展，二者互相促进，互相支持，共同发展。作为公共主体的社会组织，要想进一步赢得新闻传媒的支持，首先就必须全力支持新闻传媒，如果在新闻传媒需要支持的时候能够雪中送炭，鼎力相助，往往能起到事半功倍的效果。这样不仅能密切与新闻传媒的关系，还能放大扩展组织形象。社会组织对新闻传媒的支持重要表现在联合举办各种活动上。

联办报纸：由组织出资，新闻界出人，联合创办报纸，这类报纸主要是专业报，报纸范围和服务对象十分明确。

联办新闻：如联办某个新闻专版、新闻专栏或者是新闻专题节目。

联办征文：围绕某一新闻主题展开征文活动，如"今世缘怀有奖征文"等。

联办社会活动：联合举办某项社会公益活动或群众社交活动。

联办基金：如武汉新闻基金、广东省新闻基金，用于奖励宣传武汉、广东省的单位和个人。

这种联办活动既支持了新闻媒介的发展又有利于宣传组织形象，可以产生良好的"互补效应"。切忌将联办变成变相贿赂和收买。

4. 加强新闻传播，利用各种新闻传播方式

组织进行新闻传播，通常采取以下几种方式。

（1）邀请记者采访。这是宣传组织形象的主要方式之一。邀请来的记者应与组织有特殊的良好关系，人数不宜多，采访时间可较长，这样写出的新闻报道有一定深度，公关效果较好。在西方，政治家们经常邀请记者共进午餐，以加深了解，有利于宣传。许多企业也常邀请记者随团出国考察或举办产品展览会。

（2）举办记者招待会，又称新闻发布会，这既能密切同新闻界的关系，又有利于宣传组织形象，一般在组织有重大事件发生时（如厂庆、周年纪念、新产品上市、危机事件）可以举行。

（3）制造新闻事件，以吸引新闻界注意。所谓制造新闻，是指由组织以健康正当的手段，有意思地采取既对自己有利又使社会公众受惠的行动，以引起社会公众和新闻界的注意，达到宣传本组织的目的。组织制造的新闻事件新颖有趣，具有较高的新闻价值，能引起记者们的注意和跟踪报道。所以这种掌握好这一策略，就能达到理想的传播效果和公关目的。

（4）自己动手写新闻稿，主动提供给新闻媒介。这种方法既能够及时、准确地传递组织新闻信息，又能为新闻记者节省人力和物理，两好合一好，皆大欢喜。

对于一个组织而言，以下事件可作新闻稿的题材：①大型奠基典礼、开幕仪式或纪念日活动。②新产品的试制和新设备的投产。③产量、质量、产值、税利等经济指标的突破性进展。④重大政策的颁布和实施。⑤劳动模范，科技发明。⑥国内市场的开拓。⑦用功学习、娱乐、保健等福利活动。⑧重大人事变动。⑨产品价格变化。⑩厂名、厂徽、商标的更换等。

五、 政府公众

在公共关系学的视野里，政府是作为社会组织必须面对的一类公众而存在的。政府公众指政府各行政机构及其官员和工作人员，具体可分为两大类：一是纵向政府公众，如上

级主管部门；二是横向政府公关，它们是工商、人事、财政、税务、市政、治安、法院、海关、卫检、环保等职能机构和管理部门。政府公众是所有公关对象中最具社会权威的公众。处理还组织和政府的关系，是组织生存和发展的根本保障。

（一）政府公众的特殊重要性

政府作为公众，具有不同于其他一般公众的特殊性。其特殊性表现在：其他公众与组织之间是一种互不隶属的横向关系，而政府与组织的关系则是管理者与被管理者的纵向关系。一言以蔽之，政府公众的特殊性表现在以下几个方面。

1. 政府是一种具有强力的权力机构

政府是国家权力的执行机构，它通过立法、行政、司法，运用各种政治、行政、法律手段。管理和制约各种社会组织，以确保其政策的执行。这种权力是其他任何公众所没有的。

2. 政府是最具有影响力的社会组织

作为国家政权机构，政府对有关产业和区域的倾斜、财政拨款政策、经济调控政策和福利政策等都能直接影响到整个经济发展走向，从而间接影响组织的经济状况。这种社会影响力也是其他公众不可比拟的。

3. 政府是社会组织的统一管理者

政府具有行使组织、领导和管理等职能，对各种社会组织的管理是政府实行全社会统一管理的主要组成部分。政府通过制定政策法律和行政干预，对各种社会组织进行必要的管理、监督、指导和调节。

4. 政府是组织主要的外信息源

中央和地方各级政府中，都设有专门负责收集社会、经济、文化等方面社会信息、统计数据的机构，如统计局。这些信息资料和政府机关的各类文件、简报等，都是对社会组织具有重要参考价值的资料。

5. 政府是组织重要的资金来源

政府与各组织存在财政税务关系。政府可以采取免税、减税、无偿财政拨款、优惠贷款等方式，支持和扶助各类组织的发展。如果能争取政府在资金和税收方面的支持，自然有利于自身的发展。

6. 政府是全体社会公共利益的代表

从利益角度来划分，全社会的利益可分为国家利益、集体利益和个人利益三种，三种利益存在着不可避免的矛盾和冲突。政府作为全民利益的代表，要同时维护三者的利益，在这种情况下，组织和政府公众之间存在着如西方学者所说的"敌对关系"。社会组织对这种利益关系要有清醒的认识和明确的态度，协调好政府和组织的关系，是搞好政府关系的关键所在。

（二）处理政府关系的方法

在市场经济下，搞好政府关系同样可以取得政府的大力支持，但必须在公关技巧上多下工夫。

1. 培养和提高政治素质

美国企业管理专家彼得·萨勒尔博士认为：政治和经济是一对连体儿，有远见的企业家不应当孤立地讲经营、讲发展，而应当把经济与政治结合起来，既研究现实问题，也研究战略性问题，政治素质应当成为企业家的重要素质之一。在"官本位"思想源远流长的中国，企业家和公关人员的政治素质尤为重要。一位中国商人说："中国没有百分之百的商人，商人也要讲政治，我用50%的时间研究政治，30%的时间面对各种社会关系，剩下20%的时间考虑商业上的事情。"许多实践也证明：公关人员的政治素质越高，进行业务拓展就越有把握。

公关人员的政治素质主要包括以下三项内容。

（1）熟悉国家政策。国家政策是经营的指南针，与法律相比，具有更大的灵活性和变动性。了解政策、善用政策是组织回避风险、创造竞争优势的主要法宝，谁最能"吃透"政策，谁就能最大限度地受惠。人们常说"抓住机遇"，从一定意义上讲，就是善于抓住政策调整的契机，使社会组织的运行不偏离国家政策规定的轨道，一直处于良性发展状态。

（2）了解政府机构运作情况。既然不可避免地要与政府打交道，公共人员自然需要弄清楚政府机构的内部机构和层次、工作范围和办理程序。只有了解这些情况，才能减少诸如"踢皮球"，"公文旅行"的现象，提高办事效率。

（3）服从管理，做政府的模范公民。政府依靠法律、法规、政策来管理社会。社会组织应自觉地服从政府管理，遵纪守法，不以非法手段谋求政府官员的支持，依法纳税，决不"你有税法，我有逃法"偷税漏税，损公肥私。只有服从政府的指导和管理，做政府的模范公民，才能赢得政府的信赖。

2. 加强与政府的双向沟通

公关人员应积极主动地与政府公众沟通信息，及时地、不断地汇报情况，使政府能了解组织的基本情况和发展动向。汇报内容主要包括以下几方面：①组织遵守政府法令、政策，完成国家计划情况。②组织的纳税情况，承担其他社会责任、义务情况。③组织生产经营、销售盈利情况。④组织的社会地位、贡献、影响等情况。⑤组织对社会即政府的需要情况。为达到以上目的，组织应采取以上人际传播为主、大众传播为辅的沟通方式，多渠道、多层次地政府部门沟通，以谋求政府的理解与支持。

3. 加强人际交往，建立与政府官员的私人感情

与政府官员建立良好的私人感情，既有利于日后及时、准确地得到政府方面的有关信息，又可以加深社会组织在其心目中的印象，更可以创造出组织发展的良好契机，例如，美国总统克林顿有一次与沙特王子会晤，谈笑之间，为波音航空公司争取一份价值60亿美元的订货合同，欧洲空中客车公司眼睁睁地看着煮熟的鸭子从自己的锅里飞到别人的餐桌上，若没有克林顿与沙特王子的良好友谊，这种奇迹是不会发生的。

4. 积极参加政府组织的各种公益活动

组织作为社会有机体的一个重要组成部分，必须为政府分担一定的社会责任，无偿提供必要的社会服务。一般来说，由政府提倡的有利于社会的公益事业和活动，组织都应积极参加。这样做，一方面可以加强政府对组织的信赖和赞许，另一方面可以提高组织的声

誉和知名度。

5. 邀请政府官员参加组织的重大活动

利用组织开业、周年纪念、新产品发布会等时机，邀请政府官员参加，同时邀请他们参观工厂、产业，了解情况，以提高他们对本组织的兴趣，加深他们对本组织的认识和好感。

6. 利用国事活动，扩大宣传效应

当今世界，经济使命成为国际交往的主流，政治斗争更多地以经济斗争为表现形式。"政治搭台，经济唱戏"成为大趋势。利用政治活动，尤其是重大的国事活动来宣传组织形象，无疑是天赐良机。一般而言，向国宾赠送礼品是一种行之有效的公共方式，这种方式可以同时收到名人效应和新闻效应。国宾接受并使用了某种礼品，自然就提高了这种物品的知名度，即所谓"名人创名牌"，新闻界对此进行报道，又做了免费广告。这种一举两得的实例比比皆是。

六、 顾客公众

顾客公众指购买本组织提供的产品或服务的个人、团体或组织。按顾客与组织的消费性质划分，顾客公众包括个人消费和团体用户，比如商店的顾客、酒店的住客、电影院的观众、出版物的读者以及工业用品的用户等。按顾客与组织的交往方式划分，顾客公众可分为三种：一是内部顾客，即员工，企业界有一句口号，"下一道工序就是上一道工序的用户"；二是中级顾客，即经销或代理商；三是终端顾客，即通常所说的消费者、用户。我们这里所谈的顾客公众是指第三种。顾客公众是与组织具有直接利益关系的外部公众，是公众工作核心对象。

（一）顾客公众的重要性

1. 顾客公众是组织人数最多的外部公众

在现代社会，高度社会化、专业化的生产和服务使"躬耕自食"褪色为一个古老的梦，整个社会已经成为一个相互依赖、相互作用、相互影响的有机整体，任何组织和个人都不是孤立于组织之外而获得所需的衣、食、住、行等生活条件。这就是说，在现实生活中，任何一个组织和个人都可能是某一组织的顾客，从广义的角度讲，全社会每个成员都属于顾客之列，但是从组织角度来看，组织所面对的每一个人并不都是组织的顾客，比如一个3岁的小女孩就不是某剃须刀厂家的顾客，尽管如此，与组织的其他外部公众相比，顾客公众毫无疑问是组织人数最多的外部公众，而且是无组织、无秩序的外部公众。

2. 顾客公众是组织的衣食父母

早在19世纪，马克思就提出"消费决定生产"。他认为，消费的能力决定着生产能力、消费的需求决定着生产的需求，无穷无尽的消费欲望是刺激市场生产力的直接动力，也是推动人类经济发展的主要驱动力量。因此，马克思的结论是：没有消费，就没有生产。有这一论断，我们可以推出：没有消费者，就没有社会组织，消费者决定着社会组织的生死存亡，消费者是社会组织的衣食父母，没有消费者的"养育"，就没有社会组织的茁壮成长。

（二）处理顾客关系的方法

建立良好的顾客关系，是公关人员矢志不渝的追求，也是千百年来被商家不断演绎的制胜法宝。

1. 树立正确的顾客观

哲人说：没有正确的观念，就没有正确的行动，一切活动都是如此。处理顾客的关系更不例外，"顾客满意"是评价顾客关系的基本指标。在处理顾客关系时，必须要把这种顾客导向观念转化为具体可遵守的观点，体现在组织工作的方方面面，比如顾客永远都是对的，顾客的抱怨中是商机；顾客要什么就给什么，努力让顾客感动；每一次都能让每一个顾客感到满意等。这些顾客观念应内化于每个企业人员心中，成为处理顾客关系不可动摇的准则。

"顾客满意"是"顾客至上"观念的衡量指标，是指顾客接受有形或无形产品感到需求满足的状态。顾客满意包括理念感到满意、行为满意、视听满意和服务满意。在协调顾客关系时，只有全方位让顾客满意，才能有效地激发顾客对组织的忠诚度和喜爱度。

2. 增强服务意识，实行全过程星级服务

越来越多的组织意识到：提供恰当的服务品质可变成商战利器，为公司创造并保持可观的竞争优势。美国的专家在研究中发现一个惊人的事实：顾客会拒绝某公司的产品，其原因有7成与产品无关。唯有先进完善的服务体系和服务态度，才能让客户感动，令客户满意，导致其采取购买行为。由此可见，服务是不可战胜的赢家法则，服务就是商机，服务就是打开顾客心扉的钥匙，尽管"痴心的脚步赶不上变心的翅膀"，但是只要付出持之以恒的热情，就一定能产生皮格马利翁效应，既赢得老顾客的忠诚，又赢得一连串的未来顾客。

良好的服务意识主要体现：要时刻为顾客着想，把为顾客着想作为企业的使命和责任；处处留心、发现为顾客服务的机会；根据顾客的要求及时提供优质服务；严格选用服务人员，加强对服务人员的培训。

良好的服务不应该仅仅停留在售后，而应该贯穿售前、售中和售后，实行全过程、全方位的星级服务。只有这样才能一步步加深与顾客的感情，博得顾客的好感和认同，海尔集团提出了"国际星级服务"的概念，对消费者实行全过程星级服务，内容包括以下几点。

售前服务：主要是解除用户购买时决策的烦恼，讲解演示，答疑解惑。

售中服务：对用户实行无搬运服务，送货上门，安装到位，现场调试，示范指导。

售后服务：概括为"一二三四"法则，一个结果（服务圆满），二个理念（带走用户的烦恼，留下海尔的真诚），三个控制（服务投诉率小于10PPM，服务遗漏小于10PPM，服务不满意率小于10PPM），四个不漏（一个不漏地记录用户的反映，一个不漏地处理用户的反映，一个不漏地复查用户结果，一个不漏地将处理结果反映到设计生产经营部门）。

3. 建立顾客资料库，加强双向沟通

进入 21 世纪，传统的大众营销方式逐渐向一对一营销方式转换。传统的大众营销是把产品销售尽可能多的顾客，其目标是提高市场占有率。而一对一营销则是销售尽可能多的产品给某一个顾客（在其整个一生中），再由这些核心顾客来带动其他的顾客，其目标是顾客占有率，具体做法是先选出一些核心顾客（最有价值，潜力最大），后派出职员担任顾客经理进行单独一对一沟通，给最能赢得的顾客提供最大的消费价值，培养顾客的忠诚感。

一对一营销意味着要把时间和精力放在对顾客的管理上，意味着传统的"消费者请注意"的沟通方式必须转变为"请注意消费者"的沟通方式。因此，搜集顾客信息，研究顾客心理，了解顾客需求就成为处理顾客关系的前提条件，而其中确保成功的关键则是如何建立顾客资料库，为进行双向沟通奠定基础。

所谓顾客资料库，是企业利用各种渠道传递信息给顾客，并积极寻求顾客的回应，将它们汇聚在资料库中，用这些回应资料来调整和修正自己的经营计划。顾客资料库建立起来后，可采取多种方法，通过多种渠道与顾客进行全方位沟通。具体方法有：发放意见卡、客户访谈、信函调查、电话交谈、用户通信、视听沟通、组织参观、联谊活动等，通过与顾客持续不断的沟通，使之成为企业长期友好的合作伙伴。

 案例

提升品牌价值，华为应该向苹果学学危机公关

最近一段时间，华为 P10 频频成为媒体热点，先是因为疏油层的问题，被网友痛批。然后又因为存储器规格不统一被推上了风口浪尖。华为把 EMMC5.1、UFS2.0 和 UFS2.1 三种规格的闪存混着用，软件测试，低档为 300MB/s 左右，中档为 600MB/s 左右，高档为 800MB/s。而在 2016 年 3 月的 P10 发布会上，现场展示的读写速度显示为 800MB/s。

对此，华为官方做了数次回应，先是华为官方发了一个声明，然后是余承东自己发微博解释，说疏油层是因为新康宁玻璃的技术问题，已经解决。而存储器是因为缺货，不影响使用。

但是从微博的反馈看，华为和余承东的声明并没有取得好效果。虽然华为已经让大量微博大 V 评论，但是关于华为 P10 的各种"段子"依然层出不穷，主流舆论不在华为一边。

华为的这个事情应该如何看待？这次华为公关危机处理有什么教训呢？我们来看一下。

一、不影响使用的说法有道理

这次事件是网友爆料出来的，存储器一代代进步，速度越来越快是真的。但是对手机来说，这种进步并不是时时刻刻都能体验到。

即使是电脑，换用固态硬盘获得的体验优势在运行办公软件的时候也不明显，只

是在开机启动大程序的时候明显。

而智能手机因为 APP 普遍比较小，日常使用的感觉差异就更小了。

电脑上载入内存的东西动辄几百兆，游戏往往要几个 G 的内存，而手机上我们日常用的 APP，不过几十兆，有的才几兆。

对于这个数据读写量来说，300MB/S 确实够用了。在测试软件的时候能检测出来明显的差异，但是实际使用中，只有大数据读写的时候才会感觉出来，日常是体验不到的。

二、网友追究的是态度问题

虽然日常使用体会不到这种速度差异，但是网友追究的是态度问题。应该说大部分 P10 的用户都没有注意的存储器的差距。但是对于知道这个差别的人来说，花不菲的价钱买缩水的产品是难以接受的。

而比产品更难接受的是华为面对问题的态度。华为官方发了一个不痛不痒的声明，一方面承认了问题，但是并没有任何后续的处理表示，这让用户不满。

而本来是针对储存的声明，偏偏官方回复顾左右而言他，这就更令人不满。储存问题是小问题，但是华为面对公关危机的态度，让这个问题变得扩大化。

而后续华为的公关没有针对互联网时代多热点的特点来操作，信奉大力出奇迹，找了足够多的媒体资源来支持华为。

而这种公关办法很容易被看穿，反而引发了网友更多的反对和愤怒，事情变得越来越难收拾。

三、华为应该学苹果，而不是学三星

其实，华为所面临的危机不是个例，华为的情况并不是最严重的。华为的问题类似于当年小米的天马屏问题，仅仅是物料的变化造成性能有差异，并不涉及产品事故或者严重的功能障碍。公关危机并不是不能处理。

当年，苹果出现过信号门，因为天线设计的问题，手机触摸到外壳的某个点电话就挂断了。这个问题应该比 P10 的问题严重多了，当时媒体也是口诛笔伐。

而苹果的公关方式是公开问题，今后修正产品，用户不满意全额退款。公告一出，事实上最后真正去全额退款的人并不多。此外加个手机套就能正常用，很多人就懒得去退还了，况且还有很多人根本不知情。

而苹果负责的形象瞬间高大起来，严重的质量问题不但没有影响苹果的声誉，反而还提升了苹果的品牌形象。

与之形成鲜明对比的是三星处理 NOTE7 事件，本来事情发生很早，如果早停售，发现问题，更换设计，或者干脆取消型号，三星会有损失，但是声誉不会有影响。但是三星压制、掩盖，草率处理的态度最终让事情扩大，三星遭受了沉重打击。

P10 的事情，华为的姿态完全可以高一点，不同存储器不影响使用，有要求高的，售后免费更换。不满意的，符合三包规定可以退款。这样损失未必大，买了 P10 的人肯最终去退换的人未必有多大比例。

而华为在公关费用上可以节省一大笔，同时品牌声誉还能获得提升，负责任的形象对未来产品的销量会有很大好处。

所以，华为应该学苹果，而不是学三星。

资料来源：中国公关网，http：//www. chinapr. com. cn/templates/T _ Second/index. aspx？ nodeid ＝
3&page＝ContentPage&contentid＝14544。

 本章思考题

1. 何为"公众"？其基本特点是什么？

2. 按照公众的发展过程如何进行公众分类？试举例说明。

3. 按照问题导向分类，公众主要包括哪些？

4. 为什么说公共关系的一半在内部？

5. 处理新闻界关系的基本原则和技巧是什么？

6. 处理社区关系的重要性表现在哪些方面？

7. 如何处理顾客关系？

8. 为什么政府关系很重要？你认为该如何处理？

■■ 第 四 章

公共关系工作程序

◎ 本章提示

公共关系工作的程序是由美国的公关专家伯内斯在总结前人实践经验的基础上提出来的，根据国内外公共关系学者的研究和组织机构公共关系工作的实践经验，一般将公共关系工作过程概括为以下四个步骤：调查研究、制定目标、实施传播和评估结果，称"四步工作法"。公共关系作为一种传播管理工作，有一套完整的传播过程。这个过程包括四个相互区别又相互连接的活动程序。正确的活动程序是公共关系工作顺利进行并取得成功的保障。公共关系的四个步骤既体现了公关工作的计划性、连续性、节奏性和规范性，也体现了公关工作的科学性。

 案 例

某公关公司服务于浙江某家水电厂商。他们的工作就是为该厂商的一个终端净水设备产品针对 A 区域进行传播。这个产品的最大亮点就是"过滤"，消费者可以将此设备与自来水管连接，自来水经过过滤后将更加纯净。如此鲜明的产品亮点，让当时项目组没有再考虑更多的情况。首先，健康问题人人关注（这是一个想当然的判定）；其次，"健康"是产品 USP（独特销售主张）的主要体现。在这样的认识下，基本可以判定"健康"是产品与公众价值最有效的结合点。于是，项目组将公关传播的核心信息确定为"健康生活、从水开始"。同时，在该主题的指引下，策划了集户外媒体、平面媒体以及电视媒体为一体的"海陆空传播计划"，同时又设计了一系列活动，如社区互动、终端路演等。鲜明的主题，充分的互动，密集的传播轰炸设计等，让甲方接到方案后兴奋不已。于是，项目成功拿下，而且老总对方案也是极力推崇，给了当时负责方案撰写的人员一笔不小的奖金。但一时的成功并不能掩盖"无调查"的风险。当项目进行了一半以后，客户突然叫停。在随后的两个月里，客户没有任何动静，连付款都变得十分不情愿，一拖再拖。项目组多方打听才知道，在公关行动实施了近一个月后，A区市场的反应很小，并没有达到预期的效果。于是，当时负责市场的甲方老总亲自去了趟A区。结果，却带回来一个听起来似乎非常好笑的理由。

原来，A区的水质一直都不错，而且水味甘美，当地的居民口渴时经常会直接到水龙头下"暴饮一番"，用甲方的一个经销商的话说，"连他们那里的驴子每天喝的都是矿泉水"！

公关调查贯穿于公关工作的整个流程。估计形势必须依赖组织的外部环境、内部状态的调查；确定目标必须依赖形势判断及公关需求确定；确定公众更需依赖公众特征、公众需求来决策；选择媒介必须至少掌握媒介受众信息、媒介的覆盖范围才能确定；编制预算离开了公关调查的实际数据，将付出成本的巨大代价；评价结果也需结合公关目标的各方面落实方能定论。总之，调查研究工作是公关的起点，在整个公关流程中有举足轻重的作用。调查研究意义何在，看过上面这个案例，我们就深有体会。通常公共关系工作遵循"四步工作法"，即调查研究、制定目标、实施传播和评估结果。四个步骤相互衔接，不断循环上升，形成一个动态的环状模式，体现了公共关系工作的计划性、整体性、系统性。从四步工作法明显看到，调查研究处在第一环节，是公关工作的开端，公共关系计划制订是关键，是公关实施的指南和效果评估的标准。公关实施是核心，离开了实施，再好的计划只能是纸上谈兵。效果评估是重要的反馈环节，也是下一轮公共关系活动的起点。只有掌握了四步工作法，才能较好地、有效地开展公共关系工作。

第一节　调查研究

公共关系调查研究就是通过亲身的接触、广泛的了解和各种调查方法充分地掌握有关组织公共关系的历史、现状和存在的问题，在占有大量信息和数据的基础上，对各类组织的公共关系状况进行全面的了解、分析和研究，为各类组织机构的公共关系战略决策提供依据，从而达到树立良好组织形象的目的。

一、调查研究的内容

公共关系调查的内容因公共关系主体的不同而有所不同。

1. 公共关系部门的调查内容

对组织机构的公共关系部门来说，公共关系调查包括对组织自身基本情况的调查、对组织形象状况的调查和对组织所处环境的调查三个方面。

（1）对组织自身情况的调查。

一个组织公共关系状况的好坏，首先取决于组织内部公共关系的状况以及与此相联系的各种条件。因此，公共关系调查首先应对组织自身情况进行调查分析。

组织自身的基本情况包括生产经营运作情况和组织全体成员的基本情况。前者又包括组织的历史发展情况；重大事件及其在社会各界公众中引起的反响；本单位所拥有的设备数量和科技领先程度；行政管理人员、专业科技人员的数量、素质和结构；组织的核心竞争力；战略目标及其对社会的贡献等。后者又包括组织全体人员的规模、年龄、文化程度、技术水平。对本组织做出较大贡献的员工的成就和事迹；组织负责人的简历、文化水平、工作能力和社会影响力等。

（2）对组织形象状况的调查。

组织的形象状况包含形象如何以及为什么如此两个方面的内容。形象是由知名度和美誉度构成的。所谓知名度，是组织的名称、标记或产品甚至商标被公众知道和了解的程度、社会影响的广度和深度。美誉度则是指一个组织获得公众信任、赞誉的程度，社会影响的美、丑、好、坏，是社会评价好坏程度的指标。

组织形象的构成主要有两个方面。

首先是产品形象。产品形象包括顾客和消费者对于产品的价格、质量、性能、用途等方面的反映，对于该产品优点、缺点的评价及如何改进方面的建议。拥有著名品牌的跨国公司十分重视公众的意见，他们会想方设法了解公众对本公司产品的评价，如美国宝洁公司在所有产品的包装上都印上免费服务电话号码，供公众提意见时使用。该公司的一位副经理说，公司的每一项决策都是在听取用户意见后面加以修改的。

其次是组织形象。一个组织形象的好坏，将直接影响组织未来的发展，及时改进本组织的形象和提高人员素质，将有助于组织的发展。组织形象方面的信息包括以下几点。

① 公众对于本组织机构的评价，如组织是否健全、设置是否合理、人员是否精简、运转是否灵活、办事效率高低如何等。

② 公众对于组织管理水平的评价，如对于经营决策的评价（决策方向是否正确、目标是否合理、方案有无创意）、对于生产管理的评价（生产和劳动组织是否恰当、生产计划是否完善、生产各环节的衔接是否严密）、对于销售管理的评价（市场预测是否准确、产品定价是否合理、广告宣传做得好坏如何、吸引顾客是否有新招）、对于人事管理的评价（用人是否得当、考察任用干部的程序是否合理）等。

③ 公众对于组织人员素质的评价，如对于决策者，主要了解其战略眼光、决策能力、创新精神等方面，对于销售人员则需要了解与顾客联系的能力、满足顾客需要的能力，获得顾客信任和好感的能力等。

④ 公众对于组织服务质量的评价，包括服务态度、办事效率、对顾客的责任感、向顾客提供咨询建议的诚实感、售后服务的好坏等。

⑤ 对于组织创新能力的评价，包括管理创新和科技创新能力等。

公众由于身份不同，对一个组织的形象评价往往见仁见智、评价各异。外部公众和内部公众不同，领导人和普通员工也不一样。因此，必须注意了解各方面公众的意见，力图客观、准确、真实地反映机构的组织形象。

对社会公众意见的调查，不仅要了解公众是怎样看本组织的，而且要了解公众为什么会如此看待本组织，即形成某种印象和评价的原因。对后一个问题的了解，其重要性比了解前一问题有过之而无不及。只有了解了公众形成某种印象和评价的原因，才能有针对性地制定公共关系策略，从而收到事半功倍的效果。特别需要指出的是，要有目的地调查有无公众敌视组织，占多大比重，达到何种程度，产生的原因，是组织本身的原因还是偏见，是由于宣传方法不当造成的还是宣传的力度不够造成的等。这方面的信息对制定公共关系战略至关重要，是提高公共关系工作效率的基础。

（3）对组织所处社会的调查。

社会环境在很大程度上决定着组织的兴衰存亡。对社会环境的调查包括：①政策法律环境调查，即了解一国政府的方针、政策、法律、条例以及一国政府近期有关方面政策方针的变化及其变化趋势。②文化环境的调查。了解一国文化环境背景对提高公共关系工作效率，树立良好形象极为重要，有以下例子为证。某跨国大公司在中国市场上的促销广告中出现消费者下跪的画面，令中国公众极其反感，声讨该广告的浪潮导致该公司出现形象危机，尽管公司出面做出了解释和说明，无意奚落中国消费者，但该广告的负面效应使该公司遭遇了无法避免的公关危机。事实证明了解一国文化环境是形成良好的公共关系的重要基础。③其他同类组织的公共关系状况调查，及调查同类同行组织的工作现状和历史、好的方法和经验、在社会公众的形象状况等，为提升自身形象和竞争力做准备。④社会问题调查，即调查社会经济的、政治的、思想的等各方面的问题，如生态与人类资源问题、社会财富的分配问题等。因为这些不但影响公众的意见和需求变化，甚至会影响到组织的发展。

2. 公共关系咨询机构的调查内容

公共关系咨询公司的调查内容与机构内部的公关部门的调查内容略有不同。在一个项目中，公共关系公司需要了解客户，需要对客户及其相关因素进行调查。

（1）对客户的调查研究。

公共关系顾问公司必须全面地了解他们的客户，包括客户的背景信息、资金、信誉、过去及现在所做过的公共关系活动、公共关系强项和弱点及组织面临的机遇，这些是一切公共关系项目的起点。

假如客户是从事商业经营的，公共关系公司应熟悉及其所生产的产品、提供的服务及其行业的竞争情况。在开展公共关系活动时，了解该客户的市场、法律和财务上的情况，将有助于更好地开展公共关系活动。通过采访主要的管理人员，查看年度报告、季度报告获得相关的信息。客户是独立经营还是连锁经营，产品及服务的提供方式（如运用网络经销）。其供应商和消费者的情况，都是了解客户的基本信息。其他一些重要的背景信息包括组织的使命、目标、强项和弱点及短期目标和长远目标的关系。

假如客户是非营利性的，公共关系公司要了解其提供的服务、组织的老客户及其赞助者。

除此之外，公共关系公司还应了解客户员工的基本情况，管理及非管理人员的比例，假如有公共关系部门的主管，要对于他及重要的管理人员给予特别的关注。最高管理层对公共关系的重要视程度如何？他们认为公共关系人员能解决公共关系中存在的问题吗？

最后，公共关系公司需要找出那些直接与公共关系有关的问题，客户的信誉及它的消费者或者老客户的情况。这些问题的答案反映了客户美誉度和信誉度，这是公共关系公司最关心的问题。客户在公众心目中形象如何？过去及现在开展过哪些公共关系活动？客户有无突出的公共关系强项？也就是说，有无开展过哪些有助于提高客户公众形象的项目或活动？公共关系的弱点又是什么？哪些项目或活动有可能有损客户的形象或产生负面的公众舆论？是否存在改善公众舆论及行为的机遇？

全面了解客户，这是公众关系公司服务客户过程中的首要要求。

（2）机遇或问题的调查研究。

接下来的调查，涉及组织在某一特定的时间开展某一特定的公共关系活动的原因。是因为此时出现提高组织公众形象的良好机遇，还是为应对存在的公共关系危机？如果是后者，不管是个体还是组织，必须及时开展有效的调查研究。

抓住良好机遇展开的公共关系活动称为积极的公共关系活动。从短期来看，有效的积极的公共关系活动花费的代价很高，但是它常常还是比被动应对的公共关系项目花费的要少。积极的公共关系活动好比健康组织积极推荐使用的预防药。同理，客户应在平常注意"预防"公共关系中出现的问题。

但并不能由此简单地说积极的公共关系活动就好，被动应对的公共关系活动就不好，当公共关系危机防不胜防的时候，被动应对的公司关系项目是非常必要的，也是很有用的。公共关系工作人员必须准备好随时应对公共关系危机，采取最有效的防范危机发生的措施。一个公共关系项目，是属于积极应对的还是被动应对的项目，是长期还是短期的，这都属于公共关系调查研究过程中要查清的问题。

3. 目标公众的调查研究

这一调查研究无论对公共关系公司还是公共关系部门都是非常必要和重要的，故在此详细介绍。调查的目的就是确定谁为目标公众。只有确定了目标公众，才能有效地进行传播沟通。

（1）目标公众认证。

所有的组织与特定的公众有着长期的或短期的关系或联系，对于组织机构来说，他们所关心的是大众传媒、内部员工、国家政府或地方政府，对于生产产品或提供服务的商业组织来说，消费者是最重要的公众。共有的商业组织有另外一个重要的公众那就是股东和金融机构。值得一提的是每一个组织都有自己特殊的目标公众。对于非营利性的组织来说，赞助者是它们的主要公众，对于学校来说，家长是它们的公众，集团公司就需要与它们的目标公众经销商及供应商保持经常性的联系与沟通。

为了更好地认识公众，我们把每一类型的目标公众再进行细分，进而对之进行有针对性的公众关系宣传，例如传媒应该被分成大众传媒体和专业化媒体，内部公众中员工可分为管理人员和非管理人员；成员包括组织的雇员、办公室工作人员、潜在的员工；组织包括国家性的和地方性的组织。客户所在的社区包括社区媒体、社区领导层、社区机构。政府公众可以被分为国家的、省级的、市级的、县级的层次。消费者公众包括公员工、顾客、消费团体和消费者出版物、社区媒体、社区领导阶层和社区机构。投资者公众包括股东及潜在的股东、投资顾问、财经媒体等。

（2）公众关系目标。

在确定了目标公众并进行分类以后，公共关系人员还有更艰巨的任务。寻找更重要的目标公众——潜在公众。潜在公众的威望、影响力与客户的广泛联系是决定其重要性的因素。我们在衡量潜在目标公众的重要性时要考虑以下四个问题。

① 这些公众是谁（他们的数量及性格倾向等）。

② 为什么他们对组织很重要。

③ 在公众关心活动中，他们的参与程度如何。

④ 哪些公众对组织来说是最重要的。

（3）基本信息。

在目标被细分后，公众关系人员要确定每一类型的公众可能会感兴趣的信息。通常公众关系成员想了解每一层的公众对组织的了解情况、组织在他们心中的形象、对组织的产品或提供的服务的满意度、新老公众对客户或组织的态度、对于公众的调查、媒体的习惯及不同媒体的消费公众，这些信息是公众关系人员制订和实施公众关系项目目标的依据。

二、 调查研究的方法

获得了基本的信息后，公共关系人员下一步就要确定调查研究的事宜。这些都是很重要的信息。公共关系调查通常运用两种方法：定性调查和定量调查。

1. 定性调查

定性调查方法常用于公共关系调查研究中，主要有以下几种。

（1）文献调查法。

文献调查法是在第一手资料难以得到或不够用时，通过组织内部或外部的文献资料分析所要调查问题的方法。文献调查法是一种效率高、花费少的调查方法，可用于其他调查过程之前，以便尽量减少调查的开支。文献调查法的来源主要有历史遗留下来的资料和当前记录在案的文献资料。如：①查看组织或客户的记录（商业报告、统计数据、财经报告、过去的公共关系记录）和各种交流活动（经理的演讲、业务通信、时事通信、备忘录、小册子等）。②已经出版的出版物。这些出版物包括大众媒体上的新闻、调查或民意测验、图书馆的参考书、政府文件、登记簿目录、贸易组织的资料。③客户与组织的各个部门或团体的交流情况记录。如与组织的顾问团、委员、委员会及组织内外相关部门的交流信息等。④通过互联网获得信息。这已成为公共关系人员获得信息的最重要途径。最受欢迎的搜索引擎有雅虎、谷歌、百度，国内的网页有新浪、sohu、网易，国外的网页有 Excite、HotBot、Infoseek 和 Lycos 等。

（2）观察法。

观察法是调查人员进入调查现场，利用感官或借助科学工具，在调查对象中直接收集信息的方法。观察法最大的特点是直观性，可以排除其他调查方法的间接性所造成的误会和干扰。同时，观察法简便易行，灵活多样。

观察法要求事前拟定调查提纲，包括观察的时间、地点、对象、目的记录方式等。进入观察现场后，要做好观察记录，用观察法收集到的信息比较客观和准确，方法简便易行，是公关人员经常采用的方法，但缺点是工作时间长，范围狭小，易受观察者的主观因素的干扰。对于比较复杂的事件，观察法容易受到事物表面性和偶然性的影响，难以反映事物的本质。

（3）访问法。

访问法就是公关人员按照预先设计好的题目，有目的、有计划地对被调查对象进行访谈，直接收集信息的方法。访问法按照访谈对象的多少可以分为个别访谈和集体访谈，按照访谈的形式可以分为当面访谈和电话访谈。具体有以下几种方式：①通过采访目标公众的主要成员，了解情况。公共关系人员可以从市政领导、政府工作人员、商业界领导人、教育家、有影响力的编辑、记者和社区其他重要人物那里获得很有价值的信息。②顾客或老主顾的反馈信息是很有帮助的。公关人员可以通过电话、邮件、面对面的访谈来获得这方面的信息。③专业调查小组的建议和意见。最受欢迎的做法是由 8～12 人组成中心小组，他们是目标公众的代表，有经验的调查人员能有效地鼓励中心小组中的参与者如实反映出他们对组织的看法。如组织机构的形象、产品、服务、对开展公共关系活动的建议及其他一些与机构有关的问题。

2. 定量调查法

抽样调查、做实验和内容分析是在公共关系中广泛应用的三种调查方法。统计法又是每一种方法的核心所在。

（1）抽样调查法。

在三种方法中，抽样调查又是最常用的定量调查方法，对于调查公众对产品的认知度、态度和行为，以及媒体习惯是最有效的。

公众调查可以分为普查和抽查两种，对于小型人口总体，可以应用普查法。但大多数时候，组织要面对人数众多的公众，普查法非一个组织人力、物力、财力所及。因此，公众调查大多数场合是用抽查的方法。

抽样调查法是按照一定的方式，从调查总体中抽取部分样本进行调查，用样本的结论来说明总体情况的一种调查方法。常用的抽样方法有以下四种：简单随机抽样、分层随机抽样、分区多级抽样、配额抽样。

配额抽样法是一种不完全随机抽样法。盖洛普的试验证明，对于复杂的社会问题，配额抽样法是一种准确率高，且省时、省力、省钱的好方法。

配额抽样的具体方法是：在确定了调查对象的特征后，根据基础材料，按公众总体中既有规定特征的人口比例，确定样本中各种特征的人数，再把这些人数分配给调查员，请他们按照规定特征选择调查对象。

问卷调查法是调查员运用统一设计的问卷，利用书面方式回答问题，向被调查者收集信息的方法。在上述几种调查方式中，都有可能用到文件，而问卷调查法也可单独运用，因此，问卷是进行公众调查的主要工具。问卷设计有很强的专业性、科学性和艺术性，所以有人说："一个好的问卷设计就是成功的一半。"

问卷要围绕调查的主题提问，以测定公众的情况、认识和态度。问卷一般分为两个部分，第一部分是前言，要求用简洁、明确的文字向公众说明调查的目的及回答问卷的要求。前言应当文词恳切，尊重公众。第二个部分是问卷的正文，请公众回答。根据正文的问题是否规定了备选答案，问卷可以分为两种：一是封闭式问卷；二是开放式问卷。

调查人员在设计问卷时应注意以下问题：

① 尊重公众，慎重选择所提问题，防止对公众情感造成伤害。

② 问题的组织要有顺序，合乎逻辑。每一个问题可能涉及不同的方面，但不同问题的排列必须是有前后顺序的。

　　③ 文字简洁、明确、通俗易懂，不可太长，不要用公众难以理解的专业术语，不要加太多的形容词。

　　④ 不要用双重提问，即一个问题最好只有一个答案。如"你喜欢我厂的产品和包装吗？"这个提问实际上含有两个问题，使公众难以回答。

　　⑤ 措辞准确，防止模糊不清或模棱两可。

　　⑥ 避免使用带倾向性的措辞。如"为了加强全厂职工的团结，我厂准备举行厂庆30周年大会，你赞成吗？"

　　⑦ 备选答案力求全面，避免出现重大遗漏。

　　⑧ 如果对问卷没有把握，可以先在小范围内进行测试，请部分公众回答问题，分析问卷，看看其中是否有不妥之处。

　　个体采访是最昂贵、最耗时的调查法，但是这样做是很值得的。采访者可通过语言和非语言的信号，做出准确的判断，这种判断的准确性是其他方式不可比拟的。当然要得到一个很有效的抽样调查，要比电话随机拨号困难得多。因为时间关系以及它所带来的不方便，很多人不太愿意接受电话采访。同邮寄调查表一样，个体采访对那些真正对活动感兴趣和愿意牺牲时间的人来说是最有效的方法。

　　尽管存在局限性及瑕疵，抽样调查法却是公共关系中最受欢迎的定量调查方法。

　　（2）实验法。

　　在近几年，实验法获得青睐。不管在实验室环境中或在现实生活中，实验法的准确性最高。在广告或公共关系中，实验法常用来测试哪种宣传方式对于既定公众是最有效的。两组随意选取的被调查者，一组被置于宣传媒体环境中，另一组则相反。两组在实验前后都接受测验，假如其中被置于宣传媒体环境中的一组很大程度上改变了态度，这样的结果自然归因于他们受到所接触的信息的影响。

　　（3）内容分析法。

　　内容分析法被用来分析目标媒体中的信息内容的主题或趋势。这种方法可用来分析媒体对待公共关系主体的态度——它们在媒体心目中的形象，正面的或负面的等。内容分析法对分析涉及组织利益公共关系活动或问题对组织的影响也很有用。同时这种方法也可以追踪社会、经济或政治方面可能对组织产生的影响。

　　定量调查方法应该由那些在本行业内有着良好信誉的专业公司来做，或者由经过培训和有经验的员工来做。如果由那些没有在调查技巧上接受过正规培训的公共关系人员去做，就会浪费客户的金钱和时间，更有甚者，不准确的调查结果还可能会产生误导。

三、 调查分析的工具

　　通过调查得到大量的第一手资料，并不等于调查研究工作的完成，还需要对这些第一手资料进行分析和归纳，得出结论性意见。分析和归纳主要包括组织形象地位分析、组织形象形成的原因分析和形象差距分析三个方面。

1. 组织形象地位分析

对组织形象的评定不能仅停留在客观描述之上，还必须对其进行定位。采用形象地位图可便于表现组织形象的定位。形象地位图是一个二维平面坐标图，横坐标代表知名度，纵坐标代表美誉度，如图4-1所示。

具体做法是：①确定知名度。如果某个组织调查了100名公众，其中有80名知道该企业，则知名度为80÷100＝80%。②确定美誉度。如果80名公众中有60名对该组织表示好感和赞赏，则美誉度为60÷80＝75%。③标记形象定位点（A点）。A点的形象地位说明该组织美誉度一般，知名度稍高。今后工作应在继续扩大知名度的前提下，下大力气提高美誉度。

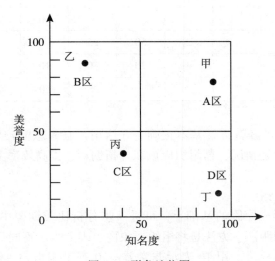

图4-1　形象地位图

根据知名度和美誉度大小的不同组合，可将形象地位图分成四个象限，从一到四，依次表示形象的好坏。如第一象限，表示知名度和美誉度都很高，形象地位点落在此象限，表示组织的社会形象最佳。第三象限则相反。第二、四象限分别表示美誉度高、知名度低和知名度高、美誉度低。据此图形，组织机构很容易就能发现本机构的公共关系现状，并就此制定公共关系战略决策。

2. 组织形象形成的原因分析

形象地位图直观地反映了一个组织在公共心目中的形象，有助于公关人员对组织的形象做出正确的估计，但不能了解其形成的原因和具体内容。要解决这个问题必须分析组织形象形成的具体原因，运用态度测量理论中的"语意差别分析法"制作组织形象内容表，作为分析工具。

组织形象内容表的制作方法是将关系到组织形象的重要因素（如经营方针、办事效率、服务态度、业务水平等）列举出来，然后用正反相对的两个形容词表示好坏的两个极端，在这两个极端中间设置程序有所差别的中间档次（通常中间档次为5个），便于公众对每一个调查项目分档次进行评价。最后，公共关系人员对所有调查表格进行统计，计算每一个调查项目中各种程度的评价所占的百分比，如表4-1所示（有效问卷为100份）。

表4-1　　　　　　　　　　　　　　　　　组织形象内容表

评价与分值 \ 调查项目	非常7	相当6	稍微5	中4	稍微3	相当2	非常1	评价与分值 \ 调查项目
经营方针正确		65	25	10				经营方针不正确
产品质量好			25	65	10			产品质量差
服务水平高				15	20	65		服务水平低
品牌知名度					20	70	10	品牌知名度低
创新能力强						90	10	创新能力弱
员工素质好			25	50	25			员工素质低
市场占有率高				20	70	10		市场占有率低
企业规模大					25	50	25	企业规模小

表4-1说明该组织的经营方针基本正确，守信用，服务态度较好，但办事效率不高，创新能力不强。根据上述情况，该组织应该在开拓创新、提高效率上下工夫，以改善组织形象。

3. 分析比较形象差距

在分析组织形象形成原因的基础上，可进一步分析比较期望中的组织形象和实际形象，并制成形象内容间距图。方法是将组织形象内容表上表示不同程度评价的7个档次相应地数字化，成为数值标尺，用10表示非常差，20表示相当差，依次类推，用70表示非常好。再根据调查表上的统计数字，算出公众对每一个调查项目的加权平均值，将各个平均值分别标定在数字标尺对应点上，连接各点，就成为组织的形象曲线。

计算加权平均值的一般公式如下：

$$x_w = \frac{w_1 x_1 + w_2 x_2 + \cdots + w_i x_i}{w_1 + w_2 + \cdots + w_i}$$

公式中，X 为所求加权平均值，W（=1，2，…，n）是第 i 个调查值的对应权数。由于在组织形象内容表中的各个数值都是用百分数表示的，在左右两端与中间档次共为7个的情况下，每一个调查项目的全部数字之和为 $W_1 + W_2 + \cdots + W_z = 100$，所以上面的一般公式可以简化为

$$x_w = \frac{w_1 x_1 + w_2 x_2 + \cdots + w_7 x_7}{w_1 + w_2 + \cdots + w_7}$$

例如，我们根据上面的组织形象内容表的调查数据，计算经营方针项目的加权平均值是：

$$经营方针的加权平均值 = \frac{60 \times 10 + 50 \times 20 + 40 \times 70}{100} = 44$$

用同样的公式我们可以计算其他各个调查项目的平均值。这样，我们根据上面的组织形象内容表，可得出组织形象曲线，如图 4-2 所示。

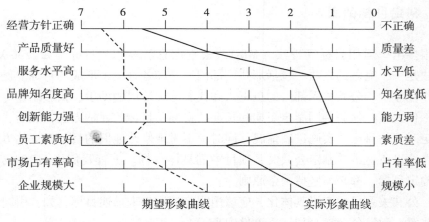

图 4-2　组织形象间隔图

图 4-2 中的实线表示组织的实际形象，虚线表示组织的自我期望形象（在制订社会年度计划时作出），两线之间的差距即为形象差距。

第二节　制定目标

在公共关系传播过程中，制定公共关系目标是其中最重要的一环，它们是公共关系活动中想要达到的目标体系。目标是实施公共关系活动的原因所在，目标是广义的还是狭义的，是长期的还是短期的，是由目标本身决定的。

罗素·卡利（Russell Colley，1961）在其一篇里程碑式的文章中提出了制定目标的若干益处。

① 当人们对他们试图实现的目标有一个清晰的想法时，他们工作得更出色。他们知道向哪里瞄准，而且对应该着手解决的问题有更好的想法。

② 促销本质上是一个不确定的、主观的过程。任何一个引进客观现实的机会都应该被利用。

③ 因为传播工作涉及很多专家，所以让这些专家一同工作来制定他们理解的目标是有必要的。目标减少无用的努力并使团队始终能有的放矢。

④ 根据目标可以对结果进行量化的评估，并且更优化地配置资源。通过对过去绩效的了解，组织能够更深入地了解未来预算的分配。

卡利同时强调，通过改善客户与公司之间的沟通，目标的利用可以改善二者之间的关系。此外，它在内部人员之间产生了更好的理解。在主观性和不明确性能够轻易地破坏生产率、效率和效果的领域内，通过仔细地确认目标，同时重要的是将其以书面形式表达并且得到通过，明确性、透明度和客观性都得到了提高。简单地讲，目标是策划过程中至关重要的一部分，而且使战略得以确定。对所有相关事务，它都协助给出方向，并且为评价业绩提供了手段。遗憾的是，并非所有的目标都是同样的好。

一、 制定目标的原则

现在很多组织运用目标管理法（MBO）去制定总目标和分目标，如公共关系部门。目标管理法是一个完善的方法，包括那些由部门领导和各级员工形成的目标。例如，在公共关系工作程序中，公共关系部门的负责人和代表管理阶层的助手、摄影制作专业工作人员和其他工作人员，他们共同制定短期和长期的目标及目标的评估方法，然后，两方面互相配合，定时评估目标的实施进展情况，同时，不时地修改他们的目标及评估方法。

本书在这里所讨论的制定公共关系项目中的具体目标。不管我们用 MBO 或其他传统的方式来确定目标，都必须坚持两条原则。

首先，公共关系目标应当具体化，应该用明确的语句来描述目标，如：引起公众对某一件事的注意；激发公众参与到这一事件中来。

其次，公共关系目标应具有可评估性。为了方便评估，可用容易进行衡量的语句来描述目标、确定目标的完成时间。如这些目标可以描述为：在 10 月份通过地方日报、电视台、广播电台向公众宣传某事件。在 5 月 15 日，至少使 1500 人参与到事件中去。

上述两个目标都可以进行精确的衡量：第一个方面可以通过广播媒体、网络监测服务来进行评估。第二个方面可以通过实际参与人数或售票情况来评估。

在公共关系项目中，有两种最基本的目标类型：影响目标和工作目标。相比较来说，影响目标要比工作目标重要，但是在每种类型中，活动没有先后次序之分。例如，在公共系统活动中，没有必要在活动开展前，就大量地宣传。在具体活动中，重要与不重要完全根据具体情况而定。

二、 影响目标

影响目标有三种：信息影响目标、态度影响目标及行为影响目标。之所以称为影响目标是因为它们代表公共系统项目所期望产生的影响。

1. 信息影响目标

信息影响目标包括信息传播、公众对信息的接受和记忆三个步骤。如公共关系人员想宣传下一个行动或事件，交流经验或其他形式的信息，或想让公众知道一个非争议性的话题。下面是三个信息层面上目标的实例。

① （在 5 月份）提高社区各部门对公众意见信访室的了解度。

② 在 3 个月的安全生产竞赛活动中，提高员工对安全生产程序的了解度。

③ 通过对 8 月份世界杯体育赛事的赞助，增强社会大众对本品牌的知晓率和提及度。

2. 态度影响目标

态度影响目标在于改变公众对组织机构及其产品、工作及服务的态度。主要包括三个方面的内容：形成新态度、强化已有的态度或改变存在的态度。

（1）形成新态度。对于一个新的组织机构，公众也许没有一点认识，此时公共关系的任务就是提高这个机构的知名度，并在公众心目中留下良好的形象。下面是两个目标的示例。

① （在开幕仪式上，使25%的顾客）对新开张的商店有一个良好的印象。

② （在第一年内，使80%的员工）提高对公司新的退休政策的认可程度。

需要强调的是要树立一个新形象，仅仅适用于那些没有争议的组织和活动。一些新组织或活动一经产生，立刻就能产生强力的反响。在这种情况下，制定加强或转变公众态度的目标更为合适。

（2）强化已有的态度。目标公众可能对组织有一点好的印象，却很不稳定。在这种情况下，公共关系应该试图通过各种方法、事件来加强这种态度。如：（在3月份和4月份，通过其80%的捐赠活动）强化某一非营利组织在公众心中正面的形象。

（3）改变或颠倒（通常是负面的）已有的态度。在此种情况下，公共关系人员需要谨慎从事，不要为一个"不可能实现的目标"去浪费时间和金钱。当然，在公共关系中，完全扭转已有的认识和态度是很困难的。一般来说，态度或行为的转变需要时间，他不可能通过一个短期的公共关系活动来实现。公共关系先驱艾维·李花费了这么多年的时间才改变公众对约翰·D. 洛克菲勒的态度。最终，艾维·李成功地改变了公众对约翰·D. 洛克菲勒的看法，从对科罗拉多矿工的死受到谴责的罪人而转变为一个受人爱戴的慈善家。

3. 行为影响目标

行为影响目标涉及改变对机构的态度，像态度改变一样，行为的改变有新的行为的产生、新行为的强化或者机构的不利行为的改变。

下面是产生新行为的示例：

① （在8月10日之前，是机构内85%的员工）接受新的安全措施。

② （在未来两年内）说服65%的50多岁的人定期做身体检查。

③ （在现行政策下）鼓励农户采取科学技术种植作物。

提高或强化已存在的积极行为目标示例如下：

① （在今年内）鼓励更多的开车者使用安全带（提高40%）。

② （在广大农村）提高农民对计划生育的认识（提高60%）。

转变消极行为的目标示例如下：

① （在6个月时间内）减少工业企业（30%）随意排污的行为。

② （在未来3个月）说服偏远农村家庭（90%）送女孩上学。

三、 工作目标

工作目标，在目标类型中是较低一级的目标，代表了需要做的工作。也就是说，发布信息与进行传播活动。工作目标是指项目所要达到的结果目标（或输出目标）。在公共关系活动中，他们常作为一种类型的工作目标而存在。公共关系负责人也许只制定影响目标。这看起来是很适合的方法，因为这种目标更具体化和量化。例如：在 5 月 10 日之前，在地区主要媒体上，如日报、电视台及其他的 3 个主要广播电视台上发布一条消息；在 12 月 15 日之前，在北京、上海、深圳、武汉、南京 5 个主要城市召开的销售人员大会上做一次重要的口头演讲。

通过实际发布给地区电台或电视台的数量和口头演讲的数量，目标的评估就变得很容易，还可以制定目标完成的时间计划。

有些公共关系从业人员在公共关系活动中仅仅制定工作目标。这种做法的有利之处在于制定了明确具体的可实现的量化目标，一旦这些目标实现了，公共关系人员就可以宣称自己成功了。不幸的是，工作目标与实际的公共关系项目对公众的实际影响力是没有直接关联的。为此，我们必须关注更重要的目标类型——影响目标。

这里所谈到的目标，是在进行调查之后制定的。像前文提到的一样，调查资料的内容不能超出公众所接触的信息范围。这就要求在公共关系项目中有信息目标。假如公众对组织机构很陌生，了解很少或者在其心中的形象是负面的，根据这些情况公共关系人员制定相应的态度影响目标。假如目标公众的行为还未形成，还处于萌芽的状态，公共关系人员根据情况来制定恰当的行为影响目标。公众的媒体消费习惯，可能对于形成项目目标没有直接的作用，但是它对实施传播过程中选择合适的媒体很有帮助。

在公共关系传播的过程中，目标制定在先，对项目决策具有决定性的意义。传播实施过程是最好验证目标效果的方法。

公共关系目标的层次如下。

- 影响目标
- 信息目标
    - 信息传播
    - 信息接收
    - 信息记忆
- 态度目标
    - 态度萌芽
    - 态度加强
    - 态度改变
- 行为目标
    - 行为萌芽
    - 行为加强
    - 行为转变
- 工作目标
    - 向大众媒体传播目标信息
    - 向自办媒体传播目标信息或实施方案

第三节 传播实施

案例

某公司宣传其新型保险柜的卓越功能，登出一则这样的广告："10 万美元寻找主人！本公司展厅保险柜里存放有 10 万美元，在不弄响警报器的前提下，各路豪杰可用任何手段拿出享用！"

广告一出，轰动全城。前往一试身手的人形形色色：有工人、学生、工程师、警察和侦探，甚至还有不露声色的小偷，但都没有人能够得手。各大报纸连续几天都为此事做免费报道，影响极大。这家公司的保险柜的声誉随之大增。这家保险公司未出一分钱的广告费，却取得了极好的广告效果。这说明了什么？

一个公众关系项目包含主要的内容有：①公共关系项目的主题，即想要传达给公众的中心信息。②安排与策划具体公共关系活动。③选取恰当的媒体：可控还是不可控媒体。④有效展开公共关系活动。⑤排除沟通障碍。

一、 公共关系活动的主题

公共关系活动主题是一个公共关系项目的首要要素。围绕项目的主题，核心策划，把与项目有关的活动和特殊事件结合起来。

公共关系主题应该简明扼要，能给人留下深刻的印象。主题最好不要超过 5 个字。并不是所有的项目都要求有主题的标语，但是一个很简要、富有创造性的主题能给人留下深刻的印象。

一般来说，大多数的公共关系项目都有一个中心广告并附带有标语或主题。在某些情况下，项目可能会出现面对不同公众设计不同的主题活动。公共关系人员应制订出尽可能准确的计划。把握好交流什么，怎么去交流这些问题。

二、 公共关系活动或特殊事件

公共关系活动或特殊事件应与项目的活动主题放在一起综合考虑。通常情况下，虽然组织机构的活动或特殊事件是广告和主题的焦点，但是有的公共关系项目忽略了这一要素，活动主题和信息就成为重心。一般而言，公共关系项目应与活动相配合。一个中心活动或事件可使大多数项目更具有新闻价值，更有趣和更具影响力。开展活动或事件应该求真务实、严肃认真，能吸引公众兴趣。没有真实内容"肤浅的假活动"，有时他们的负面影响远远大于正面影响。如果公共关系活动或事件带有公益事业的性质，则能提高组织机构的知名度。

三、 可控与不可控媒体

公共关系中常用的两种传播媒体是：可控媒体和不可控媒体。

使用不可控媒体必然涉及组织与大众传媒、专业化媒体之间的交流。这样不可控媒体的编辑就成为公共关系的目标公众。公共关系的目标就是发布对组织有利的、正面的新闻报道。大众传媒发布组织信息常见的方式有新闻稿、特写、提供拍照机会和新闻发布会。它们之所以被称作不可控媒体是因为公共关系从业人员无法对活动与事件有影响和控制权。

编辑完全有权决定是否采用，采用多少公共关系人员发来的新闻稿或特写新闻稿。编辑也可以完全无视公共关系人员所有的劳动成果，派出本报的记者去采访或录制材料。组织或公共关系人员并不因媒体采用他们的新闻记事而向媒体索要报酬，因此采用新闻记事与否完全是媒体自己的选择。

相反地，采用可控媒体，是有偿的宣传活动。新闻报道的用词、形式和布局完全由组织机构自己决定。可控媒体的形式包括印刷小册子、时事通讯、报道、视听材料，如影片、投影、幻灯片、胶片软件（基于手提电脑的可以制作幻灯片的软件）及通过开会和采访的交流与沟通。可控媒体还包括为提高组织机构形象的公共关系广告；未标明机构立场的夸大其词的广告及其他形式的非产品宣传广告。信息容量大、应用广泛的、无所不在的网页及网址是必不可少的宣传形式。

四、 有效的沟通

公共关系活动的最后一环是如何高效地开展公共关系活动。在实践中，我们发现信息的来源、信息本身状况、信息的渠道、信息的接收者及反馈都是有效沟通的影响因素。也就是说，有效的沟通依赖于：信息的可信度（可靠度）；信息的新颖性；有效的非语言沟通和有效的语言沟通；双向式沟通；群体的影响；有针对性的宣传活动；公众的参与（反馈）。

1. 信息的可信度（可靠度）

整个公共关系活动的成败主要取决于信息的来源（出处）及公众对组织发言人的认可程度，可信度取决于公众对所接受的信息的接受程度。在媒体上具有可信度的代言人一般来说要具有可信赖性、权威性。这些特点是公共关系人员在选择代言人时应遵循的指导方针。很明显，建立在消息来源具有很高可靠性基础之上的交流，对公共关系项目来说是最重要的。

2. 信息的新颖性

为达到有效的沟通需采用新颖且有吸引力的信息，这些信息可能影响人们固有的看法。这也从另一方面说明信息必须具有刺激性——它必须击中公众的反应之弦。对目标公众没有新意和鼓动性的信息应该舍弃。

3. 有效的非语言沟通

在公共关系活动中，有效沟通还必须运用恰当的非语言信息。有很多著述从不同角度强调了非语言信息的重要性。为了有效实施传播，公共关系人员应该仔细地分析组织活动或特殊事件的本质，它是整个公共关系活动的基础。

选择恰当的标志去代表组织或目标是最重要的非语言沟通方式。这就涉及环境或氛围、公众参与的热心程度、参与的人员、邀请的客人背景、个人交流的方式的特点。这些都应该精心安排。对于组织来说，这些都是沟通成功与否必不可少的细节。

4. 有效的语言沟通

第四个传播的指导方针是运用有效的语言信息或发布真实信息。有效的语言最显著的两个特点是明了和明确。

毋庸置疑，信息的表达必须准确。在公共关系项目中，用词必须准确，所以公共关系人员有时需要借助于词典或辞典。在实际开展公共关系活动之前，应首先对小部分公众进行测验来消除歧义。除了准确外，语言还要清晰。最后语言连贯是语言清晰的另一重要因素。语言的逻辑关系必须清晰，简单的短句比复杂的长句更有利于语言的前后连贯，清晰的过渡和小结都有前后连贯的效果。因此，准确、简单和连贯是使语言清晰明了的主要因素。

语言还应该符合不同的客户、公众的身份，适合不同的场合。假如组织机构是重要银行等单位，太过口语化的语言就不恰当。快餐连锁店和旅馆的语言风格会截然不同。同样的，语言也应适合不同的目标公众。很明显，老年人和年轻人的语言不同，不同的场合要求不同风格的语言。因此，有效的语言沟通有两个主要的要求，那就是准确和清晰。

5. 双向式沟通

有效的沟通应该是双向的。以前，沟通被认为具有单向性，就是通过一种方式、渠道把信息从源头传到目标公众，在目标公众接收到信息时，就认为沟通结束了。然而，今天，公众关系人员必须坚持双向沟通：要能接收到公众的反馈信息。总之，像前述公众参与原则论那样，沟通应该是双向的。

可以采用意见箱、反馈卡、编辑信箱的形式与公众进行交流。然而，最有效的双向沟通方式是人与人之间面对面的交流。有提问于解答的演讲、小组会议都是有效的面对面交流形式。通常，把目标公众分成小组提供人与人之间交流的更多的机会。因为交流双方充分地接触，所以是最有效的沟通形式。

6. 群体的影响

群体影响力是另一种有效的沟通方式。每个人总是属于各种方式或非正式的群体。重要的群体，总是对他们的成员有着巨大的影响。它会使成员感受到一种凝聚力，有一种归属感。他们相互面对面地交流和彼此影响。他们共同遵守一定的规范和准则。

公共关系人员的任务就是寻求和确定对于组织来说最重要的目标公众。与前面的相似，应该制作目标公众的列表目录。保持联系，应该通过演讲或演出以及其他各种有效的方法与这些团体保持联系。团体的领导接受组织的信息或立场将会影响整个团体。团体的凝聚力和向心力，使这种传播方式很有效。

7. 有针对性的宣传活动

公共关系目标包括改变公众的态度及行为。而改变已有的态度或行为，难度有点大。

这是因为人们总是易于接受他们认为正确的信息。

很显然，在遇到强烈的抵制态度或行为时，想去加以改变是很难的，甚至会产生负面影响。当碰到有争议的问题时，把公众或个人根据问题的态度进行分类，然后进行有针对性的沟通十分必要。

有针对性的公共关系沟通是要求公共关系人员首先要把"积极的"公众作为他们工作目标。其次是"有些积极的"公众。对那些完全持否定态度的公众则不予考虑。

8. 公众的参与（反馈）

最后一条有效传播方式是尽可能地让公众亲身去参与活动，这是唯一的一种交流方式。让公众亲自了解组织提供的服务及产品，去进行自我说服。到目前为止，研究人员发现与其他方式相比，自我说服最具效力。因此，公共关系人员应该尽可能寻找让公众参与的机会。

五、 沟通的障碍

无论公众关系工作制订得多么完善，在实施过程中都难以一帆风顺，许多意想不到的因素常常使计划受阻，这些因素包括传播工具运用不当、方式方法不当、沟通渠道不畅以及其他方面的问题。研究沟通的障碍并加以排除，是有效沟通不可缺少的环节。在公共关系传播过程中，常见的障碍包括以下几个方面。

1. 语言障碍

语言是以语音为物质外壳、以词汇为材料、以语法为结构条理而构成的符号体系。语言与思维不可分离，为人类所独有，是一种特殊的社会现象。离开了语言，人们无法表达情感、交流信息、协调关系，甚至无法生存。

语言又是一种极复杂的工具，想要掌握它绝非易事。由于语言方面的原因造成沟通的麻烦到处可见。不用说不同国度、不同地区的人们因使用不同的语言造成许多误会，这是都使用汉语普通话，也难以避免出现沟通的困难。同样一句话，因重音不同、语气不同、场景不同，人们完全可以对其作不同乃至相反的理解。如"火"，就可以将其理解为吸烟时没有打火机而问别人要火，或看见某处发生火灾向同伴发出警告，或寒冷的夜晚在荒郊野外长途跋涉疲惫至极时看见一星火光而发出的由衷的欢呼。正因为语言障碍普遍存在，在实施公共关系沟通时要特别注意语言的明确性、准确性，防止发生误解。

2. 习俗障碍

习俗即风俗习惯，是在一定文化历史背景下形成的具有固定特点的调整人际关系的社会因素，比如道德习惯、礼节、审美传统等。习俗世代相传，是经过长期重复出现而约定俗成的习惯法。虽然习俗不具有法律一样的强制力，但通过家族、邻里、亲朋和社会的舆论监督，往往迫使人们入乡随俗，即使圣贤也很难例外。

由于民族、地区的不同，习俗也不一样。不同的习俗常常造成沟通中的误解，以致沟通受挫。一位印度人请一位在印度工作的美国人到家里做客。印度人说什么时间都行，由您决定。美国人很高兴地答应了，却迟迟未去。印度人好生奇怪，以为自己不够盛情，再次去邀请，仍由美国人选时间，并且表示随时都欢迎。美国人答应了，又没有去。此事终究未成功。后有知情人告诉他们，印度人请客不约定具体时间，是尊重和友好的表示，而美国人请客则一定约定时间，否则不登门。他们把不约具体时间的请客当成是没有诚意的客气。由此可见，习俗不同会造成很大的误会。

3. 观念障碍

观念是由一定的经验和知识积淀而成，是一定社会条件下人们接受、信奉并用以指导自己行为的理论和观点。观点本身是沟通的内容之一，同时对沟通有巨大作用。有的观念上是促进沟通的强大动力，有的观念则会阻碍沟通。

观念障碍主要有两大类：封闭观念和极端观念。封闭观念起源于小农经济。自给自足的小农经济只需从事简单劳动，一家一户就是一个生产单位，不需要分工和协作，没有丰富的社会联系。在此基础上，形成了自我封闭观念。这种封闭观念表现为不沟通，这自然对沟通不利。极端观念则是对沟通中的某一环节、方面和特点加以夸大，加以绝对化，而否定其他，排斥其他。当我们应到别人说"绝对是……"或"不可能有别的"时，多半就是极端观念在起作用。

4. 心理障碍

心理障碍是指人的认知、情感、态度等心理因素对沟通造成的障碍。在日常生活中，常常出现由于隐藏的假设不同而导致意见冲突。因此，在沟通过程中，必须时时注意检查自己的各种假设的正误并对对方的假设做出正确的预测。

除了认知方面的障碍之外，情感的失控也会导致沟通受阻。例如感情冲动是往往听不进不同意见；不能摆脱心情压抑状态的人大多数表现出孤僻、不愿与人交往的倾向；状态欠佳也不能取得理想的沟通效果。

5. 组织障碍

合理的组织结构能够有效地进行内外沟通，不合理的组织结构则会成为束缚沟通的枷锁。沟通过程中的组织障碍主要表现在以下几个方面。

第一，传递层次过多造成信息失真。信息在传递过程中，中间环节越多，保真率越低，有时甚至出现最后的信息与原来的信息相比面目全非的情况。因此，在组织机构上减少传递层次，减少信息传递环节，尽量做到"一竿子到底"，是保证沟通准确无误的有效措施。

第二，机构臃肿造成沟通缓慢。机构臃肿，环节众多，信息传递起来又必须每个环节必到，这势必造成沟通缓慢。

第三，条块分割造成沟通中断。条块分割的组织结构，使信息很难畅通无阻。有时，只要有一关通不过，就不能实现沟通。

第四，沟通渠道单一造成信息量不足。这种沟通中的组织障碍主要是指信息的传递基本上单方向的——上情下达。由于缺乏从下往上提建议的渠道，送达决策层的信息量明显不足。

除上述五个方向的障碍外，还有诸如政治障碍、生理障碍、技术障碍、方法障碍等。

要排除以上这些沟通障碍，必须注意以下问题。

第一，要主要缩小信息传播与其目标公众之间的差异。要做到这一点，可采取以下方法：利用与公众所处的社会位置最接近的媒介；利用公众心目中信誉较高的传播媒介；尽量减少与公众在态度方面的冲突；确定大多数公众的立场，表明自己的立场与这些人的立场相一致；发挥"公众细分"的作用，公众细分将会帮助信息传播者得到积极的反应；根据形势需要随时调整反映组织要求的信息。

第二，传播者必须牢记以下基本事实：公众是由许多受到各方面影响的个体构成的；公众乐于接受与他们利益密切相关的信息与他们原有认识、态度相一致的信息；各种大众传播媒介传创造了他们各自的公众社区；大众传播媒介所产生的社会影响并非都可以测量出来。

总之，公共关系传播过程的内容有策划、确定主题与信息，策划重大活动或特殊事件，选用传播媒体，遵循有效传播原则和排除沟通障碍等方面。

 案例

福娃是 2008 年第 29 届北京奥运会吉祥物，福娃是五个可爱的亲密小伙伴。他们的造型融入了鱼、大熊猫、藏羚羊、燕子以及奥林匹克圣火的形象。其色彩与灵感来源于奥林匹克五环、来源于中国辽阔的山川大地、江河湖海和人们喜爱的动物形象。每个娃娃都有一个朗朗上口的名字："贝贝"、"晶晶"、"欢欢"、"迎迎"和"妮妮"，在中国，叠音名字是对孩子表达喜爱的一种传统方式。当把五个娃娃的名字连在一起。你会读出北京对世界的盛情邀请"北京欢迎你"。每个娃娃都代表着一个美好的祝愿：繁荣、欢乐、激情、健康与好运，福娃代表了梦想以及中国人民的渴望，它们的原型和头饰蕴涵着与海洋、森林、天空、大地和圣火的联系，其形象设计应用了中国传统艺术的表现方式，展现了中国的灿烂文化。福娃向世界各地的孩子们传播友谊、和平积极进取的精神和人与自然和谐相处的美好愿望，带着北京的盛情，将祝福带往世界各个角落，邀请各国人民共聚北京，欢庆 2008 奥运盛典。

第四节 结果评估

 案例

2009 年，澳大利亚的昆士兰州举办了世界范围内的招募工作，受聘者将获得为期 6 个月的高薪工作，主要工作内容是在这个热带岛屿上旅游。它通过报纸、网站和社会媒体来刊登广告，宣称这是"世界上最好的工作"。

这份工作的工资是 15 万澳元，成功的申请者可以免费从自己的家乡飞到哈密尔顿岛，福利包括带 3 个卧室和独立游泳池的住宅及一辆可以在沙滩行驶的高尔夫球车。受聘者的主要工作很简单，包括喂鱼、游泳、潜水、划船等，每周写博客、上传视频、接受媒体采访，向全球宣传大堡礁。

但并不是所有申请者都可以获得这份工作。根据广告，候选人需要满足以下条件：

- 需要具备出色的沟通能力。
- 需要熟悉英语口语和英语书写。
- 不可以太害羞。
- 需要愿意时刻和媒体交流他们在做什么。
- 需要热爱大海、阳光和户外运动。
- 需要对探索大堡礁有强烈的兴趣，在这里游泳、潜水，并且过真正的岛上生活。

（1）挑选标准。

在一次访谈中，昆士兰旅游局的CEO海耶斯讲述了挑选的标准。他说好看的外表并不是挑选的条件，候选人需要天生善于沟通，乐意在大堡礁旅游并且分享他遇到的每个冒险，通过博客或者视频向全世界介绍大堡礁是一个适合旅游的好地方。

当被问到找一个不认识的人作昆士兰州的代言人是否会产生风险时，旅游局部长波尔斯说："我认为最大的风险是当受聘者结束在岛上6个月的工作时，他会不愿意回家。这是一个适合于任何人的好工作。"

（2）事件背后。

发布"世界上最好的工作"这则广告是一个暗藏的玄机。昆士兰旅游局并不是单单在寻找一个护岛人。它的主要目的是为了在这次活动中吸引40万的网站访问者。在最初的30个小时里他们实现了这个目标。第二天，这个网站已经获得了100万的访问量。为了保证网站正常，他们不得不使用10个网络服务器。

除了保证这个州每年180亿澳元的旅游收入，昆士兰旅游局的第二个目标就是刺激顾客来澳大利亚。当时，全球的旅游行业都因为经济危机而不景气。他们希望通过这次招募活动吸引顾客来大堡礁旅游，然后带动澳大利亚其他旅游景点的收入。因此。这个活动仅是170万澳元推动计划的一部分。

（3）效果。

这次活动的效果好得惊人。以下是比较突出的几点：

- 昆士兰旅游局宣称这则广告至少为该区域创造了7000万澳元的收入。

评估是指对方案的准备、实施和结果进行评价。根据"我们现在进行得怎样或我们曾经做得怎样"来决定是否调整、继续执行或停止方案的执行。公共关系管理是一个科学、完整的过程，传播信息和采取行动本身并不意味着终结，它们只是达到目的的手段。一个具体的公共关系项目及其管理的终结性标志是目标的达成，即在方案中详细阐述过的要达到的结果。

结果评估是公共关系管理流程的最后一步，是对项目有效性的评估。通过结果评估可以衡量公共关系对组织实现使命和目标的贡献，提高组织的竞争力，从而证明公共关系项目及其管理的效力和影响力。一个完整的项目评估包括这样几个层次：准备评估、实施评估和影响评估。准备评估是测评信息和战略性计划的质量和完备性；实施评估是要用文件证明策略和努力是否充分适当；影响评估则提供对项目结果的反馈。每一层次的评估都有不同的标准，我们称之为公共关系结果评估的层次评估模型（见图4-3）。

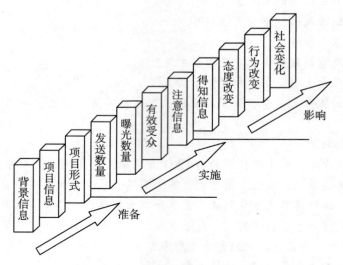

图 4-3　公共关系评估标准层次模型

一、准备评估标准与方法

（1）准备评估标准。

准备评估标准应用于公共关系管理的准备阶段。这里的准备阶段指公共关系项目实施前的所有环节和程序，主要与调查研究这一获取信息阶段相吻合。准备评估的标准有三个。

一是背景信息评估，即评价在调查研究的准备阶段，信息搜集和情报准备步骤是否充分，包括组织和环境的背景信息是否充分，问题定位信息是否充分，公众态度信息和行为信息是否充分。

二是项目材料恰当性评估，即评价公共关系项目结构、内容的组织安排和适当性如何，评价其信息的战略和策略如何，可以针对问题提供建设性意见和批评。

三是项目材料和信息质量评估，即评价信息质量如何，项目材料的包装和表现形式如何。

（2）准备评估方法。

可读性测试经常用于客观评估信息的准备工作。鲁道夫·弗莱西博士的可读性评分方法提供了一个阅读难度和阅读需要的教育水平的指标。其计算过程要求从文本中随机选取两份 100 个单词的样本。过程如下：

① 计算句子、单词、音节（相当于汉字中的句子、词、字，数字、缩写、符号、带有连字符号的词语都作为单词计算）。

② 用句子的数量除单词（词语）的数量，算出平均句子长度。

③ 用单词数量除音节数（字数）求平均单词长度。

④ 在可读性评分公式中应用这些平均数。用 1.015 乘以平均句子长度，用 84.6 乘以

单词长度，从 206.835 的基线值中减去前两个数字之和。

⑤ 可读性分数 = 206.835 - [（平均句子长度×1.015）+（平均单词长度×84.6）]。
用表 4-2 来预计相对阅读难度。

表 4-2   弗莱西可读性评分解释表

分 数	可 读 性	年 级 水 平
90~100	十分容易	5 年级
80~90	容易	6 年级
70~80	还算容易	7 年级
60~70	简明英语	8、9 年级
50~60	有些困难	10、12 年级
30~50	困难	大学
0~30	十分困难	大学研究生

二、 信息目标的评估

对公共关系信息目标评估的尺度有：信息的宣传力度、信息接收程度及信息记忆程度。

1. 信息的宣传力度

信息的宣传力度可由传播媒体的选择方式和媒体的监测服务决定。同时还可通过出版物的发行数量和广播数量以及广播电视的收视率来衡量。活动的参与人数也是信息的宣传力度的一个反映指标。最后，信息的宣传力度可用公共关系公司开发的计算机追踪系统去衡量。

2. 信息的接收度

一般来说，信息的接受度或潜在的信息接收度，取决于公共关系项目中宣传品的可读性，信息的难易度，建立在信息中的词句的难易程度以及句子长短的基础上。但调查的目标应该是公众对信息的理解与领悟的程度。

3. 信息的记忆度

信息记忆度可通过问卷法来检测目标公众对于客户信息的了解度。信息记忆度可通过非定量调查法来衡量，但通常采取抽样调查法来了解。

因此，信息的宣传力度、信息接收度、信息记忆度是决定信息有效性的关键因素。严格运用这些指标去衡量评估结果会更精确。

三、 态度目标的评估

态度目标可通过几个完善的调查方式来衡量，其中，最常用的是通过李客特量表和语意差别法两个方式来衡量态度的坚定性和倾向性；同时，它们对评估新态度是否产生或已存在的态度是否加强同样有效。这两种方法都需要在实施公共关系项目前后进行调查，以评估公共关系项目对公众的影响程度。态度目标必须由那些在调查方面受过良好培训和有丰富经验的专家来实施。

四、 行为目标的评估

最后，可通过两种方法评估行为目标，一是可以调查目标公众在接受宣传接受信息前后行为的变化。像态度目标的评估一样，行为目标同样也需要调查评估接受宣传信息前后的变化。封闭式的多项选择题是最常用的评估方法。

二是行为目标的评估方法是简单地观察目标公众的行为，在某些情况下，可通过统计参与特殊事件的公众数量或接收到的反馈电话的数量来获得。在大多数情况下，公众人数不是很多，我们可通过观察他们在接受信息前、中和后的变化来获得。

在调查及观察公众行为两方面，非定量调查法都能提供有用的信息。但为了获得准确的评估结果，定量评估应是非常必要的。

五、 工作目标的评估

除了要对影响目标进行评估外，公共关系人员同样关心工作目标的有效性。工作目标的有效性涉及可控与不可控媒体。它可通过发送给出版部门及广播电视台、电视台的新闻稿数量和与新闻记者接触的次数，对目标公众演讲的次数，发放的出版物数量，与主要公众开会的次数这些指标来评估。在工作目标领域，公共关系人员根据原计划，通过选择不同的传播媒体来完成他们的目标。尽管这些都是很容易实现的目标，然而，当项目的目标被评估完以后，并不意味着这些工作完成了。这些信息对以后公共关系活动，对于处理与不同公共的关系及以后类似短期公共关系活动都很有参考价值。

第五节　公共关系案例欣赏
——《泰坦尼克号》录像带发行策划

为了提高电影《泰坦尼克号》录像带的发行量，布洛博斯影像店延长了营业时间，在店里举行了一场首发夜晚会，并发行了"泰坦尼克号午夜销售奖券"，顾客有可能赢得一个乘豪华游轮去全世界任何地方旅行的机会。

一、 调查研究

影院上座率和以前卖座电影的录像带销售情况，是布洛博斯影像店是否加入未来录像带销售竞争的决定因素。《狮子王》、《杰莉·马格》这两部卖座影片均为布洛博斯影像店创造了录像带销售纪录。由于《泰坦尼克号》在影院的巨大成功，布洛博斯影像店认识到这将成为一个录像带销售的神话并创造破纪录的销售情况。通过对顾客租赁和购买录像带习惯的调查，布洛博斯影像店预先估计好顾客将要租赁和购买的录像带数量并储存了足够数量的录像带，以保证有足够的商品，使布洛博斯影像店成为一个能保证顾客购买到《泰坦尼克号》录像带的地方。调查还显示，如果向顾客暗示，让他相信自己是第一批购买这部电影录像带的人，他们会更愿意购买。因此布洛博斯影像店增加了宣传的鼓动性，又延长了营业时间以确保顾客能够在 9 月 1 日凌晨买到录像带。而且电影观赏模式告诉我们，年轻的女性构成了《泰坦尼克号》观众群的最大部分，布洛博斯影像店的宣传就主要面对这部分观众。另外，它还在全美市场划定了 34 个重点销售区，以便加大在这些城市的宣传力度和与媒体关系的调节。

二、制订计划

1. 影响目标

（1）利用顾客对《泰坦尼克号》影片的热情，吸引他们到布洛博斯影像店来。

（2）通过《泰坦尼克号》录像带的发行，提高布洛博斯影像店的交易额和销售收入。

（3）通过足够的《泰坦尼克号》录像带的供应，提高布洛博斯影像店的媒体曝光率。

（4）保持《泰坦尼克号》录像带预售市场的份额。

（5）在竞争中，要显示一点与众不同之处。

（6）确立布洛博斯影像店在影像业领军人物形象。

（7）提高布洛博斯影像店礼品卡的知名度。

2. 工作目标

（1）录像带正式发行前预售至少 50 万盒。

（2）在其他影像店铺预售之前向顾客提供《泰坦尼克号》录像带。

（3）通过大力宣传或举行各种活动将至少 50 万位顾客吸引到全美的布洛博斯影像店来，并鼓励他们购买或租赁《泰坦尼克号》录像带。

（4）为布洛博斯影像店获取至少价值 200 万美元的免费媒体曝光。

3. 工作步骤

公共关系小组把在每个分店组织的布洛博斯影像《泰坦尼克号》午夜销售活动用电台以及"视觉"媒体联系起来，保证每个市场的参加人数和强大的视觉冲击效果。对布洛博斯影像店的公共关系小组来说，这次午夜销售和"泰坦尼克号主题晚会"是一个极好的提高媒体曝光率的机会，因为晚会就在晚间新闻播出期间，各个电视台都能在现场找到很好的报道素材。由于各个销售区及媒体相距较远，公共关系小组负责管理一个全国性的媒体新闻发布，随时对布洛博斯影像店的各种活动发布新闻。而且在每个城市还有布洛博斯影像店的发言人。当然，布洛博斯影像公司所有的努力都是为了《泰坦尼克号》录像带的顺利发行。

全国范围内 4000 家布洛博斯影像商店的停业时间延长至凌晨 2 点。这样做有两个主要原因。第一，可以在 9 月 18 日凌晨 12：01 向顾客提供等待已久的《泰坦尼克号》录像带，保证使他们成为在不违反录像发行期限的前提下成为第一批买到《泰坦尼克号》的人。第二，保证首发晚会成为媒体关注的焦点，提供方便的采访机会并创造强大的视觉效果，使这次活动成为 1998 年文化界的一件美谈。

为了进一步吸引顾客光顾布洛博斯影像店，影像店会向店中前 100 名购买或租赁《泰坦尼克号》录像带的顾客赠送"泰坦尼克号"船票的复印件，如果顾客在 24 小时内按照上面的指示拨打电话 1-888-521-6754 就有机会赢得乘坐豪华游轮去全世界任何地方旅游的大奖，或是派拉蒙卡罗文主题公园游的机会。这种参加奖券的限量发行会促使顾客们在发售前几小时就在店外排起长队，这也是新闻媒体报道的好题材。另外，布洛博斯影像店能通过接听免费电话了解参加活动者的情况。

在《泰坦尼克号》发售前，布洛博斯影像公司鼓励顾客们光顾商店，并且储存大量录像带以满足购买需求。购买任何超过 5 美元商品的顾客都会获得一张价值 5 美元的泰坦尼克号纪念礼品卡，用它可以在布洛博斯影像店购买《泰坦尼克号》录影带或任何一种录影带。但预计 5%~7% 的顾客不会使用这张卡，而是将它作为纪念品保存以待增值。事实上，在预售阶段进行的调查表明，75% 的顾客说他们准备保存这张卡。

4. 预算

所有公共关系预算达到 20 万美元，包括公共关系顾问费用、支出和事项花费。

三、 实施传播

为提高"泰坦尼克号午夜销售"的新闻曝光率，布洛博斯影像公司 34 个重点销售区的商店应该尽量成为新闻焦点。店员一律化妆，穿上救生衣，并打扮成影片中的主要人物。"轮船事务长"在门口欢迎进店的顾客，而"招待们"负责上点心。

为了引起大家的兴趣，公共关系小组事先向各新闻媒体发送了传真，声明在每个市场的商店中都会有专门的布洛博斯影像店发言人负责这次午夜销售的解释工作。另外，34 个重点销售区中的公共关系顾问都会在整个事件中负责调节媒体和后勤。考虑到当时电视制作人员必定短缺，布洛博斯影像店在很多城市都临时聘用了电视录像制作人进行多角度拍摄。由于在每个销售区向电视台提供制作来的胶片，电视台关于布洛博斯影像店的新闻必定会大大增加。此外，布洛博斯影像公司事先向媒体免费发送了宣传资料，并与之进行广泛的联系合作，使布洛博斯影像公司发行《泰坦尼克号》录像带成为焦点新闻。在主要销售区，布洛博斯影像公司还同电台合作，获得免费的宣传以得到额外的媒体曝光，从而稳固布洛博斯影像店是买到《泰坦尼克号》最好的地方的印象。在 9 月 1 日中午，也是《泰坦尼克号》录像带发行 12 小时后，布洛博斯影像店举行了一个新闻发布会，宣布"我们已经打破了录像带发行的销售纪录"，从而在当天晚间提高媒体曝光率。

在产品的投放过程中，布洛博斯影像公司在全美雇用了 34 个不同公共关系顾问，在过去这被视为不可能的事情，今天却成了现实。另外，布洛博斯影像公司的信息部还经常召开会议，使各个城市的公共关系小组能够分享经验，从而集中各个不同的专业小组的智慧和创造力。

四、 结果评估

在《泰坦尼克号》录像带的发行中，布洛博斯影像公司在财政和媒体方面投入了前所未有的注意力，当然，"泰坦尼克号午夜销售"也同电影一样，获得了成功，许多分店所在的街区，顾客们已经排起了长队。在芝加哥，警察们不得不在商店周围疏导交通；在洛杉矶，400多人在午夜排队购买录像带。布洛博斯影像店在录像带预售市场中所占的份额一般是2%~3%，但在这次《泰坦尼克号》录像带销售中增长了300%，达到10%的份额。布洛博斯影像店预售了超过价值100万美元《泰坦尼克号》录像带，这不仅是公司历史上销售额的最高纪录，也创造了录像带零售史上的纪录。调查还显示，有17%的预购者以前并不是布洛博斯影像的顾客。

在"泰坦尼克号午夜销售"过程中，平均销售事务较一般营业提高了321%，其中在第1个小时，布洛博斯影像店就接到了顾客要求参加销售奖券活动的电话达86.5万个；还有超过200万的参加了午夜销售的顾客在24小时内打电话要求参加销售奖券活动。布洛博斯影像公司的调查显示，在当晚购买录像带的顾客中有50%表示如果布洛博斯影店的营业时间不延长，他们不会去购买。

所有地方性的媒体都报道了《泰坦尼克号》录像带的发行宣传活动，还有许多记者在晚间10点到11点采访了商店，并报道了顾客在外面排队等待的情况。所有媒体报道的价值超过了900万美元，远远超出预定的200万美元的目标。全国性的主要媒体，包括《今晚娱乐界》、《布鲁伯格》、《今日美国》、《CBS早新闻》、CCN网站、路透社、《ABC今晚全球新闻》、CNBC、CNN、FN、《E! 每日新闻》以及福克斯新闻频道的报道，更进一步树立了布洛博斯影像作为影像业领军人物的形象。

圣地亚哥的新闻广告如下。

圣地亚哥"泰坦尼克号"影迷将成为首批电影录像带的获得者

布洛博斯影像公司希望大家在有史以来最大的录像发行之夜齐聚圣地亚哥分店

事件：布洛博斯影像公司将在8月31号午夜至次日凌晨2：00举行大销售，庆祝派拉蒙影业《泰坦尼克号》录影带的发行（从9月1日开始发行）。它有望创造历史上最大规模的家庭录影带销售纪录。为了让"泰坦尼克号"影迷们不用等到9月1日早晨才能拿到录影带，布洛博斯影像店第一次将正常的营业时间延长。

时间：8月31日，星期一午夜至次日凌晨2：00

地点：圣地亚哥巴尔波大街5820号，92111

这次销售活动将在圣地哥的布洛博斯影像店进行，但只在巴尔波店和吉尼斯店内有媒体发言人。采访随时欢迎，但请事前联系玛丽莎·瓦尔波娜女士，1-888-521-6754。

主角：布洛博斯影像，派拉蒙影业的《泰坦尼克号》。

原因：只有在9月1日凌晨12：01才能够合法获得《泰坦尼克号》录影带。为保证影迷们通过合法途径获得录影带，布洛博斯影像公司决定举行午夜销售活动，并向前 100 位购买的顾客赠送能获很多优惠的奖券。

新闻线索：

- 《泰坦尼克号》影迷排起长队（在午夜！）只为第一个买到影片的录像带。
- 《泰坦尼克号》海报，大量影碟和其他录像带发行纪念品。

资料来源：学网资讯，http://www.xue163.com/wendangku/z3s/f3bg/136g/k33d4bl.html.

 本章思考题

1. 公共关系传播包括哪几个步骤？
2. 为什么公共关系调查在不同机构中会不同？
3. 如何确定目标公众？
4. 如何进行有效沟通？
5. 如何克服沟通中的障碍？
6. 信息目标评估涉及哪几个方面？

实务编

■■ 第 五 章

公共关系策划

◎ 本章提示

　　策划就是关于整体性和未来性的策略规划，它是一个极为复杂的综合性思维工程，包括预测和决策两大步骤，战略策划和战术策划两大内容。策划具有系统性、思维性、智谋性、操作性、变异性、超前性等特征。

　　策划与计划是一组互相关联、密不可分的相关概念，但又存在明显的区别。策划、点子和谋略都是以创意为核心、以智慧为纽带的创造性思维活动，都具有智能性、艺术性和思维性，三者有相通之处，但并不相同。

　　公共关系策划是对公共关系活动项目的形式和内容出谋划策与设计行动方案的过程，它是公共关系活动的最高形式，具有目标性、新奇性、时机性、情感性等特点。公共关系策划的评估标准是政府同意、媒体注意、公众乐意、企业满意。

　　公共关系策划案必须具有科学的预见性、明确的目的性、新颖的创造性和切实的可行性。公共关系策划工具主要包括 PEST 环境分析法、SWOT 分析法、波士顿矩阵、六项思考帽、360 品牌管家、IMC 整合传播工具等。

　　本章提出了公共关系策划案的写作要求和基本格式，以供参考。

　　策划存在于人类社会的各个时段、各种领域，古今中外、政治经济军事以及社会生活中都存在策划的现象。策划就是人们为了特定目标，根据现有条件及其发展趋势，在谋略意识支配下，构思和设计行动方案的思维过程。策划具有很强的目的性，属于功利化行为，力图以最小化的投入，获取最大化的利益。策划既受制于社会特定条件和发展趋势，又受制于自身条件和变化趋势，因此需要科学分析策划环境，充分了解时间和空间的特点。策划需要科学的谋略作指导，就是谋略运筹，追求的是"四两拨千斤"的境界。只有具备良好的谋略意识，策划出来的活动方案才能取得轰动效应和辐射效应，并能快速引起公众的注意与认同。

公共关系策划就是社会组织为了协调公众关系、塑造良好形象，根据社会环境、社会组织和公众的实际情况和发展趋势，借助谋略意识，设计公共关系活动方案和媒体宣传方案的思维过程。为了取得良好的效果，策划公共关系，需要遵循战略优先、准确定位、利益平衡、诚实可信、新颖独特、富有品位、讲究时效、切实可行等原则，根据鲜明主题意识、游戏娱乐意识、情节设计意识、新奇刺激意识、规模效应意识和条件简化意识的要求，设计公共关系的具体运作方案。

第一节　公共关系策划工具

下面介绍几种比较常用的策划工具，它们是 PEST 环境分析法、SWOT 分析法、波士顿矩阵、六顶思考帽。

一、PEST 环境分析法

PEST 环境分析主要是对策划主体当时所处的政治、经济、文化、科技和法律等外在宏观环境进行系统分析研究，其主要功能在于判断外部环境对公关活动的影响。

（1）P 即 politics，政治要素，是指对组织经营活动具有实际与潜在影响的政治力量和有关的法律、法规等因素。当政治制度与体制、政府对组织所经营业务的态度发生变化时，当政府发布了对企业经营具有约束力的法律、法规时，企业的经营战略必须随之做出调整。法律环境主要包括政府制定的对企业经营具有约束力的法律、法规，如反不正当竞争法、税法、环境保护法以及外贸法规等，政治、法律环境实际上是和经济环境密不可分的一组因素。处于竞争中的企业必须仔细研究一下政府和商业有关的政策和思路，如研究国家的税法、反垄断法以及取消某些管制的趋势，同时了解与企业相关的一些国际贸易规则、知识产权法规、劳动保护和社会保障等。这些相关的法律和政策能够影响到各个行业的运作和利润。

具体的影响因素主要有：①企业和政府之间的关系；②环境保护法；③外交状况；④产业政策；⑤专利法；⑥政府财政支出；⑦政府换届；⑧政府预算；⑨政府其他法规。

对企业战略有重要意义的政治和法律变量有：①政府管制；②特种关税；③专利数量；④政府采购规模和政策；⑤进出口限制；⑥税法的修改；⑦专利法的修改；⑧劳动保护法的修改；⑨公司法和合同法的修改；⑩财政与货币政策。

（2）E 即 economic，经济要素，是指一个国家的经济制度、经济结构、产业布局、资源状况、经济发展水平以及未来的经济走势等。构成经济环境的关键要素包括 GDP 的变化发展趋势、利率水平、通货膨胀程度及趋势、失业率、居民可支配收入水平、汇率水平、能源供给成本、市场机制的完善程度、市场需求状况等。由于企业是处于宏观大环境中的微观个体，经济环境决定和影响其自身战略的制定，经济全球化还带来了国家之间经济上的相互依赖性，企业在各种战略的决策过程中还需要关注、搜索、监测、预测和评估本国以外其他国家的经济状况。

企业应重视的经济变量如下：①经济形态；②可支配收入水平；③利率规模经济；④消费模式；⑤政府预算赤字；⑥劳动生产率水平；⑦股票市场趋势；⑧地区之间的收入和消费习惯差别；⑨劳动力及资本输出；⑩财政政策；⑪贷款的难易程度；⑫居民的消费倾向；⑬通货膨胀率；⑭货币市场模式；⑮国民生产总值变化趋势；⑯就业状况；⑰汇率；⑱价格变动；⑲税率；⑳货币政策。

（3）S 即 society，社会要素，是指组织所在社会中成员的民族特征、文化传统、价值观念、宗教信仰、教育水平以及风俗习惯等因素。构成社会环境的要素包括人口规模、年龄结构、种族结构、收入分布、消费结构和水平、人口流动性等。其中人口规模直接影响着一个国家或地区市场的容量，年龄结构则决定消费品的种类及推广方式。

每一个社会都有其核心价值观，它们常常具有高度的持续性，这些价值观和文化传统是历史的沉淀，通过家庭繁衍和社会教育而传播延续的，因此具有相当的稳定性。而一些次价值观是比较容易改变的。每一种文化都是由许多亚文化组成的，它们由共同语言、共同价值观念体系及共同生活经验或生活环境的群体所构成，不同的群体有不同的社会态度、爱好和行为，从而表现出不同的市场需求和不同的消费行为。

不同的国家之间有人文的差异，不同的民族之间同样有差异，文化对于企业战略的影响有时是巨大的。

自然环境是指企业业务涉及地区市场的地理、气候、资源、生态等环境。不同的地区企业由于其所处自然环境的不同，对于企业战略会有一定程度的影响。我国是一个幅员辽阔的国家，这种影响尤其明显，如同一种产品在我国东南部的广东地区其市场的营销战略和西藏等西北高寒地区有较大差距，但很多时候此点会被忽略。

值得企业注意的社会文化因素如下：①企业或行业的特殊利益集团；②对政府的信任程度；③对退休的态度；④社会责任感；⑤对经商的态度；⑥对售后服务的态度；⑦生活方式；⑧公众道德观念；⑨对环境污染的态度；⑩收入差距；⑪购买习惯；⑫对休闲的态度。

（4）T 即 technology，技术要素，技术要素不仅包括那些引起革命性变化的发明，还包括与企业生产有关的新技术、新工艺、新材料的出现和发展趋势以及应用前景。在过去的半个世纪里，最迅速的变化就发生在技术领域，像微软、惠普、通用电气等高技术公司的崛起改变着世界和人类的生活方式。同样，技术领先的医院、大学等非营利性组织，也比没有采用先进技术的同类组织具有更强的竞争力。

PEST 分析至少可以用于四个方面：第一，它是一种使我们系统认识环境的分析方法；第二，它有助于分辨出那些个别的、与某个特定场合相关的关键影响因素；第三，它可以帮助确认一个组织之所以存在的长期驱动力；第四，它是一个纵向历史地并前瞻性地研究外部因素对组织产生不同影响的框架，它有助于对未来的预测，有助于判断 PEST 因素变化时采取哪些政策和措施是适当的。

二、SWOT 分析法

SWOT 分析法由美国哈佛大学 K. J. 安德鲁斯教授于 1971 年提出的。它是市场营销管理中经常使用的一种功能强大的分析工具，常常被用于制定集团发展战略和分析竞争对手情况，是战略分析中最常用的方法之一。在职业生涯规划中，可以作为个体检查技能、能力、职业、兴趣和职业机会的有用工具。

所谓 SWOT 分析，即基于内外部竞争环境和竞争条件下的态势分析，就是将与研究对象密切相关的各种主要内部优势、劣势和外部的机会和威胁等，通过调查列举出来，并依照矩阵形式排列，然后用系统分析的思想，把各种因素相互匹配起来加以分析，从中得出一系列相应的结论，而结论通常带有一定的决策性。

运用这种方法，可以对研究对象所处的情景进行全面、系统、准确的研究，从而根据研究结果制定相应的发展战略、计划以及对策等。

SWOT 分析法是一种综合考虑企业内部条件和外部环境的各种因素，进行系统评价从而选择最佳经营战略的方法。S 是指企业内部的优势（strengths）；W 是指企业内部的劣势（weakness）；O 是指企业外部环境的机会（opportunities）；T 是指企业外部环境的威胁（threats）。按照企业竞争战略的完整概念，战略应是一个企业"能够做的"（组织的强项和弱项）和"可能做的"（环境的机会和威胁）之间的有机组合。

企业内部的优势和劣势是相对于竞争对手而言的，一般表现在企业的资金、技术、设备、职工素质、产品、市场、管理技能等方面。判断企业内部的优势和劣势一般有两项标准：一是单项的优势和劣势；二是综合的优势和劣势。为了评估企业的综合优势和劣势。应选定一些重要因素，加以评估打分，然后根据其重要程度加权确定。

企业外部的机会是指环境中对企业有利的因素，如政府支持、高新技术的应用、良好的购买者和供应者关系等。企业外部的威胁是指环境中对企业不利的因素，如新竞争对手的出现、市场增长率缓慢、购买者和供应者讨价还价增强、技术老化等。这些是影响企业当前竞争地位或影响企业未来竞争地位的主要障碍。

1. 优势与劣势分析（SW）

由于企业是一个整体，并且由于竞争优势来源的广泛性，在做优劣势分析时必须从整个价值链的每个环节上，将企业与竞争对手做详细的对比。如产品是否新颖，制造工艺是否复杂，销售渠道是否畅通，以及价格是否具有竞争性等。如果一个企业在某一方面或几个方面的优势正是该行业企业应具备的关键成功要素，那么，该企业的综合竞争优势也许就强一些。需要指出的是，衡量一个企业及其产品是否具有竞争优势，只能站在现有潜在用户角度上，而不是站在企业的角度上。

2. 机会与威胁分析（OT）

比如当前社会上流行的盗版威胁：盗版替代品限定了公司产品的最高价，替代品对公司不仅有威胁，可能也带来机会。企业必须分析，替代品给公司的产品或服务带来的是"灭顶之灾"，还是提供了更高的利润或价值；购买者转而购买替代品的转移成本；公司可以采取什么措施来降低成本或增加附加值来降低消费者购买盗版替代品的风险。

3. 整体分析

从整体上看，SWOT 可以分为两部分：第一部分为 SW，主要用来分析内部条件；第二部分为 OT，主要用来分析外部条件。利用这种方法可以从中找出对自己有利的、值得发扬的因素，以及对自己不利的、要避开的东西，发现存在的问题，找出解决办法，并明确以后的发展方向。根据这个分析，可以将问题按轻重缓急分类，明确哪些是急需解决的问题，哪些是可以稍微拖后一点儿的事情，哪些属于战略目标上的障碍，哪些属于战术上的问题，并将这些研究对象列举出来，依照矩阵形式排列，然后用系统分析的所想，把各种因素相互匹配起来加以分析，从中得出一系列相应的结论而结论通常带有一定的决策性，有利于领导者和管理者做出较正确的决策和规划。

优劣势分析主要是着眼于企业自身的实力及其与竞争对手的比较，而机会和威胁分析将注意力放在外部环境的变化及对企业的可能影响上。在分析时，应把所有的内部因素（优劣势）集中在一起，然后用外部的力量来对这些因素进行评估。

SWOT 分析法常常被用于制定集团发展战略和分析竞争对手情况，在战略分析中，它是最常用的方法之一。进行 SWOT 分析时，主要有以下几个方面的内容，如表 5-1 所示。

表 5-1　　　　　　　　　　　　　　　**SWOT 分析内容**

潜在资源力量	潜在资源弱点	公司潜在机会	外部潜在威胁
有利的战略	没有明确的战略导向	服务独特的客户群体	强势竞争者的进入
有利的金融环境	陈旧的设备	新的地理区域的扩张	替代品引起的销售下降
有利的品牌形象和美誉	超额负债与恐怖的资产负债表	产品组合的扩张	市场增长的减缓
被广泛认可的市场领导地位	超越竞争对手的高额成本	核心技能向产品组合的转化	交换率和贸易政策的不利转换
专利技术	缺少关键技能和资格能力	垂直整合的战略形式	由新规则引起的成本增加
成本优势	利润的损失部分	分享竞争对手的市场资源	商业周期的影响
强势广告	内在的运作困境	竞争对手的支持	客户和供应商的杠杆作用的加强
产品创新技能	落后的 R&D 能力	战略联盟与并购带来的超额覆盖	消费者购买需求的下降
优质客户服务	过分狭窄的产品组合	新技术开发同路	人口与环境的变化
优质产品质量	市场规划能力的缺乏	品牌形象拓展的通路	
战略联盟与并购			

（1）分析环境因素。

运用各种调查研究方法，分析出公司所处的各种环境因素，即外部环境因素和内部能力因素。外部环境因素包括机会因素和威胁因素，它们是外部环境对公司的发展直接有影响的有利和不利因素，属于客观因素，内部环境因素包括优势因素和弱点因素，它们是公司在其发展中自身存在的积极和消极因素，属主动因素，在调查分析这些因素时，不仅要考虑到历史与现状，而且更要考虑未来发展问题。

优势，是组织机构的内部因素，具体包括：有利的竞争态势；充足的财政来源；良好的企业形象；技术力量；规模经济；产品质量；市场份额；成本优势；广告攻势等。

劣势，也是组织机构的内部因素，具体包括：设备老化；管理混乱；缺少关键技术；研究开发落后；资金短缺；经营不善；产品积压；竞争力差等。

机会，是组织机构的外部因素，具体包括：新产品；新市场；新需求；外国市场壁垒解除；竞争对手失误等。

威胁，也是组织机构的外部因素，具体包括：新的竞争对手；替代产品增多；市场紧缩；行业政策变化；经济衰退；客户偏好改变；突发事件等。

SWOT 方法的优点在于考虑问题全面，是一种系统思维，而且可以把对问题的"诊断"和"开处方"紧密结合在一起，条理清楚，便于检验。

（2）构造 SWOT 矩阵。

将调查得出的各种因素根据轻重缓急或影响程度等排序方式，构造 SWOT 矩阵。在此过程中，将那些对公司发展有直接的、重要的、大量的、迫切的、久远的影响因素优先排列出来，而将那些间接的、次要的、少许的、不急的、短暂的影响因素排列在后面。

（3）制订行动计划。

在完成环境因素分析和 SWOT 矩阵的构造后，便可以制订相应的行动计划。制订计划的基本思路是：发挥优势因素，克服弱点因素，利用机会因素，化解威胁因素；考虑过去，立足当前，着眼未来。运用系统分析的综合分析方法，将排列与考虑的各种环境因素相互匹配起来加以组合，得出一系列公司未来发展的可选择对策。

（4）规则编辑。成功应用 SWOT 分析法的简单规则：

① 进行 SWOT 分析的时候必须对公司的优势与劣势有客观的认识。

② 进行 SWOT 分析的时候必须区分公司的现状与前景。

③ 进行 SWOT 分析的时候必须考虑全面。.

④ 进行 SWOT 分析的时候必须与竞争对手进行比较，比如优于或是劣于你的竞争对手。

⑤ 保持 SWOT 分析法的简洁化，避免复杂化与过度分析。

⑥ SWOT 分析法因人而异。

SWOT 分析法可以通过以下三个步骤来完成。

（1）分析环境（见表 5-2）。

环境包括内部环境和外部环境。内部环境指能力、优势等因素，外部环境指社会、家庭、行业状况、就业形势等因素。

（2）构建 SWOT 矩阵（见表 5-3）。

将优势、劣势、机会和威胁四个方面的因素按照对职业生涯决策的影响程度进行排列，建立 SWOT 矩阵。从矩阵中可以清晰地看到自己的优势和竞争力，从而确定自身发展的方向，同时也可以看到自身的不足和外在威胁因素，从而为提升自己找到依据。

（3）组合决策类型。

遵循内部因素与外部因素相结合的原则，组合出四种类型：机会—优势（OS）、机会—劣势（OW）、威胁—优势（TS）、威胁—劣势（TW）。构建组合的目的是制定出相应的策略，发挥优势因素、利用机会因素、克服劣势因素、化解威胁因素。

① OS 策略，即机会优势策略，目的在于使这两个因素趋于最大作用的发挥。

② TS 策略，即威胁优势策略，目的是努力发挥优势因素，弱化威胁因素。

③ OW 策略，即机会劣势策略，目的是努力使劣势因素趋于最小化，使机遇趋于最大化。

④ TW 策略，即威胁劣势策略，目的是使这两个因素都趋于最小。

表 5-2   **SWOT 分析考虑的因素**

	优势 （指个体可控并可利用的内在积极因素）	劣势 （指个体可控并经努力改善的内在消极因素）
内部因素	1. 工作经验 2. 教育背景 3. 丰富的专业知识和技能 4. 特定的可转移技巧（如沟通、团队合作、领导能力等） 5. 人格特性（如职业道德、自我约束、承受工作压力的能力、创造性、乐观等） 6. 广泛的个人关系网络 7. 在专业组织中的影响力 ……	1. 缺乏工作经验 2. 学习成绩较差或一般 3. 缺乏目标，且对自我的认识不足和对工作的认识十分不足 4. 较差的能力（如领导能力、人际交往能力、沟通能力和团队合作能力） 5. 较差的寻找工作的能力 6. 负面的人格特性（如职业道德较差、缺乏自律、缺少工作动机、害羞、性格暴躁等） ……
	机会 （指个体不可控但可以利用的外部积极因素）	威胁 （指个体不可控但可以使其弱化的外部消极因素）
外部因素	1. 国家政策 2. 就业机会增加 3. 专业领域急需人才 4. 专业晋升机会 5. 职业道路选择带来的独特机会 6. 地理位置的优势 7. 强大的关系网络 8. 社会认可度较高 ……	1. 就业机会减少 2. 由同专业的大学毕业生带来的竞争 3. 具有丰富技能、经验、知识的竞争者 4. 名校毕业的竞争者 5. 专业领域发展前景不乐观 ……

表 5-3   **SWOT 矩阵**

内部因素 外部因素	优势 1. 2. 3.	劣势 1. 2. 3.
机会 1. 2. 3.	机会—优势 1. 2. 3.	机会—劣势 1. 2. 3.
威胁 1. 2. 3.	威胁—优势 1. 2. 3.	威胁—劣势 1. 2. 3.

三、 波士顿矩阵

(一) 波士顿矩阵的基本原理

波士顿矩阵分析法（BCG Matrix）由美国大型商业咨询公司——波士顿咨询集团（Boston Consulting Group）提出，又称为波士顿咨询集团法，由于它是一种规划企业产品组合的方法，又称为增长率—市场份额矩阵法、产品系列结构管理法。

选择战略组合的关键问题是企业如何将有限的各种资源与企业能力分配到不同的战略业务单元中，在各项业务之间合理地配置企业资源。在资源分配过程中不能仅凭主观判断，而应当通过理性地分析，明确各项业务在企业中所处的地位和发展前途，从而决定资源的分配。波士顿矩阵法就提供了这样一种选择战略组合的分析工具。

波士顿矩阵分析法的基本原理是对企业所拥有的产品从销售增长率和市场占有率的角度进行分析，继而实行再组合，如图 5-1 所示。

图 5-1 中，横坐标表示相对市场占有率，即企业某项业务的市场份额与最大竞争对手市场份额之比，高市场份额意味着竞争力强，处于市场领先地位。纵坐标表示行业市场增长率，即前后两年市场销售额增长的百分比，表示每个经营单位（SBU）所在行业的相对吸引力。圆圈代表企业的经营单位，其收益占企业全部收益之比以圈的大小来表示。

波士顿矩阵的纵横两轴和市场占有率、增长率高低的分界线将坐标图划分为四个象限，形成四种业务组合，如图 5-1 所示，依次为"明星业务（产品）"、"问题业务（产品）"、"瘦狗业务（产品）"、"现金牛业务（产品）"。根据波士顿矩阵的原理，产品市场占有率越高，该业务创造利润的能力越大；市场增长率越高，企业为维持其增长及扩大市场占有率所需投入的资金也就越多。

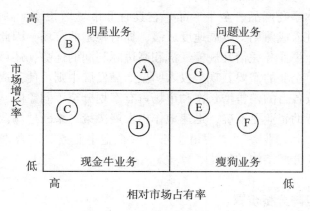

图 5-1　波士顿矩阵分析法

1. 明星业务/产品（Stars）

明星业务具有高市场增长率、高相对市场份额的特征。它主要是指高投入、高成长率但现在利润贡献不大的一类业务或产品。明星业务是由问题业务继续投资发展起来的，因为明星业务的市场处于高速成长期，它们的市场增长率非常高，企业必须继续对明星业务进行投资，以帮助其市场占有率继续增长，在市场竞争中获得优势。随着市场份额的扩大，一部分明星业务会演变成现金牛业务（低成长率、高利润贡献的业务），用来取代部分衰退的现金牛业务，这些衰退的现金牛业务将会成为瘦狗业务。

2. 问题业务/产品（Question Marks）

问题业务具有高市场增长率、低相对市场份额的特征。高市场增长率说明该业务的市场机会大，前景好，低相对市场份额则说明该业务在市场营销上存在这样或那样的问题。因此问题业务在财务上往往表现为利润率较低，所需资金不足，负债比率高。通常问题业务是一个企业的新业务，新业务在产品生命周期中处于引进期，市场局面尚未打开，因此企业为了发展问题业务，往往必须建立工厂，增加设备和人员，企业对问题业务必须辅以大量的资金投入，造成负债率比较高的状况。

对问题产品企业应采取选择性投资战略即对问题业务进行慎重考察，确定其是否值得继续投资，若符合企业发展长远目标，能够增强企业核心竞争力，便可对其进行重点投资，以提高市场占有率，使之转变成"明星产品"。

3. 瘦狗业务/产品（Dogs）

瘦狗业务也称衰退类产品。它具有低市场增长率、低相对市场份额的特征。瘦狗业务在财务上表现为利润率低，负债比率高，处于保本或亏损状态，无法为企业带来收益。瘦狗业务通常要占用很多资源，如资金、管理时间等，多数时候是得不偿失的。企业往往出于感情上的因素，像对养了多年的狗一样不忍放弃该业务。

对瘦狗业务企业应采用撤退战略。对那些销售增长率和市场占有率均极低的瘦狗产品应立即淘汰，将瘦狗业务与其他事业部合并，进行统一管理，并且将剩余资源向其他产品转移，使企业资源得到合理利用。

4. 现金牛业务/产品（Cash Cow）

现金牛业务又称厚利产品、金牛产品。它具有低市场增长率，高相对市场份额的特征。金牛产品已经进入成熟期，发展速度放缓，拥有稳定的市场，因此企业不必对其继续大量投入。同时现金牛业务凭借其规模经济和高边际利润的优势，还可为企业提供大量的现金收入，满足整个企业的需要。现金投入明星产品发展中则可使其成为金牛产品。

将业务或产品按各自的销售增长率和市场占有率划分至不同象限，就能对现有产品组合一目了然，从而帮助企业更准确、迅速地作出发展决策，果断地淘汰没有发展前景的产品，保持有前途的"问题业务"、"明星业务"、"现金牛业务"的合理组合，实现产品结构、业务结构和资源分配结构的优化。

（二）波士顿矩阵分析步骤

1. 统计销售增长率和市场占有率

销售增长率可用本企业业务或产品在一年或是三年以至更长时间中的销售额或销售量增长率。市场占有率，可用业务或产品的相对市场占有率或绝对市场占有率，但要注意的是，在对资料和数据进行选择时应选取最新资料。其中市场占有率的基本计算公式为：

绝对市场占有率=本企业销售量/市场上同类产品销售总量

相对市场占有率=本企业市场占有率/竞争对手市场占有率

2. 绘制波士顿矩阵四象限图

以纵坐标轴表示市场增长率，以横坐标轴表示市场占有率，以10%的销售增长率和20%的市场占有率作为高低标准的分界线，从而将坐标图划分为四个象限。

把企业全部业务或产品按各个业务或产品的销售增长率和市场占有率大小，在坐标图上标出其相应的位置。在定位所有业务或产品的位置后，以各业务或产品当年的销售额为面积单位，绘成大小不等的圆圈，标上代号。所有业务或产品根据其所处的象限将被划分为四种类型，即"问题业务"、"明星业务"、"现金牛业务"、"瘦狗业务"。

3. 针对各类型产品做出战略决策

（1）对明星产品采取发展战略

由于明星产品处于高增长率、高市场占有率象限内，这类业务或产品很有可能成为企业的现金牛产品，因此企业需要加大投资以支持其迅速发展。对明星产品应该采用发展战略，即立足全局、着眼于长远，利用其高速发展的市场增长率，积极扩大该业务或产品的经济规模，积极寻找市场机会，提高明星产品的市场占有率，加强明星产品的竞争优势和市场地位。

（2）对现金牛产品采取稳定战略

由于现金牛产品处于低增长率、高市场占有率象限内，已进入成熟期。现金牛产品具有销售量大、产品利润率高、负债比率低的特征。处于成熟期的现金牛产品市场增长已放缓，故没有必要为其增大投资。同时因其市场占有率很高，可以持续地为企业发展提供所需资金，企业可将这些回收的资金用于支持其他产品。但在现金牛产品中也有可能存在销售增长率仍有所增长的产品，对于这类现金牛产品则可进一步进行市场细分，以维持这类产品现有的市场增长率或延缓其下降的速度。

（3）对问题产品采取选择性投资战略

由于问题产品处于高增长率、低市场占有率象限内，高增长率说明该类业务或产品市场机会大，前景好，但是低市场占有率说明该类业务或产品在市场营销上存在问题。因此其财务往往表现为利润率较低，所需资金不足，负债比率高。对这类产品不能一刀切，而应有选择性地进行投入。

首先，对问题产品进行分类定性，以便有针对性地采取相应战略。可将问题产品分为有发展前途的和没有发展前途的两类。有发展前途的问题产品又分为经过改进短期内可能成为明星的产品和将来有希望成为明星的产品。

其次，对经过改进短期内可能成为明星的产品重点进行投资，提高其市场占有率，以帮扶其转变成下一个"明星产品"。对于将来有希望成为明星的产品则可将扶持计划列入企业的长期计划，在一段时期内采取扶持政策。对没有发展前途的问题产品采取收缩甚至撤退战略，使企业资源得到充分合理的配置。

（4）对瘦狗产品采取清退战略

由于瘦狗产品处在低增长率、低市场占有率象限内，其财务特点是利润率低、处于保本或亏损状态，负债比率高，不仅无法为企业带来收益，还要花费企业的资源来维持其运营。因此对瘦狗产品应该减少批量，逐渐撤退。对于瘦狗产品中销售增长率和市场占有率都极低的产品则应立即淘汰。瘦狗产品清退后企业可将资源转移到其他类型的产品中去，帮助其他类型产品更好地发展。

对于大多数企业来说，它们的经营业务分布于矩阵中的每一象限。企业应采取的经营组合战略可概括如下：首要目标是维护现金牛业务的地位，但要防止常见的对其追加过多投资的做法。现金牛业务所得的资金应优先用于维护或改进那些无法自给自足的明星业务的地位。剩余的资金可用于扶持一部分筛选过的问题业务，使之转变为明星业务。不同种类经营业务的特点及所应采取的战略如表 5-4 所示。

表 5-4 不同种类经营业务的特点及采取的战略

象限	战 略 选 择	经营单位赢利性	所需投资	现 金 流 量
明星	维护或扩大市场占有率	高	多	几乎为零或为负值
现金牛	维护或收获战略	高	少	极大剩余
问题	扩大市场占有率或放弃战略	没有或为负值	非常多，不投资	剩余
瘦狗	放弃或清算战略	低或为负值	不投资	剩余

四、 六顶思考帽

六顶思考帽是英国学者爱德华·德·博诺（Edward de Bono）博士开发的一种思维训练模式，或者说是一个全面思考问题的模型。它提供了"平行思维"的工具，避免将时间浪费在互相争执上。强调的是"能够成为什么",而非"本身是什么",是寻求一条向前发展的路,而不是争论谁对谁错。运用德博诺的六项思考帽,将会使混乱的思考变得更清晰,使团体中无意义的争论变成集思广益的创造,使每个人变得富有创造性。

(一)分类

所谓六项思考帽,是指使用六种不同颜色的帽子代表六种不同的思维模式。任何人都有能力使用以下六种基本思维模式。

白色思考帽:白色是中立而客观的。戴上白色思考帽,人们思考的是关注客观的事实和数据。

绿色思考帽:绿色代表茵茵芳草,象征勃勃生机。绿色思考帽寓意创造力和想象力。它具有创造性思考、头脑风暴、求异思维等功能。

黄色思考帽:黄色代表价值与肯定。戴上黄色思考帽,人们从正面考虑问题,表达乐观的、满怀希望的、建设性的观点。

黑色思考帽:戴上黑色思考帽,人们可以运用否定、怀疑、质疑的看法,合乎逻辑地进行批判,尽情发表负面的意见,找出逻辑上的错误。

折叠红色思考帽:红色是情感的色彩。戴上红色思考帽,人们可以表现自己的情绪,人们还可以表达直觉、感受、预感等方面的看法。

折叠蓝色思考帽:蓝色思考帽负责控制和调节思维过程。它负责控制各种思考帽的使用顺序,规划和管理整个思考过程,并负责做出结论。

六项思考帽是平行思维工具,是创新思维工具,也是人际沟通的操作框架,更是提高团队智商的有效方法。

对六项思考帽理解的最大误区就是仅仅把思维分成六个不同颜色,但其实六项思考帽的应用关键在于使用者用何种方式去排列帽子的顺序,也就是组织思考的流程。只有掌握了如何编织思考的流程,才能说是真正掌握了六项思考帽的应用方法,不然往往会让人们感觉这个工具并不实用。而帽子顺序的编制仅通过读书是难以达到理想效果的。

帽子顺序非常重要,我们可以想象一个人写文章的时候需要事先计划自己的结构提纲,以便自己不会写得混乱,一个程序员在编制大段程序之前也需要先设计整个程序的模块流程,思维同样是这个道理。六项思考帽不仅仅定义了思维的不同类型,而且定义了思维的流程结构对思考结果的影响。一般人们认为六项思考帽是一个团队协同思考的工具,然而事实上六项思考帽对于个人应用同样拥有巨大的价值。

假设一个人需要考虑某一个任务计划,那么他有两种状况是最不愿面对的,一个是头脑之中的空白,他不知道从何开始,另一个是他头脑的混乱,过多的想法交织在一起造成的淤塞。六项思考帽可以帮助他设计一个思考提纲,按照一定的次序思考下去。就这个思考工具的实践而言,它会让大多数人感到头脑更加清晰,思维更加敏捷。

在团队应用当中,最大的应用情境是会议,这里特别是指讨论性质的会议,因为这类会议是真正的思维和观点的碰撞、对接的平台,而我们在这类会议中难以达成一致,往往不是因为某些外在的技巧不足,而是从根本上对他人观点的不认同造成的。在这种情况下,六项思考帽就成为特别有效的沟通框架。所有人要在蓝帽的指引下按照框架的体系组织思考和发言，不仅可以有效避免冲突，而且可以就一个话题讨论得更加充分和透彻。所以会议应用中的六项思考帽不仅可以压缩会议时间，也可以加强讨论的深度。

除此以外，六项思考帽也可以作为书面沟通的框架，例如用六项思考帽的结构来管理电子邮件，利用六项思考帽的框架结构来组织报告书、文件审核等。除了把六项思考帽应用在多数团队中，团队成员被迫接受团队既定的思维模式，限制了个人和团队的配合度，不能有效解决某些问题。运用六项思考帽模式，团队成员不再局限于某一单一思维模式，而且思考帽代表的是角色分类，是一种思考要求，而不是代表扮演者本人。六项思考帽代表的六种思维角色，几乎涵盖了思维的整个过程，既可以有效地支持个人的行为，也可以支持团体讨论中的互相激发。

一个典型的六项思考帽团队在实际中的应用步骤：

① 陈述问题事实（白帽）。

② 提出如何解决问题的建议（绿帽）。

③ 评估建议的优缺点：列举优点（黄帽）；列举缺点（黑帽）。

④ 对各项选择方案进行直觉判断（红帽）。

⑤ 总结陈述，得出方案（蓝帽）。

六帽法思维被世界上许多跨国公司采用。世界上 55 个国家，超过 150 万人成功地完成了六项思考帽研修班课程。

（二）作用和价值

（1）这种思维区别于批判性、辩论性、对立性的方法，而是一种具有建设性、设计性和创新性的思维管理工具。

（2）它使思考者克服情绪感染，剔除思维的无助和混乱，摆脱习惯思维枷锁的束缚，以更高效率的方式进行思考。

（3）用六种颜色的帽子这种形象化的手段使我们非常容易驾驭复杂性的思维。

（4）当你认为问题无法解决时，"六项思考帽"就会给你一个崭新的契机。

（5）使各种不同的想法和观点能够很和谐地组织在一起，避免人与人之间的对抗。

（6）经过一个深思熟虑的过程，最后去寻找答案。

（7）避免自负和片面性。六顶帽子代表了六种思维角色的扮演它几乎涵盖了思维的整个过程，既可以有效地支持个人的行为，也可以支持团体讨论中的互相激发。

第二节　公共关系策划案

 案例

2014 年 3 月 22 日，国内漏洞研究机构乌云平台曝光称，携程系统开启了用户支付服务接口的调试功能，使所有向银行验证持卡所有者接口传输的数据包均直接保存在本地服务器，包括信用卡用户的身份证、卡号、CVV 码等信息均可能被黑客任意窃取。

当时正处于央行对于第三方支付表示质疑的关口，加上安全漏洞关乎携程数以亿计的用户财产安全，舆论对于这一消息表示了极大的关注，用户由此引发的恐慌和担忧如野火一般蔓延开来。根据中国上市公司舆情中心监测数据显示，从"泄密门"事发至截稿时止，以"携程+安全漏洞"为关键词的新闻及转载量高达120万篇之多，按照危机事件衡量维度，达到"橙色"高度预警级别。

3月22日晚23时22分，携程官方微博对此予以回应，称漏洞系该公司技术调试中的短时漏洞，并已在两小时内修复，仅对3月21日、22日的部分客户存在危险，"目前没有用户受到该漏洞的影响造成相应财产损失的情况发现"，并表示将持续对此事件进行通报。

这一说法引发了用户的重重回击。认证为"广西北部湾在线投资有限公司总裁"的严茂军声称，携程"官方信息完全在瞎扯"，并附上信用卡记录为证。作为携程的钻石卡会员，他早于2014年2月25日就曾致电携程，他的几张绑定携程的信用卡被盗刷了十几笔外币，但当时携程居然回复"系统安全正常"。他以强烈的语气提出，携程应该加强安全内测，"尽快重视和处理用户问题，水能载舟，亦能覆舟"。这一微博得到了网友将近900次转发，评论为150条，大多对其表示支持。

3月23日，携程官方微博再以长微博形式发表声明称，93名潜在风险用户已被通知换卡，其余携程用户用卡安全不受影响。

不过，其微博公关并未收到很好的成效，不少网友在其微博下留言，以质问语气表达不信任的态度：怎么证明携程没有存储其他客户的CVV号？怎么才能确认用户的信用卡安全……面对质问，携程客服视若无睹，仅以"关于您反馈的事宜，携程非常重视，希望今后提供更好的服务"等官方话语加以回应。

在舆论对其违规存储用户信用卡信息、并未能妥善保存的重重压力下，3月25日，携程发出最新声明承认此前的操作流程中确有违规之处，今后携程将不再保存客户的CVV信息；以前保存的CVV信息将删除。

3月26日，21世纪网直指"携程保存客户信息属于违反银联的规定，携程不是第三方支付机构，无权保留银行卡信息。另一方面，PCI-DSS（第三方支付行业数据安全标准）规定了不允许存储CVV，但携程支付页面称通过了PCI认证，同样令人费解"。

《21世纪经济报道》更是简单明了地表示，在线旅游网站中，只有去哪儿已经引入该认证标准，"此前携程曾有意向接入该系统，但是公司工作人员去考察之后发现，携程系统要整改难度太大，业务种类多且交叉多，如果按照该系统接入而整改会使架构都会有所变化"。

针对上述质疑，携程一直保持着沉默，而不少业内人士已经忍不住跳出来指责其"闭着眼睛撒谎"。3月27日，《中国青年报》更是发表题为《大数据时代个人隐私丢哪儿了》的署名文章，谴责企业"在用户不知情的情况下收集有限的数据，在一定程度上忽略了人的权利"。

此时，在危机处理中，携程应该写出什么样的策划案来为自己摆脱危机呢？

资料来源：中国公关网，http://www.chinapr.com.cn/templates/T_Second/index.aspx? nodeid =

许多人可能写过计划案，比如，工作计划、生产计划、学习计划、开支计划等，但未必都写过策划案，事实上，策划案和计划案的写作有很大的不同：拟写计划是一项机械性的工作，只要掌握一定的写作模式，就可以按部就班地拟定各项程序和细节，无须精彩的创意和杰出的智慧，打一个比方，写计划就好像绘图员画地图，这个山、那个河，这个省、那个市，不能随心所欲、自由挥洒，而必须循规蹈矩、按部就班，一切都是死的、有一成不变的程式和套路，不需要文采飞扬、别具一格，干巴巴的文字、格式化的布局足矣。

策划案则不同，策划案的撰写不是简单的文书工作，而是策划构思之后的又一项具体创造性工作，写策划案和进行策划一样，同样是一项创造性的智力劳动，同样需要较高的智慧和创意。打一个比方，写策划案就好像热恋中的情侣给对方写情书，要充分调动每一个脑细胞，使出浑身解数，拿出看家本领来精心构思和巧妙布局，既要写得情真意切、热情洋溢，又要写得文采飞扬、别具匠心；既要有说服力、感染力，又要切实可行、能够操作，可以说，一份成功的策划案应该是一份极具说服力和极具操作性的文案。

一、 公共关系策划案的特点

与计划案相比，在公共关系策划文案中，必须体现出科学的预见性、明确的目的性、新颖的创造性和切实的可行性，这四性缺一不可。

1. 科学的预见性

策划就是对未来事物的预先谋划，策划的魅力就在于它是一种高瞻远瞩、一种洞烛先机、一种未雨绸缪、一种运筹帷幄，策划文案是预先编写的对某项活动的目标、措施方法、完成步骤以及可能出现的问题、可能造成的影响等做出的设想，没有预见性，就不成其为策划。如前所述，一个完整的策划，基本上包括预测和决策两大步骤，作为预测，它要对组织未来发展的前景和趋势进行科学的分析和准确评估；作为决策，他要在预测的基础上对组织的应对方针和行动措施进行大胆的选择。从这个意义上讲，任何一种策划文案都是"大胆设想，小心求证"的预见性结果。这种预见性一般来自对客观现实的清醒认识和科学分析，来自对一切有利条件和不利因素所进行的充分分析和估计。预见的科学性和准确性，是策划成功的根本保证，在进行战略策划时，这种预见性表现得最为突出。

2. 明确的目的性

策划是一项动机强烈、目的明确的活动，因此，体现在策划文案中，一般都有非常明确的目的和指标，并借助具体的语言或条文来表达，使执行者心中有数。在每一份策划文案中，都应有十分明确的目标指数，比如，营销目标达到市场占有率的30%；广告目标是促进指名购买，强化品牌个性；公关目标是树立富有人情味的企业形象；企业理念目标是统一思想、规范行为等，总之，目标应尽可能向定量化发展。这种量化越具体、越细致，就越容易遵照执行。

3. 新颖的创造性

策划文案本身就是创意的结晶，是智慧的载体，是策划人运用才智和经验进行谋划的结果，所以，它的通篇都应充满了创造性。策划文案的创造性表现在新的思路、新的观念、新的方法、新的语言、新的信息、新的组合，总之，通篇要给人以耳目一新的感觉，这样才能体现出策划的价值。比如，一般策划文案的语言都要求尽量通俗简洁、口语化，避免运用华丽的辞藻和抒情渲染，尤其是对于生产性企业或是发展战略策划案、营销策划案等其他类型的策划案，更要求语言严谨周密和充满理性；而对于某些服务性企业来说，企业理念的策划案就必须尽量生动、煽情并且深刻，才具有说服力和感染力，因此，在语言上，就必须以精致、精彩、精辟取胜。

4. 切实的可行性

任何策划案都不是纸上谈兵的文字游戏，而是一份能够指挥商战的实战指导书，策划目标必须立足于对现有条件的实事求是的分析估价判断之上，方案的措施、步骤、责任者、时限等各项都必须具体、明确、清楚，一一落到实处，既先进可靠，又切实可行，留有余地。

对于一个优秀的策划人来说，更应该在策划案中注入个性，以自己独到的拿手的语言和文风来撰写策划案，这样才会得心应手，运用自如，提高命中率。正如最优秀的篮球运动员必然拥有自己某种独特的运球技术一样，策划人用自己最拿手的文风才能写出一流的策划文案。

二、 公共关系策划案的写作要求

写策划案的过程，是策划人的理论知识和实践知识融合的过程，也是无形的创意思想和有形的语言文字对接的过程。这个过程应该是厚积薄发的过程，很难说有什么技巧可言。策划案的写作技巧就在于平时的深厚积累，即要练内功。一般而言，策划人在文化底蕴方面的深厚积累一定会在策划文案中被激发出来，焕发出它真正的风采。具体地说，这些积累包括以下几点。

1. 广博的理论知识

策划文案所体现的是一种高瞻远瞩、洞烛先机的战略眼光，因此离不开理论武器的高度提升，只有掌握了广博的理论知识，才能高屋建瓴，把握潮流。打个比方，就好像你站在黄河边上，能看到的可能只是黄河从南向北流，例如在秦晋交界处的河段就是这样，但是把握了理论，你就如同坐在直升机上看黄河，就是从西向东流，理论使你拥有了"一览众山小"的力量。理论使你在写文案时心中有谱、笔下有据。比如你在写营销策划案时，就必须掌握营销学方面的理论知识，在写公共关系策划案、广告策划案、企业理念策划案时就必须掌握公共关系学、广告学、企业理念等方面的知识。一个企业理念系统的策划、创意是专家团集体智慧的结晶，但是最后落实到撰写却是个人写作功底的体现，一个出色的策划方案能否被企业接受和采纳，最终取决于策划人论证时的嘴上功夫和提交文案时的笔下工夫。没有理论功底和高度的策划人是不可能提出和写出高明的策划方案来的，广博的理论知识是我们写策划案的有力武器。

2. 丰富的实践经验

理论是一种理想状态，实践是一种现实状态，策划就是在理想和现实之间寻找结合点。因此，光有理论知识还不行，还必须有丰富的阅历。也就是说，既要读千卷书，还要行万里路，这样才能比策划对象站得高，看得远，才能为他出谋划策、指点迷津。

有这样一个故事："青年孙中山凭着一腔革命热情，去见当朝一品官张之洞，让人递上一封拜见帖：'儒生孙文拜见之洞兄。'张之洞看了很生气，哪里来的狂妄之徒，竟然敢与我称兄道弟，于是让手下递出一句上联：'持三字帖，见一品官，儒生安敢称兄弟。'孙中山看了之后，对了一句下联：'读千卷书，行万里路，布衣亦可傲王侯。'张之洞见此下联，立即整装戴帽，身着官服，亲自出门迎接。"对策划者而言，读千卷书和行万里路两者要相辅而行，名山大川熟于心中，胸中有了丘壑，下笔自然有所依据。要经历得多，有丰富的实际工作经验和策划经验，才可以在策划领域里长袖善舞、傲视王侯。

3. 擅长整合思维的头脑

有这样一则故事：四个广告人赴美留学，第一个学成回来说，他掌握了 30 本书，第二个回来说他拿了两个硕士学位，第三个回来说他结识了许多来自世界各地的著名学者，第四个回来后，无惊无喜、平平淡淡地说："我三年只学会了一句话——新的思维方式。"

对于策划人而言，思维方式是非常重要的，策划人必须拥有复合型的思维结构，既擅长感性思维，又擅长理性思维；既擅长聚合思维，又擅长发散思维；既擅长顺向思维，又擅长逆向思维，只有比你的策划对象多出几个思维向度和维度，才能够想人所未想，发人所未发，才能帮助策划对象"风斜雨急处，立得脚定；花浓柳艳处，着得眼高；路危径险处，回得头早"。

4. 驾驭语言文字的能力

古人说：文以载道。纵使你有再多的创意，再好的策划思想，但是如果不能用文字将其固化下来，不能用文字来表达清楚，许多闪光的东西将会丧失其应有的价值。在许多时候，这种运用语言文字的能力不仅能为你的策划案增色添彩，而且还可能直接决定着策划案和策划人的命运。历史上有这样一个巧用语言的例子：清朝后期，洪秀全领导的太平军挥师北上，所向披靡，势不可挡，湘军统帅曾国藩多次应战却一败再败，只得向朝廷请罪，奏折上有一句话"屡战屡败"，幕僚建议把"屡战屡败"改为"屡败屡战"，这一神来之笔改变了事实的性质，产生了另一概念："屡战屡败，当斩；屡败屡战，当奖。"果然奏折到京，皇上下旨嘉奖三军。可见，创造性地运用语言，可以产生起死回生、化腐朽为神奇的魅力。

三、 公共关系策划案的格式

许多刚入行的策划人常常期望寻找和掌握一种成熟的格式和固定的套路来，以笔者个人多年的策划经验，这是很难办到的，笔者所写的策划案几乎没有一份是相同的，因为每一次策划都是面对不同的变数：策划对象不同，所欲解决的问题不同，所处的环境不同，策划案的内容和格式就有所不同。策划案完全根据策划对象的情况和需要以及策划者的思路、观念和文风而定，很难给出一个比较规范而通用的写作模式。不过，话又说回来，一切问题都有一个共同规律，只要抓住它的特点，掌握一定的写作格式和技巧，还是有所提高的。

公关策划书指企业公共关系部制订的企业开展公共关系活动的计划与安排。一般而言，一个完整的公关活动策划案主要包括以下具体内容：

——项目背景（项目单位性质、需解决问题、执行地域等）；

——项目调研（项目 SWOT 分析、项目可行性研究等）；

——项目策划（公关目标、目标公众、公关策略、主要信息、传播策略、媒介选择、媒体计划、传播形式及方案要点、预算费用表等）；

——项目执行（实施细节、实施调整、项目进度表、控制与管理等）；

——项目评估（效果综述、现场效果、受众反应、市场反应、媒体监测统计表等）。

1. 拟订方案

拟订方案是拟定公共关系策划案，定下来的是策划者头脑里的构思和创意。具体细化为可供施行的方法和步骤。

（1）设计主题。

主题是公共关系活动中联结所有项目、统帅整个活动的思想纽带和核心。是否设计出鲜明突出的公共关系活动主题，主题能否吸引公众、抓住人心，可以说是公共关系策划成败的一个重要标志。设计主题，需要有创意。应反复揣摩、推敲，不能为设计而设计，故弄玄虚。设计主题应注意以下几点。

① 目标的一致性。设计主题，是为了更好的凸显公共关系目标。主题必须服务于目标，与公共关系活动的目标保持一致。偏离目标的主题会给公众造成错觉，有误导的作用。

② 主题的实效性。一个好的主题，首先必须适合公共关系活动的客观实际；其次是能真正打动公众心扉，切中公众心愿；最后要考虑社会效果，不可哗众取宠，迎合低级趣味。

③ 主题的稳定性。设计主题时应考虑到公共关系活动的始终。主题一经确定，不得中途改换，以免造成公众感知的混乱。

④ 主题的单一性。一次公共关系活动。一般不得出现多个主题。对大型的综合性公共关系活动，可以设计一些次主题，但不能喧宾夺主，造成主题的杂乱无序。

⑤ 主题的客观性。公共关系活动的主题要展示公共关系精神，传导时代气息，不可主观性太强，商业化十足，以免招致公众的反感。

（2）安排具体项目。

项目，是指围绕公共关系目标而确定，在不同时期进行的各种形式的活动。要实现公共关系目标，只有通过逐个公共关系项目的实施，去逐步接近，直至完成。没有公共关系具体活动的开展与公共关系项目的完成，就没有组织的公共关系目标的实现。

（3）确定活动时机。

自古以来，就有"机事之来，间不容发"，"机不可失，时不再来"的名言。凡牵扯事情成败的关键因素，都可以称作"机"。能否捕捉并抓住时机，是衡量公共关系策划水准最重要的标志之一。时机的选择或捕捉一是要准确，即对那些可以预先测定的时机，一定要选准其"时间区间"；二是要及时，即对那些预先不可选定、稍纵即逝的时机，要及时抓住，不可犹豫。

一般来说，组织确定活动的有利时机有以下几种：

① 组织创办或创业之时。

② 组织迁址之时。

③ 组织周年庆典或周期性纪念活动之时。

④ 组织推出新产品、新技术、新服务之时。

⑤ 国际国内各种节日和纪念日之时。

⑥ 重大的社会活动和社会事件出现之时。

⑦ 组织形象出现危机之时。

⑧ 国家或地方政府新政策出台之时。

⑨ 组织或社会突发性灾害爆发之时。

⑩ 组织新股票上市之时。

时机具有不可逆转性，"难得者时，易失者机"。公共关系策划必须抓住不可复得的机会，迅速果断地采取对策。时机又具有机会的均等性，它公平地赐予每一个组织和公共关系策划者，谁先抓住它，谁就将在竞争中获得先机，就可能获得成功。

确定时机应注意的问题。确定时机时要注意下列内容：

① 尽量选择那些能够引起目标公众关注的时机。

② 要善于利用节日，去做传播组织信息的项目；但又要学会避开节日（与节日毫无关系的活动项目的效果会被节日气氛冲淡）。

③ 尽量避开国内外重大事件（此时公众关注的焦点、热点是这些重大事件）；但国内外大事发生之时，又是组织借势之机，关键是看你能否借题发挥。

④ 不要同时开展两项以上重大的公共关系活动，以免分散人们的注意力，削弱或抵消应有的效果。

⑤ 选择时机时，还应考虑公众、媒介及当地的民情风俗。

2. 选择传播媒介

从本质上讲，公共关系就是以大众传播和人际传播为主的一种组织与公众的信息双向沟通和交流行为。而这种行为只有借助传播媒介才能够实现。公共关系策划者要想达到预期的传播效果，必须知晓各种媒介，了解各种媒介各自的优缺点，并要善于通过巧妙组合的方式，造成优势互补、交相辉映的整合性传播效果。如何去确定那些功能特点各有所长的媒体？最常见的有以下几种方法：

（1）根据传播对象选择媒体。关键是考虑组织公共关系信息的接收者是否能有效地获取信息。为此，应考虑：

① 本次活动的信息接收者是谁。

② 他们习惯于接收哪种或哪些媒体传达的信息。

③ 他们对什么形式和内容的信息感兴趣。

④ 他们对信息的理解能力如何。

⑤ 他们接收信息的条件如何。

（2）根据传播内容和形式选择媒体。组织公共关系传播的内容千差万别，形式也多种多样，因此，对媒体的选择要求多样化。

（3）根据组织实力选择媒体。公共关系传播需要一定的经济投入和其他资源的投入，故组织在选择媒体时应事先考虑自己的实力，只要能达到预期的目标，考虑媒体时就应尽力以节省经费为出发点。

（4）根据组织的环境条件选择媒体。现阶段我国的经济和科技的发展并不平衡，媒体的分布和发展也不平衡，尤其是大众传媒发展水平极不平衡。因此，选择媒体时必须考虑现有的条件；不切实际的策划将无法操作。

 案例

背景

2002年以前，从表面看，红色罐装王老吉（以下简称"红罐王老吉"）是一个活得很不错的品牌，在广东、浙南地区销量稳定，盈利状况良好，有比较固定的消费群，红罐王老吉饮料的销售业绩连续几年维持在1亿多元。发展到这个规模后，加多宝的管理层发现，要把企业做大，要走向全国，就必须克服一连串的问题，甚至原本的一些优势也成为困扰企业继续成长的障碍。

而所有困扰中，最核心的问题是企业不得不面临一个现实难题——红罐王老吉当"凉茶"卖，还是当"饮料"卖？

现实难题表现一：广东、浙南消费者对红罐王老吉认知混乱。

在广东，传统凉茶（如颗粒冲剂、自家煲制、凉茶铺煲制等）因下火功效显著，消费者普遍当成"药"服用，无须也不能经常饮用。而"王老吉"这个具有上百年历史的品牌就是凉茶的代称，说起凉茶就能想到王老吉，说起王老吉就想到凉茶。因此，红罐王老吉受品牌名所累，很难顺利地让广东人接受它作为一种可以经常饮用的饮料，因此销量大大受限。

另一个方面，加多宝生产的红罐王老吉配方源自香港王氏后人，是经国家审核批准的食字号产品，其气味、颜色、包装都与广东消费者观念中的传统凉茶有很大区别，而且口感偏甜，按中国"良药苦口"的传统观念，消费者自然感觉其"降火"药力不足，当产生"下火"需求时，不如到凉茶铺购买，或自家煎煮。所以对消费者来说，在最讲究"功效"的凉茶中，它也不是一个好的选择。

在广东区域，红罐王老吉拥有凉茶始祖王老吉的品牌，却长着一副饮料的面孔，让消费者觉得"它既像是凉茶，又像饮料"，认知陷入混乱。

而在加多宝的另一个主要销售区域浙南（主要是温州、台州、丽水三地），消费者将"红罐王老吉"与康师傅茶、旺仔牛奶等饮料相提并论，没有不适合长期饮用的禁忌。加之当地华侨众多，经他们的引导带动，红罐王老吉很快成为当地最畅销的产品。企业担心，红罐王老吉可能会成为来去匆匆的时尚，如同当年在浙南红极一时的椰树椰汁，很快又被新的时髦产品替代，一夜之间在大街小巷消失得干干净净。

面对消费者这些混乱的认知，企业亟须通过广告提供一个强势的引导，明确红罐王老吉的核心价值，并与竞争对手区别开来。

现实难题表现二：红罐王老吉无法走出广东、浙南。

在两广以外，人们并没有凉茶的概念，甚至在调查中频频出现"凉茶就是凉白开"、"我们不喝凉的茶水，我们经常泡热茶"这些看法。对"凉茶概念"进行教育显然费用惊人。而且，内地消费者"降火"的需求已经被填补，他们大多是通过服用牛黄解毒片之类的药物来解决。

做凉茶困难重重，做饮料同样危机四伏。如果放眼整个饮料行业，以可口可乐、百事可乐为代表的碳酸饮料，以康师傅、统一为代表的茶饮料、果汁饮料更是处在难以撼动的市场领先地位。

而且，红罐王老吉以金银花、甘草、菊花等草本植物熬制，有淡淡的中药味，对口味至上的饮料而言，王老吉这种口味的确存在不小的障碍，加之红罐王老吉3.5元的零售价，如果加多宝不能使红罐王老吉和竞争对手区分开来，它就永远走不出饮料行业"列强"的阴影。这导致红罐王老吉面临一个极为尴尬的境地：既不能固守两地，也无法在全国范围推广。

现实难题表现三：推广概念模糊。

如果用"凉茶"概念来推广，加多宝公司担心其销量将受到限制，但作为"饮料"推广又没有找到合适的区隔，因此，在广告宣传上不得不模棱两可。很多人都见过这样一条广告：一个非常可爱的小男孩为了打开冰箱拿一罐王老吉，用屁股不断蹭冰箱门。广告语是"健康家庭，永远相伴"。显然这个广告并不能体现红罐王老吉的独特价值。

红罐王老吉早期的推广中，消费者不知道为什么要买它，企业也不知道怎么去卖它。在这样的状态下红罐王老吉居然还平平安安地度过了好几年。出现这种现象，外在的原因是中国市场还不成熟，存在着许多市场空白；内在的原因是这个产品本身具有一种不可替代性，刚好能够填补这个位置。中国特殊的市场环境往往容许这样一批中小企业糊里糊涂地赚得盆满钵满。但在发展到一定规模之后，企业要想做大，就必须搞清楚一个问题：消费者为什么买我的产品？

重新定位

2002年年底，加多宝找到成美营销顾问公司（以下简称"成美"），初衷是想为红罐王老吉拍一条以赞助2004年雅典奥运会为主题的广告片，要以"体育、健康"的口号来进行宣传，以期推动销售。

成美经初步研究后发现，红罐王老吉的销售问题不是通过简单的拍广告可以解决的，这种问题在中国企业中特别典型：一遇到销量受阻，最常采取的措施就是对广告片"动手术"，要么改得面目全非，要么赶快搞出一条"大创意"的新广告。红罐王老吉销售问题首要解决的是品牌定位。

红罐王老吉虽然销售了7年，但品牌却从未经过系统、严谨的定位，企业都无法回答红罐王老吉究竟是什么，消费者就更不用说了，完全不清楚为什么要买它——这是红罐王老吉缺乏品牌定位所致。这个根本问题不解决，拍什么样"有创意"的广告片都无济于事。正如广告大师大卫·奥格威所说：一个广告运动的效果更多的是取决于你产品的定位，而不是你怎样写广告（创意）。经一轮深入沟通后，加多宝公司最后接受了建议，决定暂停拍广告片，先进行品牌定位。

2002 年 12 月，加多宝公司向成美等公司再度发出了邀请，标书原文如下：此次招标的内容主要是解决红罐王老吉的定位问题和年度推广全面代理，包含广告片、平面广告以及媒介、竞争品牌监控等全面代理业务。比稿方式是根据标书内容，各应标公司赴加多宝公司现场陈述。

接到招标书后成美的研究总监张婷、客户经理王丹前往东莞与时任加多宝公司市场部负责人的阳爱星、品牌经理王月贵等进行了充分的交流，加多宝代表将企业的现状进行了详细的介绍：在广东市场，与竞争对手 24 味凉茶、羊城药业王老吉、黄振龙凉茶铺相比，王老吉是领导品牌，广东市场的普通凉茶暂时对王老吉不能构成威胁；在浙南市场，加多宝认为主要竞争对手则是旺仔牛奶、椰树、汇源果汁，尤其是旺仔牛奶对王老吉威胁最大。

出于对成美制订定位的方法和具体流程的认同，加多宝公司最终将红罐王老吉定位的制订，以及 2003 年年度广告推广代理的全部业务交由成美完成。

2003 年 1 月 1 日，成美红罐王老吉项目组（以下简称成美项目组）正式展开工作，在成立的红罐王老吉项目组中，负责品牌定位制订方面的研究人员一共三人：总经理耿一诚、研究总监张婷、客户经理王丹。

根据合同要求，成美项目组首先需要在 35 个工作日内完成红罐王老吉定位制订——明确直接、间接竞争对手，对竞争对手进行优劣势及竞争对手在消费者心智中的认知的研究、品牌定位推广制订（定位说辞和广告语）。在完成上述品牌定位后，围绕红罐王老吉品牌定位展开品牌推广执行及管理（含广告创意、制作、媒介、促销方案等工作）。通过对红罐王老吉的基本情况的了解，成美项目组形成了红罐王老吉定位研究的总体思路。

定位就是研究消费者定位就是研究消费者心智的工作。通过研究消费者心智，利用消费者已有的观念、认知，借助一个与之相关的概念，从而迅速进入消费者头脑中的购买清单（心智）。进行品牌定位工作就是研究目标人群的心智。由于加多宝公司上下都不知道哪些消费者在买红罐王老吉，不知道谁是重度消费者。也就是说，定位研究的目标人群还不明确，这是成美项目组定位研究工作中第一个必须解决的课题。

随着对各地一线市场调查的深入，成美项目组面临了多个问题：首先是红罐王老吉的现有用户是谁，其次是要了解浙南和广东两大核心市场的现有用户为什么选择红罐王老吉，然后要通过现有用户对红罐王老吉的认知以及潜在用户的认知中，精准地界定红罐王老吉是饮料还是凉茶或者是其他，并根据竞争对手寻求差异化的核心价值。这些问题需要进行消费者调研来解决，为此，成美找到了加多宝公司长期合作的市场调查公司——广州蓝田智业市场研究有限公司（以下简称蓝田），成美将希望解决的问题与蓝田公司进行了详尽的沟通，然后双方共同制订出消费者调研的方案。

通过与蓝田的深入沟通，成美决定将消费者调研分为三个阶段进行，第一阶段重点解决一个核心目的，就是红罐王老吉现在用户以及重度用户是谁？第二个阶段是分别在浙南和广东研究红罐王老吉重度用户的心智，他们为什么选择红罐王老吉，并同时对两地潜在用户进行王老吉、凉茶、红罐王老吉的认知调查；第三阶段是对定位方向进行验证，看看成美形成的品牌定位能否得到消费者的认同。

在成美很多的品牌定位研究项目中，一般都不进行上述的第一阶段市调，因为大部分在市场上推广了一定时期的品牌/产品，尤其是成熟的产品品类如牛奶、感冒药等，企业一般能清晰描述出自己的产品主要是哪群消费者购买的，自己的直接竞争对手是谁。

但对于加多宝却是例外，该企业无法描述红罐王老吉的现有用户和重度用户。所以，成美项目组决定用电话调查的方式先快速解决这个疑问，采用电话调查的方式是因为其样本的随机性相对有保证，而且当年的电话调查的拒访率相对低，执行时间较短且可控。

正是因为红罐王老吉属于饮料还是凉茶存在争议，而这对红罐王老吉的定位具有重大影响，不仅决定了目标人群，还决定了其竞争对手，以及和竞争对手比其差异化的价值。所以成美在消费者调研中先后采取了两种方法分别做"品类测试"。

2003年2月17日下午，成美向加多宝公司正式提交定位报告，在加多宝公司的大会议室中，加多宝公司所有高层齐聚一堂，包括董事长陈鸿道、销售总经理陶应泽、市场总经理阳爱星、生产部总经理杨工以及王老吉品牌经理王月贵等企业高层均参与了会议。

报告由成美研究总监张婷讲解，历时2小时。报告讲解完毕，下一步，按程序是由加多宝公司方面就提案提出疑问，成美项目组答辩。出乎意料，董事长陈鸿道径直站起来，大声说"好！我想了7年，就是要这个东西！"同时，他还回忆起说自己的一个朋友是北方人，也有上火的概念，陈鸿道认为上火这个概念对于全国具备普遍意义。

长期以来，陈鸿道一直从事饮料的生产和经营，对市场有着非常敏锐的直觉和判断力。由于他当场拍板通过红罐王老吉的定位战略，因此成美准备的第三阶段消费者调研——品牌定位的验证调查被取消了。

"开创新品类"永远是品牌定位的首选。一个品牌如若能够将自己定位为与强势对手所不同的选择，其广告只要传达出新品类信息就行了，而效果往往是惊人的。红罐王老吉作为第一个预防上火的饮料推向市场，使人们通过它知道和接受了这种新饮料，最终红罐王老吉就会成为预防上火的饮料的代表，随着品类的成长，自然拥有最大的收益。

确立了红罐王老吉的品牌定位，就明确了营销推广的方向，也确立了广告的标准，所有的传播活动就都有了评估的标准，所有的营销努力都将遵循这一标准，从而确保每次的推广，在促进销售的同时，都对品牌价值（定位）进行积累。这时候才可以开始广告创意，拍广告片。

品牌定位的推广

明确了品牌要在消费者心智中占据什么定位，接下来的重要工作，就是要推广品牌，让它真正地进入人心，让大家都知道品牌的定位，从而持久、有力地影响消费者的购买决策。

2003年2月20日开始进行定位后的广告代理服务阶段，成美根据"预防上火的饮料"撰写创意简报，开始进行广告表现。3月7日成美提交了《2003年王老吉全年推广计划》，将定位推广主题确定为"轻松防上火，享受好生活"。

"预防上火的饮料"的需求在什么时候最容易被唤醒？成美项目组认为在诸多饮料消费场合中，消费者第一提及喝红罐王老吉的往往是"烧烤、火锅、川菜、湘菜"这种情况，在这些场合推广定位不仅能够增强品牌印象，而且能迅速拉动消费。因此3月7日的全年推广计划中，成美还建议赞助广东、浙南重点城市一批烧烤场所的公共设施如遮阳伞等；加强与餐饮渠道的合作，传播定位概念，具体是在广东、浙南各指定的川、湘、云、贵、泰国菜酒楼、火锅店等进行定位推广等。

同时，为更好传播"预防上火的饮料"这一定位，成美与加多宝市场部进行反复讨论沟通，最终确定了广告语"怕上火喝王老吉"，并一直沿用至今。

电视广告创意历经几番调整，最终确定了成美创作部第3次提交的一条广告创意，就是大家最熟悉的那条广告片——画面选择了消费者认为日常生活中最易上火的五个场景：吃火锅、通宵看球、吃油炸食品、烧烤和夏日阳光浴，画面中人们在开心享受上述活动的同时，纷纷畅饮红罐王老吉。结合时尚、动感十足的广告歌反复吟唱"不用害怕什么，尽情享受生活，怕上火，喝王老吉"，促使消费者在吃火锅、烧烤时，自然联想到红罐王老吉，从而促成购买。

2003年9月17日，成美将红罐王老吉传播策略发传真给加多宝公司，对红罐王老吉的创意进一步规范，至此确定了红罐王老吉后续推广的基调。

红罐王老吉的电视媒体选择主要锁定覆盖全国的中央电视台，并结合原有销售区域（广东、浙南）的强势地方媒体，在2003年短短几个月，一举投入4000多万元广告费，销量立竿见影，得到迅速提升。同年11月，企业乘胜追击，再斥巨资购买了中央电视台2004年黄金广告时段。正是这种急风暴雨式的投放方式保证了红罐王老吉在短期内迅速进入人们的头脑，给人们一个深刻的印象，并迅速红遍全国大江南北。

2003年初，企业用于红罐王老吉推广的总预算仅1000万元，这是根据2002年的实际销量来划拨的。红罐王老吉当时的销售主要集中在深圳、东莞和浙南这三个区域，因此投放量相对充足。随着定位广告的第一轮投放，销量迅速上升，给企业极大的信心，于是不断追加推广费用，滚动发展。到2003年年底，仅广告投放累计超过4000万元（不包括购买2004年中央台广告时段的费用），年销量达到了6亿元——这种量力而行、滚动发展的模式非常适合国内许多志在全国市场，但力量暂时不足的企业。

在地面推广上，除了强调传统渠道的POP广告外，还配合餐饮新渠道的开拓，为餐饮渠道设计布置了大量终端物料，如设计制作了电子显示屏、灯笼等餐饮场所乐于接受的实用物品，免费赠送。在传播内容选择上，充分考虑终端广告应直接刺激消费者的购买欲望，将产品包装作为主要视觉元素，集中宣传一个信息："怕上火，喝王老吉饮料。"餐饮场所的现场提示，最有效地配合了电视广告。正是这种针对性的推广，消费者对红罐王老吉"是什么"、"有什么用"有了更强、更直观的认知。目前餐饮渠道业已成为红罐王老吉的重要销售传播渠道之一。

在消费者促销活动中，同样是围绕着"怕上火，喝王老吉"这一主题进行。如在一次促销活动中，加多宝公司举行了"炎夏消暑王老吉，绿水青山任我行"刮刮卡活动。消费者刮中"炎夏消暑王老吉"字样，可获得当地避暑胜地门票两张，并可在当地度假村免费住宿两天。这样的促销，既达到了即时促销的目的，又有力地支持巩固了红罐王老吉"预防上火的饮料"的品牌定位。

同时，在针对中间商的促销活动中，加多宝除了继续巩固传统渠道的"加多宝销售精英俱乐部"外，还充分考虑了如何加强餐饮渠道的开拓与控制，推行"火锅店铺市"与"合作酒店"的计划，选择主要的火锅店、酒楼作为"王老吉诚意合作店"，投入资金与他们共同进行节假日的促销活动。由于给商家提供了实惠的利益，因此红罐王老吉迅速进入餐饮渠道，成为主要推荐饮品。

这种大张旗鼓、诉求直观明确"怕上火，喝王老吉"的广告运动，直击消费者需求，及时迅速地拉动了销售；同时，随着品牌推广的进行，消费者的认知不断加强，逐渐为品牌建立起独特而长期的定位——真正建立起品牌。

推广效果

红罐王老吉成功的品牌定位和传播，给这个有 175 年历史的、带有浓厚岭南特色的产品带来了巨大的效益：2003 年红罐王老吉的销售额比上年同期增长了近 4 倍，由 2002 年的 1 亿多元猛增至 6 亿元，并以迅雷不及掩耳之势冲出广东，2004 年，尽管企业不断扩大产能，但仍供不应求，订单如雪片般纷至沓来，全年销量突破 10 亿元，以后几年持续高速增长，2010 年销量突破 180 亿元大关。

结语

红罐王老吉能取得巨大成功，总结起来，以下几个方面是加多宝公司成功的关键所在：

①为红罐王老吉品牌准确定位，广告对品牌定位传播到位，主要包括广告表达准确，投放量足够，确保品牌定位进入消费者心智这两点；②企业决策人准确的判断力和果敢的决策力；③优秀的执行力，较强的渠道控制力；④量力而行，滚动发展，在区域内确保市场推广力度处于相对优势地位。

资料来源：http：//www.360doc.com/content/15/1211/09/2848552_519536522.shtml.

本章思考题

1. 简述公共关系策划的工具。
2. 简述公关策划活动的注意事项。

第 六 章

公共关系战略表现

◎ **本章提示**

公共关系战略观，是衡量有效公共关系的主要标志。公共关系的战略功能体现在三个方面：结构洞的战略地位、跨界者的战略传播、创建竞争优势的战略任务。

公共关系战略表现主要包括品牌塑造战略、CIS 战略、组织文化战略等。

品牌不是一个单一的符号，而是具有丰富内涵的综合体，品牌资产的五大构成要素是：品牌知名度、品牌认知度、品牌联想度、品牌忠诚度和品牌其他资产。品牌基本理论包括 USP 理论、品牌形象论、品牌共鸣论、品牌个性论、品牌定位论、品牌资产论、整合传播论等。

公共关系在培育品牌个性、提升品牌文化、培养品牌忠诚、处理品牌危机方面发挥着重要作用。

CIS 战略是塑造企业形象的系统工程，主要包括理念识别（M1）、行为识别（BI）、视觉识别（V1）三个构成要素。

组织文化是一种共享的价值观，组织文化可以分为精神文化、制度文化和物质文化，也可以分为周边共性文化和核心个性文化。组织文化的灵魂就是领导人的哲学。组织文化具有界定组织个性、传递成员身份、增进认同感、提高稳定性、引导态度和舆论等六大功能。组织文化的实施方法有教育法、活动法和激励法等。

一般而言，公共关系被当作一种战术传播功能，进行广泛讨论和运用，比如，如何写新闻稿、如何发表演讲、如何制造新闻事件、如何与政府打交道等。因此，公共关系的传播技术人员角色常常被扩大，而管理者角色却被忽视，很少有公共关系管理者进入组织的权力联盟，对组织战略的形成提供建议。

而事实上，目前越来越多的公共关系实践已经从十年前单一的媒体管理、活动策划向以组织品牌和沟通战略为核心的咨询顾问方向发展。很多公关专家们都在从事研究、咨询、制定决策和解决问题的工作，这些工作都属于战略传播的范畴。比如，如何分析组织的优劣势？如何制定竞争优势战略？如何塑造品牌形象？如何培育组织文化，等等。今天的公共关系正在变得越来越具有战略性、科学性，正是这种战略观，是衡量有效公共关系的主要标志。

公共关系战略也称公关战略，是指某一个组织围绕着公共关系这一核心、以未来为导向、为实现组织公共关系总体目标的长期性和整体性的谋划与对策。

公共关系战略是指为实现组织目标，对组织未来公共关系发展作出全局性和方向性的谋划。具有全局性、方向性、长远性、风险性及层次性五大特点。随着现代科技的突飞猛进，社会组织与公众之间的关系，人与人之间的关系，越来越备受全人类的高度重视。过去，有些社会组织仅把公共关系当作战术来运用，现在逐步提升到战略的高度上来研究了。良好的人际关系，是一个难得的可开发的资源，也是一个营造出来的生存与发展的环境。充分运用公共关系学为社会组织主体服务，是业界内外都关心的课题。但是，对于这个问题的深入分析和研究，特别是对于企业中带有战略性的重大决策，很有价值。

第一节　公共关系的战略功能

 案例

1924 年，伯内斯受聘担任柯立芝（Calvin Coolidge）总统的形象顾问，帮助他改变不苟言笑的总统形象。在当时，美国大众对于这位个性严肃的新总统候选人缺乏好感，老罗斯福的孙女朗渥斯曾开玩笑说，柯立芝大概"从断奶以后，就是吃酸黄瓜长大的"。

如何让总统的形象由冰冷与内向，转化成温和与平易近人呢？经过深思熟虑，伯内斯决定举办一场白宫夜宴，邀请一群百老汇的著名演员，如吟游诗人裘森、娱乐界名人约翰朱，以及充满个性与活力的桃莉妹妹等 40 名艺人，在百老汇舞台晚间表演结束后，乘坐午夜火车前往华盛顿晋见这位候选总统。

一切都是安排好的，在白宫，总统依次与他们握手，但是在整个过程中，却始终保持着他那注册商标般毫无表情的扑克脸，共进早餐后，在白宫的草坪上，游吟诗人裘森为总统献唱了一首名为《留住柯立芝》的歌曲："比赛已经开始，柯立芝就是人选，坐上总统宝座的人选。默不作声地，他曾为我们做了许多，让我们回报他，把他留在这里。"

接着，柯立芝夫人与其他来自百老汇的明星们一起合唱道："留住柯立芝！留住柯立芝！让我们未来 4 年不需畏惧！"报界非常喜欢这则故事，《纽约时报》的头版头条标题是"演员与柯立芝一家人吃蛋糕……总统几乎笑了"。《纽约评论报》的标题是"裘森让总统首次在公开场合露出笑容"。《纽约世界报》的报道内容则写道："这群来自纽约的演员，只花了三分钟，就做到了华盛顿社区领袖再三尝试，却无法让柯立芝总统做到的事。传统上，大家都认为这件事是不可能在公开场所发生的。他们居然让总统露出了他的牙齿，张开他的嘴巴，然后笑了。"对美国来说，这些标题和报道反映了全美国人的惊喜，也毫无疑问地改变了柯立芝的声誉，三周后，柯立芝以极大的领先差距赢得了选举。

资料来源：陈先红.现代公共关系学.北京：高等教育出版社，2009.

想赢得大众的心，就要从他们的本能下手，而不能试着说理。"要记住，大众的心理倾向，是把他们的领袖当成毫无弱点的人"，通过这次拜访活动，伯内斯为媒体界与全美国提供了一个新闻事件，这个事件既出人意料又难以抗拒，并触动了大家心底的某种感觉，这正是伯内斯实践弗洛伊德主张的又一次成功范例。

战略是决定全局的策略。战略是关于企业运作的长期发展规划，是为了增强企业的应变能力。用管理学家的话来说，所谓战略，就是关于组织与外部环境相互作用的管理过程，以确保两者达到最佳适应状态。

战略听起来理论性较强，似乎有点虚，但却是关乎全局性、方向性、长期性和竞争性的东西，是绝顶重要的东西。古人云："自古不谋万世者，不足谋一时；不谋全局者，不足谋一域。"这已成为战略家们的共识。有了正确的战略，就可以做到"掌上千秋史，胸中百万兵"，就可以做到高屋建瓴，统筹谋划，全方位地思考；同时，又可以区分不同层次，分清轻重缓急，把握有度。有了正确的战略，就好像是坐在直升机上看黄河，可以很清楚地知道黄河虽然九曲十八弯，但是最终的方向是从西往东走，也绝不会犯南辕北辙的错误。战略是前进的方向盘，航船的指南针。如果没有了战略，企业就好像一艘在海上盲目航行的船，任何方向的风都会是逆风。

从公共关系的角度来看，公共关系的战略功能主要体现在以下三个方面：

第一，从关系网来看，公共关系处于"结构洞"的战略地位；

第二，从传播流来看，公共关系传播属于一种"跨界者"的战略传播；

第三，从生态位来看，公共关系主要是为组织的竞争优势战略、品牌战略、CIS战略和组织文化战略服务的。

一、处于"结构洞"的战略地位

所谓结构洞，是社会网络中的某个或某些个体和有些个体发生直接联系，但与其他个体不发生直接联系，无直接联系或关系间断的现象，从网络整体看好像网络结构中出现了洞穴。因为在结构洞存在的时候，处于两者连接状态的第三者拥有两种优势：信息优势和控制优势。而为了保持这两种优势，第三者希望保持结构洞的存在，不会让另外两者轻易地联系起来。根据结构洞理论。博特认为，"在竞争的商业环境中，企业家要如何取得比其他人更多的利益，就看其能否掌握较广的非重复的网络关系。"也就是说，想取得竞争中的优势，关系资源是很重要的。"换言之，一个人或一个组织，要想在竞争中获得和保持发展优势，就必须与相互无关联的个人和团体发生广泛的联系，以争取信息和控制优势。"结构洞理论很好地解释了公共关系人员的战略地位和作用。

在一个组织的关系资源网中，某些成员之间没有直接联系，只有公共关系人员同时与他们有联系，有的是强关系，有的是弱关系，无论哪种关系，公共关系人员都处于关系资源网的中心位置，占有明显的信息优势和控制优势。这个中心位置，就是博特所说的"结构洞"。博特指出，开放的关系网络比封闭网络具有更多的结构洞，占据结构洞的成员可以得到更多的回报。或者说，开放的社会网络比封闭的社会网络具有更多的社会资本，公共关系人员在社会资本的生产、维持和改变过程中，由于其结构洞位置所传达的信息、影响力、社会信任和身份认同，可以为组织带来巨大的经济效应和社会效应。他们是组织社会资本的经营者和管理者，也是具体的生产者、携带者和使用者，这也正是公共关系的价值体现。

二、开展"跨界者"战略传播

从传播角度看，公共关系作为一种重要的战略功能，主要体现在公共关系填补了战略管理理论的"环境空白"。

公共关系作为一种边界扫描功能，在管理与环境互动的过程中发挥着关键作用。公共关系正处在组织和环境的交界处，正处在一个连接组织和环境的桥梁位置，它既要从环境收集、设计、解释信息，又要代表组织对外部世界做出反应。也就是说，公共关系站在既能够代表组织又能够代表环境的立场上为组织提供决策信息，所以，公共关系人员在形成对环境的认知、组织决策者认知的过程中，发挥着重要的战略作用。

这种战略作用主要是与管理、趋势、议题、政策和企业结构有关。比如，在未来几年里组织将会面临何种危机？应该如何来认识这些危机？应对危机的准备是什么？发展趋势表明，公共关系在战略性传播中扮演着日益重要的角色。

三、培养竞争优势战略任务

公共关系在竞争战略层面的作用是很明显的，成功的竞争战略趋向于建立组织的核心能力，这种能力要么是本来拥有的，要么是创造出来的。

因此，公共关系对发展竞争优势的作用表现在思考和开发有助于创造、维持或提高这些核心能力的活动上，通过这些活动的开展来形成或强化组织的竞争优势。在这个意义上，公共关系有助于培养组织的品牌优势、组织文化优势、形象识别（CIS）优势等。这些优势都是公共关系战略任务的具体表现。

第二节　品牌塑造战略

 案例

耐克是全球著名的体育用品制造商，总部位于美国俄勒冈州，生产的体育用品包括服装、鞋类、运动器材等。

"NIKE"来自于希腊胜利女神"奈基 NIKE"的尾音，意为无往不胜。这个名字，易读易记，能够叫得响亮。耐克商标象征着希腊胜利女神翅膀的羽毛，代表着速度，同时也代表着动感和轻柔。它的造型简洁有力，急如闪电，一看就让人想到使用耐克体育用品后所产生的速度和爆发力。

品牌战略既是一种经营理论，也是一种经营实践，它是公司一种整体的、全局的经营战略，是现代公司与公众沟通的极其有效的手段。

品牌战略就是要为产品塑造个性，使得它深入人心，以达到促销产品和服务的最终目的。这种经营战略可以说是一种全方位的和时代相切合的新型的公司管理方式。品牌战略在现代公司营销策略中的作用越来越大，尤其体现在协调公司与外部公众之间的关系上。在妥善处理由于激烈竞争而造成的各个利益集团之间的冲突和纠纷方面有着相当重要的作用。

市场经济发展的特点之一，是消费者的消费需求日益多元化。这样，现代公司对外部环境的依赖程度日益加强。如果公司要在变化的社会中求得生存并占据优势地位，公司的品牌策略就必须转向外部，也就是以外部环境为主的经营战略。这个战略的重点是协调公司与环境之间的关系，不断调整产品和顾客之间的关系，在顾客中树立产品的良好形象，以便使产品更好地满足人们日益增长的物质和文化生活的需要。

品牌战略是一种综合性的、全方位的构想。公司不仅要做广告来推销自己，更需要改善公司组织管理体制、生产结构等综合的因素，这样公司的形象才能树立起来，具有现实的意义。

目前国内外的公司都十分注重品牌战略。

浙江镇海炼油化工股份有限公司，是排名全国前 50 位的大公司，在化肥成本急剧提高的形势下，他们想农民所想，急农民所急，以每吨低于国家标准 1375 元的价格出售，获得了广泛的好评，被农民亲切地称为"支农模范"，无形之中树立了良好的形象。

现代公司运营的许多事实证明。通过产品形象可以塑造一个全新的公司，形成独特的公司个性，从而给公司注入新的活力。

一、 品牌的基本含义

什么是品牌？当我们要用明确的话语去定义它时，却发现它好像无所不包。它可以是一种产品。一种服务，一个人，一件东西，一个观念，一段过程，一个城市，一个国家，它几乎可以是任何东西。然而，正因为品牌可以肆意变形的这种属性，唐·舒尔茨认为，品牌是"为买卖双方所识别并能够为双方都带来价值的东西"。这个定义可能更强调的是品牌的经济意义，而非它的具体内容。

1997 年，戴维森提出了著名的品牌冰山理论。他把品牌形象地比作冰山，我们日常可见的部分，如商标、名称等是漂浮在水面的冰山的 15%，剩下的 85% 都位于水下，包括价值观、品牌文化、品牌忠诚等不可见的因素，它们共同组成了品牌的实际形态。

美国营销学者菲利普·科特勒认为品牌包含属性、利益、价值、文化、个性、品牌使用者六个层面。法国学者 Jean-Noel Kapferer 同样认为品牌包含六项要素，并建构了品牌六棱柱本体模型，六条棱分别代表品牌的外形、个性、文化、关系、反映和自我形象。

而品牌专家大卫·爱格则将品牌视作一种"体验"，认为品牌是"一个名字、名词、符号、人、企业与消费者之间的联结和沟通"，应从产品、组织、个人及符号四个角度进行分析。作为产品的品牌，包括产品范围、产品属性、品质、价值、用途、使用者和原产国；作为组织的品牌，侧重于组织创新、质量驱动力与对环境的关注等；作为个人的品牌，指的是消费者个性特征在品牌上的投射；作为符号的品牌，其识别与记忆的难易程度会影响品牌凝聚力的强弱。然而，无论如何，品牌是一个以消费者为核心的概念，离开了消费者，品牌便会成为一文不值的符号。

以上定义从不同的角度对品牌的内涵进行界定，各有侧重。综合以上定义，可将品牌定义如下：品牌是能给拥有者带来溢价、产生增值的一种无形资产，它的载体是用以和其他竞争产品或劳务相区别的名称、术语、象征、记号或设计及其组合，增值的源泉来自在消费者心中形成的关于其载体的印象。

品牌能对消费者形成视觉影响和效果，具有可感知性，并且能唤起消费者的联想，是企业市场定位的工具和手段。对于消费者来说，好的品牌意味着他可以从购买中得到附加价值，显示其个性化的消费形象，因此，品牌也是赢得顾客忠诚的手段。"三流企业卖产品，二流企业卖技术，一流企业卖品牌"，品牌的重要性由此可见一斑。

二、 品牌的资产构成

20 世纪 80 年代以来，西方营销界广为人知的一项重要理论，便是以大卫·爱格为代表的品牌专家提出的"品牌资产论"。大卫·爱格为品牌资产建构了一个以消费者为中心的五星模型，该模型包含品牌知名度、品牌认知度、品牌联想度、品牌忠诚度和品牌其他资产五大要素。它能帮助企业经营者有效评估和确认品牌在消费者心目中的感性形象。作为一项无形资产，品牌是一系列与品牌名称、标志相联系的资产与负债。与产品和服务利益紧密联系，甚至能增加或减少产品和服务的价值。

1. 品牌知名度

品牌知名度是消费者对品牌的记忆程度，具体分为品牌无意识、品牌识别、品牌记忆和品牌深入人心四个阶段。当消费者对某品牌没有任何印象或从来没接触过时，该品牌处在默默无闻的无意识状态。在经过广告、宣传等手段后，消费者对品牌存在模糊印象，经提示后便能记起，此时进入了品牌识别阶段。当不需要提示，消费者就能想到或说出某类产品的第一个品牌时，这个品牌便已被记住并深入人心。

2. 品牌认知度

品牌认知度是指消费者对某品牌品质、服务等的整体印象，具体包括某品牌产品的功能、特点、可信赖度、耐用度、服务、外观等。品质是品牌区别于其他品牌的重要保障，是品牌可持续发展的坚强基石。消费者对品牌品质的肯定能够推动品牌的市场推广与发展。

3. 品牌联想度

品牌联想度是指消费者记忆中与某品牌相关联的每一件事。消费者的品牌联想是对产品特征、消费者权益、使用场合、个性等的人格化描述，这些描述描绘出一幅品牌形象的图画。这能够为消费者提供购买某品牌产品的原因，使同类产品的不同品牌得以区分。为消费者创造积极的态度。

4. 品牌忠诚度

品牌忠诚度是消费者在购买行为中对品牌表现出的多次偏向，是对品牌进行心理决策和评估的过程。品牌忠诚度是品牌资产的核心，可在消费者与品牌间建立持久有效的关系。它并不是虚无缥缈的，可以通过科学测量进行分析。测量指标主要包括顾客重复购买次数、顾客购买挑选时间、顾客对价格的敏感程度、顾客对竞争产品的态度、顾客对产品质量的承受能力等。如果失去了消费者的忠诚，品牌就会成为一个空有其表的符号，没有实在的商业价值。

5. 品牌其他资产

品牌其他资产既包括品牌商标、专利等知识产权，也含有客户资源、管理制度、组织文化、企业形象等能够为企业带来经济利益的资源。品牌经营者应积极保护知识产权，杜绝假冒伪劣，维系利益资源。

三、 品牌的价值效应

企业重视品牌塑造，源自品牌带来的巨大价值。这种价值除了有形的经济回报外，还包括对企业的生产、运营、文化氛围等方方面面的无形影响。

1. 资产增值效能

企业品牌不仅是企业实力。同时也是地区实力甚至国家实力的象征。品牌越知名，优势越大，越能为国家开拓广泛的国际市场。在经济全球化与跨国经营中占据有利地位，为国家赢得世界性商业利润，提升国家综合国力。我国企业品牌价值整体上仍与国外品牌有较大差距，竞争力不足。因此，品牌战略对于增强我国企业竞争力、增强我国经济实力具有不容忽视的意义。美国"世界最有价值品牌评估公司"评估量表如表 6-1 所示，美国"国际品牌公司"评估量表如表 6-2 所示。

表 6-1 　　　　　　　　美国"世界最有价值品牌评估公司"评估量表

评估项目	评估指标	权重
领导能力	商标影响市场的能力	0.3
稳定性	商标的生存能力	0.1
市场环境	商标交易的市场环境	0.05
国际性	商标越过地理和文化边界的能力	0.1
趋势	商标对本行业发展方向的影响力	0.1
法律支持	商标交流的法律有效性	0.1
金融支持	商标获得不断投资的支持能力	0.25

表 6-2 　　　　　　　　　　　　　　美国"国际品牌公司"评估量表

评 估 项 目	评 估 指 标	权　　重
量度	该品牌在同类产品中所占市场份额	0.35
宽度	该品牌对不同年龄、性格、国籍的人们的吸引力	0.3
深度	该品牌消费者的忠诚程度	0.2
长度	该品牌超越该类产品原有吸引力的程度	0.15

品牌资产及价值与企业的各个方面都有关系。可以说，企业的管理、市场环境、法律支持、金融支持等都决定了品牌资产的稳定程度与丰厚程度，而品牌的市场潜力与消费者认可程度也是影响品牌价值的重要因素。可见，打造一个知名品牌需要各方面的优异表现，而一个知名品牌则蕴含着强劲的资产增值能力。

2. 关系建构功能

当你每次在银行或者移动营业厅办理完业务，是否都会被邀请进行服务评价？每个企业都力图得到客户的"十分满意"，甚至"十二分满意"。良好的公众关系网络是企业生产与发展的外部资源。它不仅包括消费公众，还涉及社区公众、政府公众、新闻公众的理解与支持。而品牌便是建构公众关系网络的重要武器，基于优质产品与服务的品牌能够有效稳定旧客户，吸引新客户。美国一项研究报告显示：开发新客户比维系旧客户要多花 5 倍的成本；如果客户对企业持有正面评价，每个客户平均会告诉 5 个人；96% 的客户遇到不好的服务，会平均告诉周围 10 位好友；其中 20% 的人会告诉 20 余人；一次不好的服务的损失，需要 12 次好的服务才能弥补。而在当下这样一个全媒体时代，微博、微信等社交媒体可能会给劣质服务带来更强的传播力，极大影响品牌形象，影响品牌背后的公众关系。反之，优质的产品与服务会优化和巩固品牌形象，公众队伍能不断扩大。

3. 促销功能

普通商品，标上知名的品牌，就能身价倍增、销路通畅，这是为什么？这就是品牌的促销功能在发挥作用。良好的品牌形象能够赢得购买力，改善企业产品与服务的市场销售局面。主要有以下三个原因：

(1) 顺应了品牌消费趋势。

现代人以品牌消费为潮流。人们崇尚品牌、迷恋品牌，拥有品牌产品逐渐成为现代人的生活追求。通过公共关系塑造品牌甚至是名牌，迎合了消费趋势，因此具有促销功能。

(2) 符合公众展示自我的心理需求。

不是所有人都买得起名牌，不同品牌定位于不同层次的客户群体。公众消费品牌不仅仅是购买品牌提供的优质产品与服务，更是在消费与展示品牌所代表的虚拟符号，即社会地位与成就。这些虚拟的附加值能够充分满足公众自我展示的欲望与需求，所以被大众追捧。

(3) 公众自我防卫心理的感召。

一般来说，在购买决策过程中，公众对最小限度遗憾的关心高于对最大限度满足的关心。面临多项选择时，公众常常会预先估计最坏情况，并出于自我防卫，降低该情况发生的几率。而具有一定知名度、可信度的品牌能够为公众降低购买风险，满足了其自我防卫需求。因此，品牌对公众而言，更具有购买吸引力。

可见，品牌对于企业产品和服务而言，具有无形的促销功效。通过塑造良好的品牌形象这一件事，能为企业赢得百种利处。

4. 激励功能

良好的品牌形象通常与社会责任感、管理井井有条、工艺先进、市场广阔联系在一起。这样的品牌能给员工带来荣誉感和满足感，使员工以作为该品牌企业的一员为自豪与骄傲，进而形成强烈的归属感和为企业奉献自我的强大动力，积极自觉地为品牌贡献自己的聪明才智。因此，借助品牌来激励员工是充分调动员工的积极性与创造力，吸引员工、教育员工，增强企业的向心力和凝聚力的重要手段。

5. 扩张功能

良好的品牌形象通常意味着企业具有优良的经营管理模式、一定的经济实力与相应的社会认可度，这些能为企业吸引众多投资者、合作者，为企业兼并合作、拓展市场、扩张企业规模提供有力后盾。优秀的品牌发展路径能够推动品牌成为名牌，形成规模效应，实现企业的可持续发展。

四、 品牌的公共关系推广

在"好酒也怕巷子深"的今天，公共关系是品牌推广中不可或缺的环节。品牌需要通过公共关系，实现"扬名立万"，得到消费者认可，进而实现企业的发展目标。

1. 品牌需要公共关系思维设计

要想品牌一开始就站在高起点上，就离不开公共关系别出心裁的策划手段与战略上的高度构想。它能帮助品牌形成独特的构思、定位与命名，并能为品牌的延伸性宣传铺路搭桥。

 案例

1957年10月11日，美国首都华盛顿的主要干道上竖立着巨型彩色标牌："欢迎您，尊贵的法国客人！""美法友谊令人心醉！"整洁的售报亭悬挂着一长列美法两国的小国旗，它们精致玲珑，在微风中轻柔地飘拂，传递着温馨的情意。报亭主人特意设计绘制的"今日各报"的广告牌上，最鲜艳夺目的是美国鹰和法国鸡干杯的画面与"总统华诞日贵宾驾临时"及"美国人醉了"等大标题，它们吸引着络绎不绝的路人光临。

马路上，许多轿车、摩托车、自行车涌向白宫……

白宫周围，已是人山人海。人们满面笑容，挥动法国国旗，期待着贵宾的出场。

贵宾是谁呢？不是政府要员，不是社会名流，在美国总统艾森豪威尔诞辰日，光临华盛顿的法国特使却是两桶法国白兰地酒！

这是怎么回事? 原来, 这是法国公关专家精心策划实施的一幕公关杰作。白兰地酒当时在法国国内已享盛誉, 畅销不衰。厂商的目光开始瞄向美国市场。为此, 他们邀集了几位公关专家, 慎重研讨公关方案。受邀的专家们通过调查, 收集了有关美国的大量信息, 并经仔细斟酌, 提出了一项颇具新意的设计。

公关宣传的基点是法美人民的友谊。整个规划的主题是"礼轻情意重、酒少情意浓"。择定的宣传时机是美国总统艾森豪威尔 67 岁寿辰。要求公关活动尽可能广泛地利用法美两国的新闻媒介, 赠送的是两桶窖藏长达 67 年的白兰地酒。贺礼由专机送往美国, 酒桶特邀法国著名艺术家特别设计制作。然后于总统寿辰日, 在白宫的花园里举行隆重的赠送仪式, 由 4 名英俊的法国青年身穿法兰西传统的官廷侍卫服装抬着这两桶白兰地酒正步前行, 进入白宫。

这项公关规划立即得到公司最高决策者的批准, 并且获得法国政府的赞赏和支持, 外交渠道的绿灯也亮了。美国公众在总统寿辰一个月之前就分别从不同的传播媒介获得了上述信息。一时间, 法国白兰地酒成了新闻报道、街谈巷议的热门话题。千百万人都期盼着这两桶名贵的白兰地酒的光临。于是, 便出现了前面所述的万人空巷的盛况。当这两桶仪态不凡的美酒亮相时, 群情沸腾, 欢声四起, 有些人甚至大声唱起了法国国歌《马赛曲》。此刻, 美国公众似乎已经闻到了浓郁的酒香, 更由此而品尝到了友谊佳酿的美味。从此法国白兰地酒昂首阔步迈进了美国市场。在美国的国家宴会和家庭餐桌上几乎都少不了它的身影!

问题与思考:

品牌发展离不开有效的公关推广。法国白兰地酒敲开美国大门首先在于选择了恰当的时机, 在受到全国瞩目的总统诞辰日送上白兰地酒, 无疑确保了广泛的传播面; 其次, 公关宣传以美法友谊为重点, 切入点让普通公众易于且热心于接受; 最后, 两国媒体的提前预热与外交绿灯都赋予了此次品牌空前的推广力量, 让它深入美国人民的心中。

抓住适当时机为品牌进行公关策划, 将会得到令人惊奇的效果。品牌开发与推广离不开对市场的精准预测与分析, 公共关系在对消费者、社区公众、社会公众的心态、意见、价值取向、文化观念、舆论上要有比一般市场意识更高的构想。

2. 公共关系提升品牌文化

品牌文化是企业组织文化与企业形象、传统文化融合的产物, 代表着企业与消费者共同的价值观念、情感取向。它是企业形象的内核, 是产品形象的基础, 是企业发展的背景资源, 为品牌发展提供的深厚的"文化营养"。有效的公共关系能够使拥有优秀文化积淀的品牌能够长久扎根于消费者心中, 提升企业形象。

3. 公共关系培养品牌忠诚

品牌忠诚度是消费者购买行为中对品牌的多次偏向。品牌忠诚度不仅与消费者的使用经历有关, 也与品牌公关行为的引导与培养紧密联系。公共关系能够接近客户, 测量顾客对产品与服务的满意度, 及时处理客户遇到的问题, 分析了解并尽力满足客户的深层次需求, 力求使客户留下对品牌产品与服务的好印象, 并将这种好感逐步发展为品牌忠诚。

4. 公共关系处理品牌危机

 案例

在 20 世纪 90 年代早期，美国洛杉矶市遭受了经济停滞不前、民众情绪低落、房地产贬值、爆发骚乱和犯罪浪潮等多重打击。从 1990 年到 1992 年，在洛杉矶过夜的外地访客大幅减少，导致该市收入减少了 80 亿美元。针对这一问题，公共部门和私有部门的领导人携手以"新洛杉矶营销合作行动"的名义资助了一项历时五年的公关活动。

公关活动的目标十分明确——重新塑造该地区的形象，赢回其经济地位，向世人宣传洛杉矶地区是生活、工作和游玩的好地方。该宣传手法被用于重要的国际和国内市场。120 家公司资助了这项公关活动。该活动甚至还得到了洛杉矶当地政府及洛杉矶会议与访客管理局的大力支持。

其战术手法采用了三驾马车式的方法，利用广告、强势的传媒关系，与该地区 12 个产业集团的决策者举行见面会议。这些集团涉及国际贸易业、电影电视业、技术行业和保健行业等。放弃大吹大擂的作风，转而采用注重事实的方法来克服传媒的怀疑态度。

在 5 年的时间（从 1994 年到 1999 年）里，洛杉矶产生了 27000 家新公司和 232000 个新的就业岗位，房地产价格开始反弹，到洛杉矶来的访客人数稳步增长。乐观的情绪又回到了洛杉矶市民身上，接受民意调查的当地居民中有 72% 的人说下一代人的生活会更好。与 1995 年人们对同一问题的消极回答相比，持积极乐观态度的人增加了 20%。

问题与思考：

危机并不可怕，它也有可能是企业或组织发展的转机，洛杉矶成功重振城市品牌正说明了这一点。但其 5 年的振兴历程也说明，城市品牌公关需要多方力量协作，政府引导、各方合作、足够的经济投入、借助媒体力量都是洛杉矶成功挽救城市品牌的法宝，为洛杉矶的发展注入了新的活力。

"天有不测风云"。品牌在发展过程中会遭遇危机。对组织而言，这是机遇与挑战并存的时机。这些危机可能是自然灾害与不可抗的社会动乱造成的，可能是组织决策失误或管理不当造成的，可能是组织失信于公众、发生质量丑闻等造成的，还有可能是新闻媒体的失实报道导致的。无论哪种，处理不当，都可能对组织与品牌的前途和命运造成灾难性后果。

此时，品牌持有者应动员公关力量，判断危机原因，估计事态发展趋势与后果，有针对性地开展公关手段，通过科学的调查分析结果来协调自身与公众之间的紧张关系。有技巧的公共关系能够化干戈为玉帛，化危机为良机，甚至能让品牌与组织起死回生。

5. 公共关系能为品牌成长创造良好的社会环境

在品牌行销过程中，需要处理复杂的社会关系，诸如客户关系、员工关系、消费者关系、政府关系、媒体关系、竞争者关系等。这些关系协调与否，直接决定组织生存与发展的好坏。处理得好，它们便能形成品牌发展的合力；处理不当，它们就会成为品牌成长的阻力，甚至会破坏品牌来之不易的正面形象与信誉积累。因此，良好的公共关系是品牌成长的有力支撑。

第三节　企业 CIS 战略

 案例

20 世纪 50 年代初，IBM 公司经过 40 多年的经营，已经使 IBM 成为计算机的代名词，宣传公司知名度的诉求已无必要。怎样使 IBM 公司跻身于世界性大企业之列？当时的 IBM 公司董事长小托马斯·瓦特逊（Thomas Watson, Jr.）认为：必须在世界计算机行业树立一个引人注目的 IBM 形象，而这个形象的灵魂应该是公司奉行的开拓和创新精神。公司首席设计顾问艾略特·诺伊斯（Eliot Noyes）认为，应有意识地在消费者心目中留下一个具有视觉冲击力的形象标记。据此，著名设计师瓦尔特·兰德（Volte Landor）设计出了一直沿用至今的 IBM 字体标志，并把这个标志展开使用在所有的应用项目上。八条纹的 IBM 标准字，鲜明地表现了 IBM 的经营哲学：品质感与时代感，可以说是"先锋、科技、智慧"的代名词，以蓝色构成的标志也成功地树立了高科技"蓝色巨人"的形象。

IBM 公司通过 CI 设计塑造企业形象的经营用法，使 IBM 成为美国计算机行业首屈一指的霸主。于是，美孚石油公司、东方航空公司、西屋电气公司、RCA 公司等纷纷仿效。到 1970 年，可口可乐公司为创造新时代的形象，首次导入 CI，此举震惊了世界各地。现在欧美大部分有股票上市的公司均实施 CI，成功的 CI 设计层出不穷。

一、 CIS 战略的起源与发展

（一）CIS 战略的起源

CI 是英文 corporate identity 的首字母缩写，字面意思是"团体的同一性或个性"。corporate 的名词形式是 corporation，意思是社团、公司、企业等；"identity"有三层含义：一是证明、识别，二是同一性，一致性，三是恒定性、持久性。从英文的原意来看，其识别主体 corporate 可以是各种类型的社会组织，但由于在当代市场经济的形势下，企业对形象识别工作最为重视，开展得比较充分，社会上习惯将其称为企业 CI，一般译为"企业或组织识别"更为准确，主要内容是指企业通过自己的创造、发展、传播，使社会公众认识并认同。

CI 最早起源于第一次世界大战前的德国 AEG 电器公司。AEG 公司在其系列电器产品上首先采用了设计的商标，同时公司又将这一商标应用到了公司的便笺、信封等办公用品上，这一商标成为了以后企业统一视觉形象的 CI 雏形。这可以看作是 CI 视觉识别设计的开端。第二次世界大战以后，国际经济复苏，工商企业蓬勃发展，企业经营者深感建立统一的识别系统可以正确传达企业的信息，塑造独特的企业经营理念。自 20 世纪 40 年代后期以来，欧美各大企业纷纷导入 CI。20 世纪 60 年代至今可以说是欧美 CI 的全盛时期，许多企业纷纷导入 CI，并掀起了一波又一波高潮。第二次世界大战以后，CI 逐渐传到了日本。它较欧美晚了一二十年，但发展相当迅速。CI 在发展的过程中不断得以完善，从而形成了 CIS（Corporate Identity System，CIS）。CIS 战略比 CI 战略更系统、更完善。

（二） CIS 战略的发展

随着市场竞争的不断加剧和公共关系手段的不断完善，CI 战略在为企业服务的过程中不断赋予新的内容。由于 CI 在不同国家、不同企业得以运用的方式有所区别，从而形成了不同发展过程的战略。

1. CIS 在美国的产生和发展

具有真正意义上的 CI 战略的产生应首推美国。20 世纪 50 年代，美国高速公路飞速发展，道路两旁交通标志林立。这些标志的共同特点是：简洁、明了，颜色、图形均按统一的标准设定，没有过多的文字，只有系统性图形。司机看到这些标记，尽管车速很快，但仍能心领神会。基于这些标记的共同特点和规定的特定内涵，达到"瞬间识别"的效应。

美国企业家们在这种"车辆文化"的启迪下，设想如果能按照统一的标准设计出企业的标志、标准字和标准色，并通过这样的思路设计出企业广告，一定能达到"瞬间识别"企业的效果。把树立企业形象融于企业的生产经营之中，成功导入 CI 应首推美国国际商用机器公司，即 IBM 公司。1955 年 IBM 公司正式导入 CI，聘请世界著名设计师瓦尔特·兰德（保罗·兰德公司首席设计师）为其设计出一套完整的企业识别系统，以传达统一的 IBM 形象。保罗·兰德公司为 IBM 公司设计的标志是由几何图形造型 IBM 三个大写字母并列组合构成，"M"字母的大小是"I"、"B"两字母大小之和，名称、字样、图形三者合而为一。IBM 是公司全称 International Business Machines Corporation（国际商用机器公司）的缩写，既象征了计算机产品系列及其联网技术，又使人联想到公司开发计算机的企业发展战略和提供优质服务的企业行为规范。该企业识别系统简洁、明了、流畅、美观，很好地反映了 IBM 的品质感和时代感。

20 世纪 70 年代，IBM 公司深深体会到了企业经营哲学的重要性，1976 年提出在企业标志的设计上，要把经营哲学列为首先表现的东西。于是 IBM 公司又设计了八条与十三条条纹的两种变体标志，其标准字有实体、空心。反面和条纹等规格的使用说明，由各分公司根据实际需要弹性使用，其蓝色条纹构成的 IBM 字形标识成功地建立起了 IBM 高科技"蓝色巨人"的形象。IBM 的良好形象获得了直接的经济效益和社会效益。

IBM 公司的成功实例，激起了许多美国的先进公司导入 CIS 战略的热情，美孚石油公司、远东航空公司、美国无线电公司（RCA）、东方航空公司（Eastern）、百事可乐公司（Pepsicola）、西屋电气公司、艾克逊公司等相继导入 CIS。其中最具代表性的视觉形象是可口可乐公司的标志设计。

多年以来，可口可乐以其独特的口味，通过营销战略和广告战略，已成为风靡全球的饮料之王，在消费者心目中留下了难以忘怀的深刻印象。1965 年，企业决策层毅然决定更改标志，提出了迎接新时代的"阿登计划"。经过市场调查，可口可乐原有标志中有几个要素是不可或缺的：①Coca-Cola 的书写字体；②品牌；③红色的标准色；④独特的瓶型。这四个基本要素是可口可乐公司多年来投入巨资所换得的宝贵财产，新的设计必须以此为基础。"阿登计划"关于为塑造可口可乐新形象而设定的目标：不但要让消费大众继续饮用，更要使其认识饮用可口可乐的价值感；要使人们认识到，可口可乐是家喻户晓的品质优良的饮料；对年轻人有更强烈的诉求力；迅速将可口可乐的新形象在消费者心目中树立起来。公司花费几个月的时间，从 150 多种计划中选出"阿登计划"的核心——正方形中配置 Coca Cola 书写体的标准字，将瓶型特有的弧线轮廓予以象征化，使之成为像缎带一样的线条。标志诞生后，可口可乐公司随即进行应用设计要素组合运用的实验，直到 1968 年 12 月，整个设计终于获得公司决策层的认可。可口可乐新的 CIS 计划，正是为了适应新的时代精神，率先向前迈进，以领导时代潮流而展开的。1970 年，可口可乐正式导入 CIS，这一行动震惊了世界工商企业。

2. CIS 在日本的发展

日本虽然开展、应用 CIS 战略的时间较晚，但起点高，发展快，一开始便显示了不凡的气概。日本 CIS 的发展大体分为以下四个阶段。

第一阶段，20 世纪 70 年代前期。这时 CIS 设计开发的主要内容在于视觉传达设计的标准化，力求设计要素与传达媒介的统一性，使得标志、标准字、标准色都能充分运用在企业中，当时较好地运用 CIS 设计的企业主要有马自达、大荣超级市场等。

第二阶段，20 世纪 70 年代后期。这时候的 CIS 方向在于重整企业理念与经营方针，以活跃士气、带动生产、创造利润。这一时期表现为"医疗式 CIS"，目的在于保证企业的健康发展，实现企业的战略目标。比较有代表性的企业有松屋百货、健伍和小岩井乳业等。健伍（KENWOOD）音响公司，原名 TRIO 音响，公司业绩低落，在更名 KENWOOD 并导入形象设计后，各方面均进行了革新，产品广受消费者欢迎。业绩在短时间内增长两倍，从一家濒临倒闭的公司成为知名的跨国企业。

第三阶段，20 世纪 80 年代。这一时期以员工的意识改革和企业体制改善为主，这是对企业经营状况的强化。与第二阶段相比，这一时期比较注重防患于未然，以健全企业体制。这是一种"防御式 CIS"的形式。比较有代表性的主要有麒麟啤酒和石桥轮胎等。

第四阶段，20 世纪 90 年代以后。这时的 CIS 注重深入了解企业本身的经营资源与经营方针，再将其充分利用，以扩大与竞争对手之间的差异性，尤其深入挖掘企业文化。这一时期可以说已经确定了独树一帜的"日本型 CIS"战略。比较有代表性的企业是朝日啤酒公司。当时，朝日啤酒新产品开发失败，市场占有率惨跌到 10%，公司经营处于危机状态。新上任的村井勉田社长决心以 CIS 运动更新企业理念，改造企业文化，重塑企业形象。公司提出了"消费者导向，尊重人性"的新的经营理念。为了在各部门推广这一新理念，朝日以课长为中心，设置 CIS 推动委员会。CIS 委员会以消费者导向为公司目标，推行"Live People（有活力的人）"运动新标志制定、新味道与新品牌的啤酒开发等改革，同时在人事、财务、营销等领域提出新的变革方案并在企业进行全方位的改造。导入 CIS 后，朝日啤酒重显活泼生机，员工也一改原来"毫无生气，夹着尾巴做人"的灰色形象，振奋起自信、追求卓越的精神面貌。

由此可见，日本型的 CIS 近乎"企业革命"，是对企业从外观形象到经营行动直至企业价值观、理念的全方位的变革。

3. CIS 战略在中国的导入和发展

纵观国际市场，以 CIS 开发导入最受企业重视，不难找到印象深刻、形象良好的商品及企业形象，如可口可乐、富士胶卷、麦当劳、P&G、丰田等，而它们均是在全面实施 CIS 战略下取得的成果。CIS 对现代企业发展意义重大，第一，它为企业市场竞争提供一种有力武器，良好的 CIS 可有效统一和提升公司形象，不仅有利于企业与顾客的沟通，而且能够制造产品与企业的差别优势，创造名牌，提高经济效益；第二，正确导入 CIS 可理顺企业内部关系，规范企业行为，实现企业素质与管理水平的提高；第三，通过导入 CIS，使企业文化得到优化，能有效提高企业员工的工作热情与积极性，同时，它还对社会文化环境的改善发挥一定作用；第四，通过导入 CIS，可大大提高企业的信息传播效率，减少浪费，同时使其无形资产迅速增值。

随着市场竞争的不断加剧和公共关系手段的不断完善，CIS 战略在为企业服务的过程中不断赋予新的内容。由于 CIS 在不同国家、不同企业得以运用的方式有所区别，从而形成了不同发展过程的战略。

CIS 在 20 世纪 80 年代中期传入中国大陆，开始是以理论的形式作为大学教材引进的，最初还仅仅停留在工艺、美术院校的课堂上，对社会没有较大的影响。直到 20 世纪 80 年代后期，随着计划经济向市场经济转轨，竞争机制作用的日益强化，企业才感觉到 CIS 战略的重要性，迫切呼唤 CIS 走出学校的课堂。

中国第一个成功导入 CIS、并对中国 CIS 运动产生重大影响和推动作用的，是广东太阳神集团有限公司。国际品牌企业成功 CIS 案例投入产出比高达 1∶227。中国第一个 CIS 成功案例太阳神仅用 4 年时间，将销售收入提高到 200 倍以上。第 5 年之后，"太阳神"口服液在市场上受到来自消费者的质疑，此后，"太阳神"效应开始下滑。但是"太阳神"日后的没落，并不能埋没它运用 CIS 策略创下 200 多倍投入产出比的经济奇迹，更不能忽视它在开创中国 CIS 运动史上的先驱者和风向标作用。

"太阳神"导入 CIS 的成功，在中国企业界和中国企业形象革命史上具有划时代的意义。其创下的经济奇迹，证明了 CIS 是培育品牌，创造超级利润的一只"魔手"。"太阳神"的成功标志着传统计划经济条件"企业无形象时代"的结束，昭示了中国企业"形象导向时代"的来临，揭开了中国企业引进开发 CIS 的序幕。之后，一大批广东名牌产品如雨后春笋般崛起，健力宝饮料、科龙冰箱、美的风扇、华帝燃具、万家乐热水器、格力空调、康佳彩电、格兰仕微波炉、康宝碗柜、三角牌电饭锅……这些品牌的创立和成长过程，皆有与"太阳神"运用 CIS 创立名牌的相似之处。

中国加入 WTO 之后，中国企业开始直面国际国内两大市场激烈的竞争与挑战。当他们在外部竞争和经营压力下，明显感觉到品牌、文化、管理、形象这些与企业竞争力相关的"软件系统"要素，都滞后于企业发展步伐，与企业规模实力不相匹配，对未来企业发展起到严重制约作用的时候，他们开始反省和重新审视 CIS。他们发觉自己的企业需要 CIS。他们从来没有像现在这样感到迫切需要 CIS。这是中国企业真正对 CIS 感到"内在需求"的时期。这种 CIS 的内需来自加入 WTO 后国际竞争的刺激和压力。这种需求使得 CIS 从冷却到冰点的低谷，又开始升温起来。近年来，CIS 开始成为一些设计公司、咨询公司、文化公司的热门业务。这就是人们期待的"中国 CIS 第三次浪潮"到来的先兆。"中国 CIS 第三次浪潮"以渐进升温的内在需求为表征，正处在上升期。这一时期的 CIS 开始走向成熟，无论是国有企业，还是成长壮大了的民营企业的企业家们，都抛弃了"表象化 CIS"的俗见，开始追求 CIS 对品牌建设、企业文化培育、管理规范和形象整合的全方位效应。这一时期的突出问题是面对企业界对 CIS 深化发展与全面导入的需求，设计界、咨询界缺少深度的 CIS 专业技术储备。面对 CIS 专业性、技术性、实操性的困惑，企业家们发现真正的 CIS 专业机构难寻。这就是当前中国 CIS 运动出现的尴尬局面。基于此，广州、北京、上海、南京等大城市一些管理咨询公司、文化传播公司、著名院校，开始介入 CIS 策划。但是，管理咨询文化公司、企业传播公司短缺 VI 专业设计，以平面设计成长的广告设计公司又缺乏理念和行为系统设计及全面 CIS 战略规划的高度，这是制约 CIS 发展，影响区域经济、品牌经济、企业成长的一个要素之一。CIS 专业公司的成长与发展，将是中国 CIS 产业化的关键，CIS 学科化、专业化，将是带动 CIS 产业化、本土化的引擎。

世界经济一体化进程加快，中国经济持续稳健发展，企业面对国际竞争压力和自身发展素质提升的需要，CIS 在中国开始真正热起来。特别是经过近几年的介绍、宣传及示范，已在全国范围内掀起了 CIS 研究开发热潮。CIS 已经不再是企业的专利，医院、学校、媒体、社团、城市、国家部门都在积极研究 CIS 的重要性，并着手进行导入与应用。

二、 CIS 战略的基本内涵

（一） CIS 战略的构成要素

以企业统一识别系统为核心的 CIS 战略，其基本内容从总体上看主要由以下三大部分构成：理念识别（Mind Identity，MI），行为识别（Behavior Identity，BI），视觉识别（Visual Identity，VI）。其中，理念识别系统处于主宰和支配的地位，是整个形象识别的关键，而行动识别和视觉识别则是理念识别的延展和推广。

1. 企业理念识别系统

企业理念是公司的基本精神，它决定着企业的产品（位置、包装、价格）、营销、广告，企业与消费者、政府的关系，企业的效益，企业的基本形象。企业的最高决定都以企业理念为准绳。

企业理念识别系统是企业文化在意识形态领域中的再现，是指企业经营过程中实际形成的经营理念、经营信条、经营战略、企业使命、企业目标、企业精神、企业哲学、企业文化、企业性格和座右铭的一体化。

企业经营理念包括企业的经营宗旨、经营方向、企业价值观和企业精神等。经营宗旨是指企业的经营目的。企业的经营宗旨一经确定，实际上也就界定了企业发展的基本思路。企业的经营方向包括事业领域和经营方针两方面。事业领域指企业的经营范围，经营方针则反映企业运行的基本原则。企业价值观是指企业对经营质量、服务、人才竞争，以及对社会等问题所形成的基本看法和观点，它们对企业的经营活动具有决定性的影响。企业的经营理念是无形的东西，但是却体现在企业一切有形的东西之中。企业理念就像一个人的灵魂，它支配着企业活动的各个方面。一个企业如果没有正确的经营理念，那么无论它花费多大的功夫，投入多少人力财物，都不会获得成功；优秀的企业皆因有优秀的企业理念。优秀的企业理念能够在社会中树立起独特的、良好的形象。

金利来是亚太最成功的 CIS 典范案例之一。金利来是爱国人士曾宪梓先生 20 世纪 60 年代在香港创立的中国品牌。20 世纪 90 年代初期，伴随中国经济改革步伐，金利来率先进入中国内地市场。亚太自 1992 年起，为金利来服务长达 8 个年头之久，包括新闻传播、品牌策划、形象设计。

亚太对金利来 MI 设计的核心是全新的经营理念设计："文化经商、形象经商、情感经商。"这一经营理念的提出，是 1996 年 11 月在广州召开的第二届中国企业 CIS 战略推广研讨会期间，为金利来（中国）公司总经理大会发言，作为大会交流论文提出的。以这一全新理念作为标题的大会发言论文，引起强烈反响，香港媒体转载，中国人民大学收藏入书库。第二届中国企业 CIS 战略推广研讨会由国家统计局、经济日报社主持，该文评为大会最佳论文一等奖，金利来评为"中国 CIS 著名品牌"。

金利来原有经营理念是曾宪梓先生提出的"勤、俭、诚、信"。这是金利来创业时期的经营思想。"文化经商、形象经商、情感经商"理念的提出，是金利来已经成为中国和国际知名品牌之后，为金利来国际品牌的文化提升，进入品牌竞争时代提出的经营理念。与此相关，还提出了"爱国家、爱公司、爱家庭、爱自己"的四爱行为基准。金利来的 MI 系统，这在当时对于一个外资企业的企业文化和品牌信誉的建设，发挥了恒久的作用。

2. 企业行为识别系统

企业行为识别系统是指企业在实际经营活动中所具有的操作规范、协调机制和管理方式的一体化。企业行为识别系统是企业理念在员工行为中的外化和表现，它是一种动态的识别形式，具体可以从两个方面来理解：企业内部系统，包括各项规章制度、内部环境的营造、生产管理、员工教育、行为规范、服务态度、行为准则、生活福利、工作环境、公关对策等；企业外部系统，包括市场调研、产品开发、公共关系活动、广告活动、促销活动、公益性文化性活动等。

企业行为识别系统是企业所有工作者行为表现的综合、企业制度对所有员工的要求及各项生产经营活动的再现等，是企业的运作模式，其结果是使企业行为高度一致化，其作用在于升华企业理念、强化视觉识别，从而展现出具体、生动、动态的企业形象。

3. 企业视觉识别系统

企业视觉识别系统是指企业的全部可见事物所传递的视觉信息的一体化。企业视觉识别系统包括基本要素和应用要素两大部分。基本要素包括企业的名称、品牌标志、品牌标准字体、企业标准色、象征图案、宣传口号、专用歌曲等，应用要素包括产品、包装、办公用品（如名片、信封、信纸等）、室内环境、陈列展示、建筑物、交通工具、员工制服等，即基本要素使用的领域。基本要素是应用要素的基准和依据，因此对名称、标志、标准字、标准色等都有严格的使用规定，以保持统一的视觉传达符号出现在企业内外的各种传播媒体上，保持企业形象的同一性。

VI 的传播与感染力量最为具体，是 CI 中项目最多、层面最广、效果最直接的传递信息的形式。通过 VI，能够充分地表现企业的基本精神及个性，使社会大众通过 VI 的要素一目了然地掌握企业所要传达的基本信息，达到识别的目的。从根本上说，企业视觉识别系统主要包括以下四个核心层内容。

（1）商标——产品的标志。

商标是将某商品或服务标明是某具体个人或企业所生产或提供的商品或服务的显著标志。从广义上讲，商标通过对商标注册人加以奖励，使其获得承认和经济效益，而对全世界的积极和进取精神起到促进作用。商标保护还可阻止诸如假冒者之类的不正当竞争者用相似的区别性标记来推销低劣或不同产品或服务的行为。这一制度能使有技能、有进取心的人们在尽可能公平的条件下进行商品和服务的生产与销售，从而促进国际贸易的发展。

商标的起源可追溯到古代，当时工匠们将其签字或"标记"印制在其艺术品或实用产品上。随着岁月迁流，这些标记演变成为今天的商标注册和保护制度。这一制度帮助消费者识别和购买某产品或服务，因为由产品或服务上特有的商标所标示的该产品或服务的性质和质量符合他们的需求。作为企业竞争力和知识产权的重要组成部分，商标，尤其是知名商标的价值不言而喻。创立一个品牌，往往需要几十年甚至上百年的不懈努力。而一旦品牌商标被抢注，就意味着该品牌精心开拓的市场受到严重干扰和威胁，其直接和间接的经济损失以及潜在的品牌信誉、文化损失更是无法估量。企业在 CIS 战略导入和生产中，如何设计好商标、保护其商标，对于长远发展，具有重要的意义与作用。

（2）品名——品牌的名称。

品牌需要进行商标设计，绝大多数的商标中包含品牌名称，并且这一比重将越来越大。如果没有品牌名称就不可能诞生这些商标。在品牌建设的各项活动中，品牌名称的地位是至关重要的：产品包装、品牌策略、广告词、广告语、品牌推广、品牌经营、公关宣传都必须是在确定品牌名称的基础上进行。

著名品牌"谭木匠"的老板谭传华在 2005 年 4 月 15 日央视 2 套的《财富故事会》中讲述了一个他创业中真实的故事：谭传华在创立木梳厂后，为品牌取了"三峡"、"先生"、"小姐"等几个品牌名称，并且为产品品牌投入了很大的广告费用，结果效果不行，甚至有同行带信给他，讥笑他说："谢谢你，你在前面花钱打广告，我们在后面捡鱼"，因为这些广告只让顾客知道了木梳，并没有使顾客知道他的品牌。一个低劣的品牌名称不但没有为自己创造品牌价值，甚至成为自己的毒药，因为它让对手省下了很多广告费用。后来，谭传华看到赵丽蓉的小品《如此包装》后，深受启发，就重新设计了一个体现富有历史深度的品牌"谭木匠"，结果，"谭木匠"很快红遍全国，产值过亿。仅仅一名之差，让一个前后一样的产品创造的价值和利润有天壤之别。这就是品牌名称这个引擎的巨大威力。

优秀的品牌名称在品牌推出阶段所发挥的作用是巨大的，新品牌最有力的武器就是一个能引起人们注意的品牌名称。有些品牌是你仅仅看到一次就能记住的，例如，娃哈哈

第三节　企业 CIS 战略

193

（儿童营养口服液）、阿里巴巴（电子商务网站）、奔腾（电脑微处理器）、联想（电脑）、清嘴（含片）、农夫山泉（天然水）、飘柔（洗发水）等。当你第一次看到这些品牌名称时，你就立刻被深深地吸引了，大脑从此烙上了这些印记，因为它们都是"强注意力品牌名称"，例如，还有一些品牌名称：澳加美（洗发水）、黛丽丝（沐浴露）、三宅一生（服饰）、森康（眼镜店）等，让人们的大脑觉得模糊，提不起兴趣，很难记住。

实践证明，记住一个"拙劣品牌名称"要比"强注意力品牌名称"需要更多的重复，花费更多的时间，并且很快会忘记。这就意味着，想要获得同样的注意力，"拙劣品牌名称"要比"强注意力品牌名称"多花上几倍，乃至十几倍的金钱和时间，并且要维持这种状态，一停止广告，人们就会忘了它，这意味着本产品将无利可图，意味着失败。

随着社会经济的发展，人类社会进入知识、信息经济时代，消费者对企业、品牌名称的作用认识越来越深刻。好的企业、品牌名称，可以使企业的发展事半功倍，甚至事半功数倍、数十倍。许多企业的成功，和企业、品牌名称的成功设计有很大的关系。浙江的老板实业集团公司原名浙江余杭红星五金厂，生产的红星牌吸油烟机，在市场上举步维艰，结果改名"老板牌"后，获得了迅速的发展，现已成为中国最大的吸油烟机专业生产基地之一。据称，改名"老板牌"后，一次广告的效果相当于原先16次广告的效果。

中国加入WTO后，全球经济一体化进程加快，国际贸易已经成为促进世界各国经济发展的重要动力，商标译名则对于商品在本土以外的销售情况起着举足轻重的作用。正如美国学者艾·里斯所说："一个译名的好坏，会带来销售业绩千百万美元的差异。"很多国内品牌的商标在汉语中有着很好的含义，但译作他国语言后却往往因为没能做到"入乡随俗"，导致品牌竞争力的降低。最典型的就是"美女变成毒蛇"的例子。我国一种口红商标叫做"芳芳"，国人一看到"芳芳"二字就不禁在心中升起美的联想，可商标音译成汉语拼音fangfang，英文读者一看心中不由得生起一种恐怖之感，因为"fang"恰好是一个英文单词，其意是蛇的毒牙。口红销路不畅也就不难想象了。各国语言因受本民族风俗习惯、政治、经济和宗教信仰等方面的影响，在表达方式及风格上也有不同。这都是企业在CIS战略导入时需要注意的问题。

（3）徽记——企业的标志。

商标是产品的标志，徽记则是企业的标志；尤其是服务性的企业没有在市场上销售的产品，徽记的作用就更加突出。徽记主要包括以下两方面：一是字体的标志，字体标志是指以特定的、明确的字体造型，或字体所衍生出来的图案来表示企业的精神理念或象征公司的经营内容；二是形态的表现，简洁的图形、抽象化的图案，已成为企业徽记设计上的趋势之一。

（4）代表色。

企业把某一特定的色彩或一组色彩系列，统一运用在所有传达信息的媒体上，通过色彩的知觉刺激与心理反应，来表现企业的经营理念和产品的内容特质，我们把这样一种或几种色彩称为企业标准色。标准色是企业理念的象征，它一经确定，将会应用在企业所有视觉传达的相关媒体上，与企业标志、标准字体等基本视觉要素相结合，形成完整的视觉系统，在企业情报所传达的整体视觉设计系统中具有强烈的识别效应。企业标准色的设计要领有以下几点。

① 传达企业理念。标准色要充分反映企业理念的内涵，传达企业理念、体现企业精神、展示企业形象。如 IBM 公司采用蓝色作为标准色，传达出 IBM 公司生产经营高科技产品的经营理念，体现 IBM "开拓、创造、顺应时代潮流"的精神，展出 IBM 高科技的"蓝色巨人"形象。

② 突出企业风格、个性。企业在设计标准色时，必须考虑如何体现企业的风格和个性。企业标准色反映企业理念、精神，又要突出企业风格、个性，还要尽量避免与同行业企业标准色重复或混淆。为了达到上述要求，企业可以采用单色、双色和多色作为标准色，但一般不超过三种颜色。例如，海尔集团采用蓝色作为企业标准色，既容易使人联想到大海，把海尔拓宽海外市场、争创国际名牌的企业目标联系起来，又能体现海尔集团以现代科技生产具有海尔特色的产品群。又如，麦当劳用红色与黄色组合成企业标准色，红色表示奋发向上的企业精神，金黄色体现出该企业经营汉堡包、薯条、麦乐鸡等食品的特色，具有鲜明的个性化。

4. CIS 各构成要素的关系

MI、BI、VI 三者彼此间相互联系，相互制约，又各具特点，各有侧重，共同构成完整的 CIS 系统。其中理念识别（MI）处于最高层次，它是企业的基本精神所在，是整个 CIS 的核心与灵魂。理念识别是企业在长期发展中所形成形象的独特价值体系，为整个 CIS 的运用提供了原动力，左右 BI 和 VI 的设计和定位。行为识别（BI）是在企业理念的指导下建立起来的全体员工的行为方式和工作方法，是 MI 的动态表现形式。其重点在人，是企业中人的因素的综合，是人的主观能动性的反映。视觉识别（VI）则是对企业理念的静态具体展示，是外部公众最经常接触的企业视觉信息，其重点在物，是一种媒介或载体，它承载着 MI、BI 的全部内涵，并通过可视体得以表达。BI 和 VI 的设计必须充分体现企业经营理念的实质和内涵，否则企业的信息传递力和形象诉求力将会大幅度降低。CIS 的三个基本部分相互影响，构成一个完美的统一体。如果把企业比作一个人的话，那么 MI 是人的思想，BI 是人的言谈举止，VI 则是人的衣着打扮。

（二）CIS 战略的基本功能

CIS 战略是设计和塑造企业形象的有力手段，其具体功能有以下几项。

（1）增强企业的可识别性。CIS 的开发和导入，可促使本企业与其他企业区别开来，也促使本企业产品与其他企业同类产品区别开来，从而提高产品的非品质竞争力，使企业在市场竞争中脱颖而出，独树一帜。这有利于在消费者心目中取得认同，建立起形象的偏好和信心。

（2）提高传播效率。CIS 的导入和开发，能够保证信息传播的同一性和一致性，便于各界公众对企业的识别，使传播更加经济有效。如企业视觉识别系统的建立，各关系企业或企业的各部门可遵循统一的设计形式，应用在所有的设计项目上，可以收到统一的视觉识别效果。

（3）有助于提高经济效益。企业导入 CIS，有助于提高企业的社会知名度和美誉度，能为企业争得大批潜在顾客，占领市场更大的份额；统一的企业形象，CIS 还可将地域分散、独立经营的分支业务机构组织（各子公司）统合在一起，形成一股实力强大的竞争群体，充分发挥群体的效应。总之，CIS 战略的最终成果，必然表现为经济效益的提高。

（4）有助于加强企业管理，建立先进的文化价值观。在开发和导入 CIS 的过程中，企业一般都制定 CIS 识别手册，包括理念识别、行为识别、视觉识别三大手册，以便让全体职员认真学习并共同遵守执行。员工不仅由此体会到工作的价值，而且会主动地认知企业的价值观，并将其内化为个体价值观的一部分，以此来提高员工士气，增强企业的凝聚力，从而增强企业的实力，实现企业的经营目标。

三、 CIS 战略的导入与建设

CIS 战略作为企业形象识别系统，是市场竞争激烈的产物，也是为竞争服务的有效工具。CIS 战略的一切工作均是围绕提升企业形象进行的，实施这一系统工程，必须具有长期规划并配置相应的督导管理，需要大量的人力、物力、财力以及时间上的投入与准备。

因此，CIS 的设计与实施导入是一个循序渐进的计划性作业，整个计划的进行与开展，应该严格按照原定的方法、时段按部就班地运作，才能达到预期的效果。一般导入 CIS 战略的条件应主要从以下几个方面考虑。

（1）企业因素。

企业导入 CIS 之前，必须超越维持其基本生存及稳定生产经营的发展阶段，具备一定的综合实力。另外，企业的产品质量与市场地位必须十分稳定，产品的物理属性已得到社会公认，企业及其产品的个性、情感倾向已成为被关注的焦点。企业为了寻求更高层次的发展，必须重视企业形象战略，实施导入 CIS 战略成为内在需求。

（2）消费者因素。

消费者因素主要是考虑与 CIS 相对应的消费观。CIS 反映的是一种品牌消费的观念。消费者在商品的价值判断上应不是倾向于商品的价格、质量等物理属性，而是倾向于商品品牌的社会知名度、文化内涵及企业形象。只有消费者，尤其是企业目标市场的广大消费者，基本具备了品牌消费的观念，企业导入 CIS 才有现实意义。

（3）市场因素。

导入 CIS 的企业，应置身于买方市场的氛围中，企业竞争已经很激烈，产品的质量竞争、价格竞争甚至服务竞争已无法继续维系企业在市场中的不败地位，这时，培育和树立企业形象，凸显企业个性以吸引广大公众，就成为企业的必然选择。

（一） CIS 战略的导入

企业在导入 CIS 战略时，新企业导入 CIS 较为顺畅，限制较少，创作人员发挥的余地大；老企业导入 CIS 时，由于传统习惯和原先固有的理念，CIS 导入就相对棘手一些，限制较多，尤其是对旧 CIS 的改造，有时不得不推倒重来。CIS 战略是问题解决学，针对不同企业存在的不同问题，CIS 战略的功效发挥也各有不同，必须具体问题具体分析。同时，CIS 战略也是企业管理的方法之一。

企业的 CIS 建设以 CIS 的导入为开端，CIS 的导入是 CIS 建设的前提和基础，CIS 的建设是 CIS 导入的进一步深化和发展，二者是相辅相成的，因此，CIS 导入的完成并不等于 CIS 建设的完成。

成功导入 CIS 战略的注意事项如下。

（1）需要争取企业高层的支持。

CIS 是系统工程，属于企业的软件，是企业文化的一次洗礼与意识革新，需要企业决策层的参与和大力支持，以达到上行下效的目的，否则会半途而废。企业管理者是企业的重要决策者，其理念与发展思路，将是企业发展的指南，因此获得企业高层的支持是成功导入 CIS 战略的重要保证。

（2）需要完整的规划与确实的执行。

CIS 战略是企业的经营理念、日常行为、办事规则和部门管理等诸多因素的整合作业。在目标明确后，企业应制订出完整的作业程序、实施步骤和设计项目，使之在展开各系统作业时，能够针对目标，提出完整、周密、有效的解决方案，达到树立企业形象的目的。为保证确实的执行，企业必须有切实的投入，执行的力度与持久性是企业形象建设达成既定目标的保证。

（3）需要一流的企业管理顾问及设计团队的参与。

CIS 战略的导入与实施对企业的长期运作具有指导和规范的作用，为了保证企业运作的正常与稳定，必须保证 CIS 设计制作的专业性和高水平，因此，必须聘请一流的专家和设计团队进行策划、设计，才能够保证 CIS 战略的高水准，保证 CIS 战略的顺利运行、实施。

（二）CIS 战略的导入

企业导入和建设 CIS 有着重要的意义，在导入的过程中要避免形式主义，不能将 CIS 战略简单化、口号化，而应该转变为实际行动。CIS 战略是一种长期投资，需要长期的运行，其效果才能显现出来，企业的各级人员不可急功近利，要求 CIS 立显成效，否则欲速则不达。

1. 做好企业自身形象的调查

企业在导入 CIS 战略之前，必须先做好企业形象的市场调查与研究，要正视企业存在的问题，只有客观地了解企业存在的问题，才能保证 CIS 战略导入的质量。

2. 选择 CIS 战略导入的最好时机

当企业 CIS 战略设计完成并得到企业决策层的批准之后，就要选择一个时机进行 CIS 战略的导入。选择导入时机的目的，一方面是为了能够引起企业全体员工的重视，另一方面是使大家都有所作为。CIS 战略导入的时机有如下几个方面。

（1）新公司设立（一个全新的公司开设）。一个新公司成立时，企业的最高决策者能够站在 CIS 设计的制高点上，对企业的理念、行为、视觉三大系统进行定位和规范，可以收到事半功倍的效果。

（2）企业名称和企业标志陈旧或与其他企业雷同，这时需要商标更名，并使旗下品牌统一化。

（3）由于企业规模不断扩大，企业产品领域拓展，服务范围扩大，企业的新产品上市，生产能力增加，重大技术改进项目投产，主要产品项目转移，开展多元化经营，新增服务项目等，造成企业名称或企业标志与之不相适应。

（4）公司合并、重组、发行股票、企业规模扩大、特许经营权的使用、开展连锁业务等。

（5）企业经营不善出现危机，CIS及时导入可以防止危机再发生，这也是导入CIS的有利时机。设计导入新的CIS计划，可以改变旧的体制，振奋企业员工的精神，提升企业的经营业绩，使企业走上良性循环的道路。

（6）企业经营国际化。企业经营国际化后，产品打入国际市场，使企业所面对的公众发生了变化，这时候就要设计导入新的CIS计划，以满足新的市场的需求。

总之，企业应选择恰当和有利的时机导入CIS战略，为企业树立良好的形象，达到CIS导入的目的。

（三）CIS战略导入的基本程序

导入CIS战略，一般分为三个阶段，即企业现状调查阶段、设计开发阶段、实施管理阶段。

1. 企业现状调查阶段

企业现状调查是CIS战略设计、实施的前提，可以为企业形象识别系统的导入提供客观的依据。企业现状调查包括企业内部调查、企业经营环境调查和企业视觉表达系统调查。

企业内部调查的内容包括：企业经营理念是否明确；企业是否具有完整的经营方针与经营战略；企业组织结构是否合理；员工对企业的认同度如何等。可使用访谈或问卷调查法进行企业内部调查。

企业经营环境调查主要包括两项内容，一是消费者市场评估，二是竞争态势分析。企业视觉表达系统调查主要是对企业原有的名称、标志、标准字、标准色、工作环境、运输工具、信息传播媒体、设计水平、市场形象等进行全面、系统的重点检查。

2. 设计开发阶段

在充分了解企业现状的基础上，可进行CIS的设计开发。设计开发是导入CIS的关键环节，这一阶段要将企业的经营理念转化为系统化的视觉传达形式。具体可分为三个步骤：首先，将识别性的抽象概念转化成象征性的视觉要素；其次，开发基本设计要素，以奠定企业形象识别系统整体传播的基础；最后，以基本设计要素为基础，展开应用要素的开发设计。

设计开发阶段需要设计尽可能多的方案，反复研讨、测试、修正直至确定方案，以找到最佳的符合企业经营理念的视觉体系。

3. 实施管理阶段

设计系统开发完成后，即进入全面导入实施CIS战略的阶段。CIS实施管理阶段首先要完成的一项工作就是编制企业CIS应用手册。CIS应用手册是阐述企业CIS战略基本观点与具体作业基准的规则指导书，是CIS战略整体内容的导向，企业可以参照手册中的规则来检查自己的管理体系。

CIS实施管理阶段的另一项内容就是使社会公众，包括企业内部员工，充分了解企业新的形象识别系统，从而在社会大众心中树立全新的形象。

CIS战略导入的过程中，应当根据市场需求的变化，不断地修正和调整方案，这样才能通过导入CIS战略，使企业焕发出勃勃生机，树立良好的形象。

第四节　组织文化战略

案例

20世纪70年代，长期的中东战争带来的全球性石油危机，使以美国为首的西方企业竞争力大大削减，欧美几乎所有发达国家都被经济滞胀和高失业率所困扰。日本这个对世界能源极具依赖性的工业化国家，经济除了相对于20世纪60年代的高增长率有所下降外，基本上是毫发未伤。日本在这场全球性恐慌中牢牢站稳了脚跟。不仅如此，位列《财富》500家企业中的日本制造业，如丰田、三菱、东芝、松下等产品趁势向海外挺进，纺织品、钢铁业也大举跟进，在往日欧美国家一统天下的市场里抢占了大量份额。进入20世纪80年代，日本作为一支超级经济力量出现在国际舞台上，大有取代美国、西欧之势。这一奇迹造就了日本的"企业神话"，也引起了美国学者的关注：日本经济奇迹的诀窍何在？大批美国学者前往日本，进行了深入考察。他们发现，支撑日本经济持续高速发展的强大动力来自日本企业独具特色的组织文化。

问题与思考：

全球性石油危机中，欧美国家经济的萧条与日本经济的发展形成鲜明对比，用事实向我们说明组织文化对于组织发展的重要性，它不仅仅存在于理念、文化等层面，它还能给企业带来切实的经济效益。这是因为组织文化具有无形的力量，能够提升组织的凝聚力与向心力，组织员工能够齐心协力克服困难。

社会组织是一种社会文化系统，公共关系在组织文化里发挥着不可小觑的作用。因此，组织文化战略也可被视为公共关系战略的一个具体表现。那么，什么是组织文化？它看不见、摸不着，我们该如何去认识它呢？

威廉·大内在《Z理论——美国企业如何迎接日本的挑战》中提到：传统和气氛构成了一个公司的文化。同时，文化意味着一个公司的价值观，诸如进取、守成或者是灵活——这些价值观构成公司职工活动、意见和行为的规范。管理人员身体力行，把这些规范灌输给职工并代代相传。从这段解释中，我们不难看出，组织文化是一种共享的、代代相传的价值观，是"把一群一起工作的人组织或整合在一起的所有共同价值观、象征、意义、信念、认识和期望的总和"。

一、 组织文化的要素

组织文化是一条"看得见的战线"，不是挂在嘴边的空洞口号。正如管理大师德鲁克提出的，每个组织都需要回答以下三个基本问题："我们目前的事业是什么？""我们的事业将变成什么？""我们未来的事业应该是什么？"回答这些问题，都与以下四个要素有着密不可分的关系。

（一）组织环境

当我们走进一家企业或组织，我们就可以看见并感觉到文化理念的存在，它体现在具体的建筑外观、工艺流水线、办公室环境、员工的工作状态之中，一家一家地走，就能感觉到一家与一家的不同。企业家打造出他们自己和同事熟悉、喜欢的环境。组织环境既包括生产经营环境，也包括学习娱乐环境，甚至人际关系环境。环境本是为了更舒适的学习、工作与生活而设定的，但它也能反过来潜移默化地影响员工的日常行为。因而，组织环境是形成和显示组织文化的外显要素。

（二）价值观

当我们遭遇严重的自然灾害时，企业有了展示自己的良好时机。有的企业会毫不犹豫地出钱出力，有的企业则抓紧时间在摄像机前"喊口号"，还有的企业趁机哄抬物价或囤积应急物资，试图待价而沽。这些行为立马显现出组织价值观的高低优劣。

组织价值观与组织机构相伴相生，不断演化。在西方企业的发展过程中，组织价值观大致经历了三个阶段的演变：最大利润价值观、经营管理价值观、互惠互利价值观。

（1）最大利润价值观。把最大利润放在最优先地位考虑。这种价值观在19世纪末以前是企业界基本的价值取向。企业家认为，企业的全部管理决策和行动都应服从获取最大利润这一目标，并以利润越高作为经营越好的象征。

（2）经营管理价值观，即管理出效益。随着企业生产和经营规模的扩大，投资者越来越分散，企业组织结构越来越复杂，高效的管理与执行成了一道重要课题。管理者不仅要对投资者负责，保证投资者获利，还要注重组织员工价值的实现。企业员工价值的实现，能够赢得员工对组织的支持，并最终改善组织的业绩。20世纪初，美国学者弗雷德里克·泰勒首创科学管理理论，被奉为"科学管理之父"。他提出，管理的主要目的应该是确保每一个雇员和雇主事业的高度繁荣。

（3）互惠互利价值观。企业在制订利润目标时，要把职工、企业、社会的利益统筹起来考虑，不能有失偏颇。这是20世纪70年代后兴起的一种新型价值观，它实际上要求企业在确保赢利的同时兼顾社会效益，这才是以长远眼光布局企业发展。

（三）英雄人物

企业的价值观可能是从英雄人物身上发现和提炼的，企业成就英雄人物，企业需要英雄人物。组织文化同样需要英雄人物。英雄人物既可以是成功的领导人，也可以是组织中默默无闻、兢兢业业的平民英雄。

领导人的价值观可以影响到一家公司、一个组织的文化。美国学者约翰·P. 科特和詹姆斯·L. 赫斯克特认为，组织文化是组织各部门，至少是高层管理者们所共有的价值观念和经营实践。这体现出领导人的价值取向。领导人讨厌官僚，则部下不会随意溜须拍马；领导人讨厌散漫，则员工会积极主动；领导人追求完美，则员工会精益求精；领导人喜欢创新，则员工会努力推陈出新。因此，领导人的风格、价值观会影响企业的风格和价值观。

领导人是组织文化的灵魂，同时，普通员工也是组织文化的主力军，企业的英雄人物很多时候也产生于普通员工中。平民英雄的产生能够激励组织其他员工，让他们意识到成功是每个人可望和可即的。成功的平民英雄不仅成为组织模范和榜样，还成为组织对外部世界的象征。正如一家公司的口号："你就是公司!"

(四) 文化仪式与网络

正如宗教需要顶礼膜拜的宗教仪式，日常生活需要嘘寒问暖的社交礼仪一般，组织文化也需要文化仪式。诸多的文化仪式建构起组织的文化网络，实现组织与人的现实生活的最恰当、最有效的对接。没有文化仪式与网络，组织就难以强化员工对文化的认同感与约束力。

1. 教育仪式

"玉不琢，不成器；人不学，不知道。"培养组织文化认同感的第一步是教育，教育仪式主要包括唱和仪式、阐释仪式、环境仪式等。

唱和仪式，顾名思义，有"唱"有"和"。日本松下电器公司每天早上8点会组织全体员工一起背诵企业经营理念，一起高唱公司歌曲。新职员每天一次，老职员每周一次，主管还要在全体职员前结合自身经历，进行5分钟左右的演讲，解读具体某段企业理念。有的公司会请专业人士创作公司歌曲，邀请歌星进行演唱。在反复的唱和中，培养员工对企业精神、组织文化的神圣感。

阐释仪式是指员工结合自己的切身体验来阐释公司理念，旨在使员工将工作中的企业理念和自己融为一体，并在组织文化理念引导下，重新审视自己日常工作中的表现，确定自己的工作目标和方针。这种阐释并不一定仅限于言语表达，还可以采取写信、邮寄明信片等形式，公司可以评选出优秀作品，在公司CI新闻或内刊上进行发表和推广。

环境仪式通常是以简洁文字或视觉化图形来展示企业理念，制成匾额、壁画或海报，广泛布置于办公室、工厂或其他办公地点较为醒目的位置。长期将员工置身于具有组织文化的情景和气氛中，能让他们不自觉地受到感染，将企业理念切实作为自己的行事准则。

2. 活动仪式

如果把教育仪式看作组织文化理念的静态传播，活动仪式则是动态表达。动态传播能够将枯燥的组织文化理念生动化、形象化，渗透到员工的脑海和工作生活中。活动仪式既可以是升旗、庆典等较为隆重庄严的形式，也可以是游戏、竞赛等丰富有趣的文娱活动。文娱活动形式多样，主要包括素质拓展训练、魔鬼训练营、文艺演出、体育比赛、读书活动、知识竞赛、歌舞比赛等。活动仪式是组织文化传播最具创造力的一种形式，各企业都应创造一套与众不同的活动仪式。

3. 激励仪式

激励仪式旨在调动员工的积极性和创造性，能够有效传播组织文化理念。激励仪式可以是物质激励、精神激励，还可以是目标激励、榜样激励等。激励效果最显著的是榜样人物，因为他们是组织文化理念的先锋践行者。将组织文化具象化、人格化于自身行为与精神中，为其他员工提供了有形的精神支柱，能够有效激发广大员工的效仿行为，从而提升组织员工的整体精神风貌。

组织文化需要一定的文化仪式来展现，需要一定的文化网络进行运转，否则，价值就是空洞的价值观，英雄也是默默无闻、不被表现、不被理解的英雄，再好的企业环境也只能是镜中花、水中月。

二、 组织文化的功能

1. 导向功能

组织文化的导向功能，是指组织文化能对组织整体和组织每个成员的价值取向及行为取向起引导作用，使之符合组织所确定的目标。组织文化只是一种软性的理智约束，通过组织的共同价值观不断地向个人价值观渗透和内化，使组织自动生成一套自我调控机制。以一种适应性文化引导着组织的行为和活动。

2. 约束功能

组织文化的约束功能，是指组织文化对每个组织成员的思想、心理和行为具有约束和规范的作用。组织文化的约束不是制度式的硬约束，而是一种软约束，这种软约束等于组织中弥漫的组织文化氛围、群体行为准则和道德规范。

3. 凝聚功能

组织文化的凝聚功能，是指当一种价值观被组织成员共同认识后，它就会从各个方面将成员团结起来，从而产生一种巨大的向心力和凝聚力。而这正是组织获得成功的主要原因，凝聚在一起的组织成员有共同的目标和愿景，推动组织不断前进和发展。

4. 激励功能

组织文化的激励功能，是指组织文化具有使组织成员从内心产生一种高昂情绪和发奋进取精神的效应，它能够最大限度地激发组织成员的积极性和首创精神，组织文化强调以人为中心的管理方法。

5. 辐射功能

组织文化的辐射功能，是指组织文化一旦形成较为固定的模式，不仅在组织内发挥作用，对组织成员产生影响，也会通过各种渠道对社会产生影响。组织文化向社会辐射的渠道很多，主要可分为利用各种宣传手段和个人交往两类。一方面组织文化传播对树立组织在公众中的形象有帮助；另一方面组织文化对社会文化的发展有很大影响。

6. 调适功能

组织文化的调适功能，是指组织文化可以帮助新进成员尽快适应组织，使自己的价值观和组织相匹配。在组织变革的时候，组织文化也可以帮助组织成员尽快适应变革后的局面，减少因为变革带来的压力和不适应。

三、 组织文化的建设

1. 选择价值标准

由于组织价值观是整个组织文化的核心和灵魂，因此选择正确的组织价值观是塑造组织文化的首要战略问题。选择组织价值观有两个前提：

（1）要立足于本组织的具体特点；

（2）要把握住组织价值观与组织文化各要素之间的相互协调。

组织的差别首先来自组织不同的价值观，组织不同的价值观定位决定了组织不同的形象定位。从目前组织的现实状况看，可将组织价值观分为以下几类：

（1）抽象目标型；

（2）团结创新型；

（3）产品质量、技术开发型；

（4）市场经营型；

（5）文明服务型。

大多数成功实现发展和变革的组织都牢固建立了组织价值观。运用组织价值观动员并鼓励全体员工为实现组织的目标而努力是一项重要的领导任务。为了达到这个目的，必须遵循以下指导原则：

（1）员工共同参与制定组织价值观；

（2）组织价值观应该激励人心；

（3）确保使用简单易懂的语言表述组织价值观；

（4）确保组织价值观的各要素能明白无误地转换成行为。

2. 规范组织行为

在组织运营过程中，领导者的行为、组织模范人物的行为以及组织全体员工的行为都应有一定的规范。在规范制定和对规范的履行中，就会形成一定的组织行为文化。

为了使利润最大化而放弃自己的社会责任或损害社会公共利益都是违背组织行为规范的，它只能导致组织失去公众的信任和支持。履行组织的社会责任，协调组织的社会责任与经济责任之间的关系，是组织行为的一条重要规范。

企业组织是为社会和广大消费者提供物质产品和服务的社会经济组织，保护消费者的利益是企业行业规范的重要内容。

组织员工的一举一动、一言一行都体现着组织的整体素质，组织内部没有良好的员工行为，就不可能有良好的组织形象。如果员工行为不端，纪律散漫，态度不好，将给组织形象带来严重的损害。

将组织的价值观贯彻在组织的日常运作中、员工行为中，最重要的就是确立和通过管理机制实施这些规范。从人际行为、语言规范到个人仪表、穿着，从上班时间到下班以后都严格按照这些规范行事。要做到这一点，很大程度上依赖于有效地培训和组织的无界限沟通。

3. 强化员工认同

一旦选择和确立组织价值观和组织文化模式之后，就应把基本认可的方案通过一定的强化灌输方法使其深入人心。组织价值观的实施要经过企业全体员工的了解、领悟和实践。要使组织价值观内化为员工的信念和自觉行动，必须让员工了解企业的经营方针、发展目标、行为准则、组织口号，以便使组织价值观初步为员工所认识。领悟是认知的高级阶段。组织员工了解组织价值观及其具体内容，只是价值观识别实施过程的起点，要让员工从表层接触到心灵的契合，还要求员工对组织价值观的把握上升到领悟阶段。实践作为价值观识别的系统实施是至关重要的。仅仅了解和领悟组织价值观还不够，还应当将领悟到的精神运用到生产、经营和管理的实际行动中去。

强化员工认同组织价值观有种种方法，其目的是真正有效地将组织价值观转化员工的共同心态。可以采用的实施方法有反复法、翻译法、环境法、游戏法和英雄式领导法。

4. 巩固落实、丰富发展

卓越的领导者在组织文化建设中起着创造者、培育者、倡导者、组织者、示范者、激励者的作用。领导者不仅凭自己作为组织领导者所拥有的法定权和强制权，而且主要地靠自身的人格魅力、知识专长、优良作风等模范行为对组织文化身体力行，持久地影响和带领员工，对广大员工产生强大的示范效应，使员工看到这种新的价值观和行为方式既能给组织带来发展，也能给个人带来更大的利益。

任何一种组织文化都是特定历史的产物，当组织的内外条件发生变化时，不失时机地调整、更新、丰富和发展组织文化的内容和形式总会经常地提上议事日程。这既是一个不断淘汰旧文化性质和不断生成新文化特质的过程，也是一个认识与实践不断深化的过程，组织文化由此经过循环往复达到更高的层次。

 案例

在央视 2017 年黄金资源广告招标大会上，京东成为 2017 国家品牌计划 TOP 合作伙伴，成为电商行业唯一一家入围企业。

品牌是一个国家的名片，中国企业进入《财富》世界 500 强的数量在逐年增加，但是中国"经济大国，世界工厂，品牌小国"的局面并没有改变。今天中国经济的发展，比任何时候都需要一批能够在全球市场上代表国家形象来参与商业竞争和文化交流的国家品牌。

作为一家集电商、金融和技术三大领域于一身的京东集团，拥有超过 11 万名正式员工，2015 年市场交易额达到 4627 亿元，净收入达到 1813 亿元，年交易额同比增长 78%，增速是行业平均增速的 2 倍，是中国收入规模最大的互联网企业；2016 年 7 月，京东入榜 2016《财富》全球 500 强，成为中国首家、唯一入选的互联网企业。

2017 年，中国中央电视台倾力打造并推出"国家品牌计划"，京东充分抓住这一契机，与央视共同打造国家品牌，进一步提升企业国内、国际的竞争力、影响力。

京东商城目前已成长为中国最大的自营式电商企业。2015 年第三季度在中国自营式 B2C 电商市场的占有率为 56.9%。京东商城致力于为消费者提供愉悦的在线购物体验。

京东自 2004 年成立以来，坚持"正品行货"的理念，对假货零容忍；采取六大品控措施，保障正品，大量品牌直供，从源头杜绝假货。通过内容丰富、人性化的网站（www.jd.com）和移动客户端，京东商城以富有竞争力的价格，提供具有丰富品类及卓越品质的商品和服务，以快速可靠的方式送达消费者，并且提供灵活多样的支付方式。

京东商城致力于打造一站式综合购物平台，服务中国亿万家庭，3C 事业部、家电事业部、消费品事业部、服饰家居事业部、生鲜事业部和新通路事业部六大部门领航发力，覆盖用户多元需求。同时，京东商城还为第三方卖家提供在线销售平台和物流等一系列增值服务。

1. 跨境电商

京东在跨境进出口业务方面都制定了详细的发展规划，全面加速国际化进程。在进口业务方面，成立了"京东全球购"平台。让中国消费者足不出户即可享受全球优质商品。在出口业务方面，京东的多语言全球售跨境贸易平台 en.jd.com，致力于满足全球用户需求，立足全球供应链，以"全球化+本地化"模式带动海量"中国好商品"与"中国好商家"走出去。

2. 京东金融

京东金融集团，定位为金融科技公司，于 2013 年 10 月开始独立运营。依托京东生态平台积累的交易记录数据和信用体系，并依托京东众创生态圈，为创业创新者提供全产业链一站式服务。京东金融现已建立八大业务板块，分别是供应链金融、消费金融、众筹、财富管理、支付、保险、证券和金融科技。京东金融 APP，为用户提供了"一站式金融生活移动平台"，涵盖了目前理财加消费的金融产品。

3. 京东技术

京东是一家以技术为成长驱动的公司，从成立伊始，就投入大量资源开发完善可靠、能够不断升级、以应用服务为核心的自有技术平台，从而驱动电商、金融等各类业务的成长。未来，京东将更加重视技术的战略地位，发展云计算、大数据、智慧物流、人工智能、AR/VR、智能硬件等最新技术，以推动京东实现快速、可持续增长。在技术变革的浪潮中，对京东进行全面升级。向社会全面输出京东在零售、物流、金融、风控、大数据、云计算等方面的能力，成为中国商业零售基础设施的水电提供商，实现真正意义上的以技术为核心的智能化商业。

京东致力于成为一家为社会创造最大价值的公司。经过 13 年砥砺前行，京东在商业领域一次又一次突破创新，取得了跨越式发展。这次京东跻身国家品牌计划战略，与央视、与国家平台强强联手，相信这是一股强大的力量，助推京东在电商、在互联网领域的快速飞驰。与此同时，京东将不忘初心，继续不懈努力，积极履行企业社会责任，在就业、纳税、全球化等方面不断为社会作出贡献，将京东打造成为一家让国人为之自豪的伟大企业。

资料来源：经典网，https://www.ishuo.cn/doc/hqpjanqf.html。

**本章思考题**

1. 公共关系从哪些方面有助于塑造品牌？

2. CIS 的三大构成要素是什么？各自的作用是什么？

3. 请你设计 4 项公共关系活动，分别体现诚信油文化、责任船文化、爱心水文化和环保江文化的精神和理念。

第七章
公共关系传播

◎ **本章提示**

公共关系传播是组织运用传播手段向公众传递信息的过程，它经历了由传播者到受传者的全过程，离开了传播，公众无从了解组织，组织也无从了解公众。如果我们把社会组织看作公共关系工作的主体，把公众看作公共关系工作的客体，传播就是二者之间相互联系的纽带和桥梁。组织与公众的沟通，在很大程度上依靠信息传播，组织与公众之间的误解，也往往是由于信息不畅造成的。因此，一个社会组织不但要有明确的目标、符合公众利益的政策和措施，还要充分利用传播手段开展公关活动，赢得公众的好感和舆论的支持，获得良好的经济效益和社会效益。

 案例

在 105 年的高寿生涯中，爱德华·伯内斯著述甚丰，他的著作都是关于公共关系行业的策略和哲理，并成为公共关系学科的金科玉律。

关于政治选举：在大多数的选举中，有 40% 的人会站在你这边，而有 40% 的人会反对你，具决定性地位的是剩下的 20%。公共关系就是要争取那还未决定的 20%，所有政治都只是"本土性"的主张，公关也是。

关于公关策略：一个公关策略必须考虑到四个"力"，即脑力（mind power）、人力（man power）、器力（mechanics）和财力（money）。

关于态度改变：想改变百万人的态度比较可能，想改变一个人的态度，简直不可能。

关于高额收费：如果你收取高额费用，而不是低廉收费的话，找你的个人或是公司可能会采纳你的建议。

关于人的年龄：人有五种年龄，即正常年龄、心理年龄、社交年龄、生理年龄和感情年龄，这五种年龄并不是一致的。

关于写感谢函的好处：因为大多数人都不再写感谢函，你更应该在这方面勤劳些，这样做将使你显得特殊，而让收信者记得你。

关于赢得别人认同的最好方法：想让其他人接受你的观点，最好是引用权威人士的话，描绘自己的观点，以及多导入传统，而不要告诉其他人他们是错的。

得到工作最好的方式：分析这个行业，把自己的选择缩小到一家或两家公司，起草一个如何增加这些公司生意的蓝图，把这个计划拿给该公司的上层主管看，而后写足够的信，让那个人记得你，但是不要写太多信，免得让那个人忘记你。在薪水方面，应该要求你认为值得的薪水，要记住，你不只是找一份工作，你是在找一份事业。

最好的新闻稿：每个句子都不应该超过 16 个字，而且只能有一个论点。

对抗宣传最好的方法：更多的宣传。

关于公关实务上需要的手腕：就像打花式撞球，你的玩法是要让球从台上弹起来，而不是大家普通玩的敲杆，你只是把球对准球袋打进去。

问题与思考：

伯内斯是一位有原创力的思想家，他的理论并不是凭空想象出来的，而是时代的产物。他的很多作品都具有预言性，他把自己的忠告分解成容易消化的箴言，而这些座右铭已经成为美国人生活的一部分。

第一节　公共关系传播策略

从传播学理论的本体论来看，传播主要有两种类型：信息传播和关系传播。信息传播主要是对"信息符号"进行编码，比如语言、文字等，它是用来表达"内容的意义"；关系传播主要是对"指令符号"进行编码，比如传播过程中的姿态、情感和背景等，它是用来表达"关系的意义"。内容意义常常是比较明确、具体的，关系意义则是比较隐蔽的、含蓄的。二者的主要区别在于，"内容"的信息使你注意到他人说了什么，"关系"的信息则是注意到他人是怎么说的。

建立和发展公共关系的过程实质上是一个传播过程。组织和公众之间必须通过一系列有效的传播活动，使组织和公众之间相互了解、相互信任，从而相互支持。在许多情况下，公众和组织之间可能产生误解，导致公共关系的失调，其原因在于传播渠道缺乏，彼此不能互相理解。在公共关系中最能体现出"理解万岁"的真谛。所以，公共关系人员必须学会传播的基本技巧，利用各种可能的机会同公众进行多方面的沟通。常见的公共关系传播策略有以下几种。

一、 新闻传播策略

新闻传播策略可通过以下具体形式实施。

（1）提供新闻稿件。由公共关系人员撰写符合新闻价值规律和新闻媒介要求的新闻稿件，报道本组织的发展成果，供各大众传媒使用。这里要求公共关系人员一要懂新闻，二要绝对真实，三要避免广告味。

（2）发布新闻消息。即通过举行记者招待会、发布会或专项公共关系活动来间接发布信息。这类活动经过新闻记者的直接采访报道，可信度明显增强。

（3）拍摄纪录片、电视片等。这种形式具有很强的真实性和说服力，是公共关系运作的有力工具。

值得注意的是，公众的接受心理往往具有强烈的选择性和目的性，与自己的需要密切相关的信息更容易受到关注。而对那些与自己的需要不甚相关的信息则不感兴趣。事实上，许多潜在公众和非公众对与自己暂不相关的信息的获得往往是源于平常的无意识注意。因此，在促使潜在公众和部分非公众转化为知晓公众的过程中，要注意在信息的强度、对比度、重复率和新鲜度等结构因素上下工夫。现代社会心理学对人的"注意"现象的研究也证明信息的强度、对比度和新鲜度越强，重复率越高，就越容易引起人们的注意。

二、 广告策略

公共关系广告具有特殊的职能，制订公共关系广告策略应注重以下原则。

（1）注重传播面和传播效果。公共关系广告也是广告，且费用较高，其关键在于获取最佳效果，这就必须十分注重选择有效的媒体，在有效的版面、时间和次数里，有效地传播组织重要的、新鲜的信息，以求造成足够的吸引力和连续性的刺激。

（2）注重主题一贯性和内容创新性的有机结合。要实现组织定位和标志定位，企业的信念、宗旨、口号、名称、产品品牌和商标等应相对稳定，并通过各种传播手段反复宣传，形成严谨一贯、始终如一的风格。但广告宣传的内容、角度、手法等应不断创新，否则将孕育着失去公众的危险。

（3）注重广告的社会性、公众性、文化性、娱乐性、思想性。公共关系广告应避免商业化痕迹，力求通过广告树立起备受公众青睐的企业形象。

三、 人际关系策略

人际关系是建立良好公共关系的重要手段，增强人际吸引力，善于同素不相识的人结成良好的人际关系是公关人员基本素质之一。要提高这一能力，打开人际关系的宝库，应注意从以下几个方面努力。

（1）利用邻近性因素。人与人之间关系的建立总是以彼此的相互接触为前提的，空间上的邻近性为人们提供交往的机会并结成一定的人际关系。邻近性能增进人际吸引力，一是出于"有用性",即可满足各方面的需要,正如人常说的"远亲不如近邻";再者是出于长期性的考虑,大家都享有友善的人际环境。

(2)利用相似性因素。接收相同的信息,引起相似的理解,产生情感的共鸣,往往导致相互吸引。

(3)利用补偿效应。心理研究告诉我们,人的任何行为都是为了寻求某种需要的满足。需要的互补是将人联系在一起的最强有力的纽带,补偿性吸引力是最强的人际吸引力,是人际吸引的实质所在,其他诸种增进人际吸引的因素之所以起作用,最终都是这种需要的互补。

(4)利用情感相悦效应。情感是人积极活动的心理动力源泉,彼此间的赞赏与接纳,可以减少心理冲突,献出爱与接受爱都可以增加人际吸引力。

(5)利用仪表的魅力。人的"第一印象"很重要,虽然人们对美的定义不尽相同,仪表的美丽却始终是增进人际吸引力的因素之一。要善于发现自己的魅力,开掘自己的魅力。

(6)培养人际吸引力的个性品质——人缘型人格特征。人缘型人格特征有许多种,如品德高尚型、多才多艺型等。人们普遍认为大公无私、襟怀坦白、热情开朗、乐于助人的人是最受欢迎的人;同情、理解、尊重人的人易于与人建立良好的人际关系;待人真诚、信任别人的人往往与人保持着长期的友谊,等等,这些都是人缘型人格的重要特征。

(7)利用增进人际吸引的情境因素。这里的情境包括社会环境、自然环境和心理环境。人们的交往不是在真空中进行的,信息交流和情感交流对交往起着积极的作用。在人际交往中应尽量避免陷入以下几个误区。

① 以貌取人。"凭第一印象"判断人是一种十分普遍的现象,但作为公关人员,一定不要套用此模式。以貌取人的另一种表现是先入为主,这也是人际交往的一个误区。

② 主观判断。人们常常不自觉地以自我标准去衡量他人,以自我标准为客观标准,并以此为依据对他人作归类认同。公关人员要努力把握自己,不能凭主观臆断。

③ 晕轮效应。所谓晕轮效应,就是看到对方的某个特征即泛化到其他方面,也就是人们常说的"爱屋及乌"。这样看人,常常会导致局部掩盖全体。

四、 公益传播策略

后工业社会从"肠子经济"过渡到"精神经济",后工业时代消费的演变促使企业将社会责任(Corporate Social Responsibility)作为经营的一股主流思想,要超越商业范畴成为"社会公民",在获取经济利益的过程中越来越重视商业道德和社会责任。阿奇·卡罗尔把企业的社会责任视为由经济、法律、道德和慈善组成的递进的金字塔形构造,经济责任和法律责任是企业成为社会公民必需的义务,道德责任是门槛,而慈善责任则是企业责任的最高境界。在社会责任理念的引导下,公共关系的概念开始变得越来越清晰,不断地促使企业政策和行为朝着社会负责的方向发展,即利用公益传播沟通企业与公众,使企业的社会责任上升为金字塔的最高层。

公共关系视角下的企业社会责任传播,就是指在社会责任理念的指导下,利用慈善捐赠、公益基金、社区活动等公共关系策略进行的公益传播过程。公益公关传播超越企业经济目标的责任，它是借助公益活动与消费者沟通，以树立良好的企业形象，并借以良好的企业形象影响消费者，使其对该企业的产品产生偏好，在作出购买决策时优先选择该企业产品的一种营销行为。公益将企业、非营利组织联合起来，以与消费者更紧密结合为共同目标，从而形成品牌的长期定位，而且公益传播已被作为一种可以增加品牌价值的长期性差异化战略。芭芭拉·拉夫尔提和罗纳尔德·戈德史密斯的实证研究指出，公益与品牌的联合，积极地影响着消费者对品牌的态度。作为企业社会责任理念下的公关形式，公益传播相比其他宣传方式应具有主动、合作、宣传和双重目的性，也就是说企业应在社会理念的指导下，积极同非营利组织或个人合作，在产生公益效益的同时实现自身的目的。迈克尔·波特将企业的公益慈善行为分为公共义务、博取好感以及战略性捐赠三个阶段。在我国经济转型期，企业的公益慈善参差不齐，其理念和实施尚处于起步阶段。

本节将归纳和总结出能够体现公益慈善三阶段特征且企业经常采用的几种公益传播形式，以便企业根据自身情况选择利用。

1. 慈善捐赠传播

慈善捐赠是企业直接针对某个慈善机构、某一特定人群或者某项公益事业，直接提供现金拨款、财务捐款或者非现金服务。慈善捐赠在本质上有别于赞助"投之以桃，报之以李"的纯粹商业模式，但不管企业有无谋求公益慈善活动回报利益的主观意愿，现实中公益捐赠的回报和收益却是非常可观的。企业的社会目标为企业创造良好的社会环境，企业及其品牌的形象得以在公众之间传播，品牌价值因此得以提升。王老吉捐款的目的是什么呢？当然是让网友喝回来，所以"封杀王老吉"（就是买光超市的王老吉）、"喝回10亿"的帖子自然就出现了。国内企业主要通过两种方式进行慈善捐赠，一种是直接捐赠到某些慈善项目，另一种是捐赠给各类慈善机构或者政府，再由它们有的放矢地用于不同领域的慈善活动。但是，国内企业参与慈善活动的随意性很大，难以实现"互益"和多赢，或是"开支票了事"，即"希望尽可能简单地做好事"，却不注重慈善活动的整体运作及其影响。20世纪70年代，美国"公众对企业承担社会责任的要求与企业利润回报率的矛盾"给美国国内企业提出了挑战。以迈克尔·波特"竞争环境导向型慈善行为理论"和菲利普·科特勒"公益型市场营销"理论为代表的战略性慈善捐赠给国内企业的慈善捐赠活动提供了启示，即公益慈善捐赠并非是一蹴而就的过程，而是系统的、社会的和管理的过程。

（1）将慈善捐赠纳入品牌战略。企业要将社会效益和经济效益有机地统一起来，将慈善捐赠纳入企业的品牌发展战略。企业要根据企业品牌的发展和文化建设，制定慈善捐赠的策略和方案，将企业的慈善理念和捐赠行为与企业业务及其产品有机结合。企业要通过报纸、杂志、广播、电视等传统媒体，以及网络等新兴传播手段，使企业的慈善捐赠行为得到政府、民众的认可和赞誉，从而提高企业的品牌知名度和竞争力，实现企业社会责任与经济目标的兼容，社会效益和经济效益的双获丰收。

（2）明确慈善捐赠领域。借鉴菲利普·科特勒和迈克尔·波特等人的观点，企业实施慈善捐赠活动，应只选择少数的社会主题；选择当地社区关心的主题；选择必须与企业的使命、价值观、产品和服务协同配合的公益事业；选择有能力支持经营目标的公益事业；选择关键群体关心的主题；选择能够得到长期支持的公益事业。而慈善捐赠要做到有的放矢，关键是捐赠的领域或项目要与品牌定位相吻合，即与品牌在消费者心目中的定位相一致。雅芳（AVoN）是一个女性化妆品品牌，它长期致力于以提高女性生活质量为主题的社会慈善捐赠活动，如发动以防治乳腺癌为内容的"雅芳圣战"，携手英国反家暴慈善机构 Refuge 共同推出反家暴新计划——"FOUR WAYS TO SPEAKOUT"，并先后资助和实施"生命之音"之行、"爱的行走"大型公益健走活动、E-lady 学院、"红丝带"计划等公益活动。这些慈善捐赠的领域和活动无不诉求其"为女性提供一流的产品和服务，满足她们自我成就感"的品牌定位。

（3）视慈善捐赠为企业长期战略。INSEAD 商业道德与企业社会责任讲座教授克雷格·斯密斯的"新企业慈善行为"指出，"企业需要对特定的社会公益事业和活动做出长期承诺……保证企业慈善行为的可持续性和更深广的社会意义。"不可否认，慈善捐赠在短期会对企业的利益产生一些消极影响。不过从长期来看，企业承担慈善捐赠实质上是一种自利行为。企业要确立相应的保障体系，有计划、分阶段地实施公益捐赠活动。中国匹克十年如一日，向 1998 年长江特大洪灾中的灾民捐赠 238 万元人民币，举办系列"爱心总动员"大型慈善推广活动，成立和资助各类慈善基金，开展慈善助学、助医、助残、助困等慈善公益活动，并已将慈善捐赠纳入企业的长期发展战略，突出了企业的社会公益理念。

2. 其他公益公关沟通

除企业首选的捐赠传播之外，企业还常采用公益事业宣传、公益关联营销、公益基金运作、公益社会营销、社区志愿者行动等公益传播策略。这些公益公关传播的实施与运作虽然在某种层面上存在共性或相似之处，比如它们支持相同的公益事业，公益活动会产生交叉或联合，但每一类却会有与众不同的特征。企业选择所从事的社会责任传播，应根据自身的资源和沟通的对象，考虑竞争对手和合作伙伴沟通的形式，对公益的形式做出针对性的选择，也可多种形式协调运作以使其产生公益协同效应。

（1）公益事业宣传。企业通过提供资金、物资、人力或其他资源，通过公众签名、吸引公众参与、扩大公益声势等方式，对某项公益事业和项目进行宣传推广，促进社会公众对该项事业的了解和关注（见表 7-1 所示案例）。公益事业的宣传是向受众传递一种社会或公益理念，企业的积极参与使得公众可以深入了解企业及其品牌的理念和文化，即借助公益宣传间接宣传了自己。

表 7-1　　　　　　　　　　　　　　公益传播案例

公益类型	企业名称	公益事业	活 动 实 例	合 作 单 位
慈善捐赠	广汽丰田	教育事业	投入 500 万元捐助"阳光博爱助学金"，向重点高校捐赠试制车	广州慈善总会
	恒大地产	救助特困人士	恒大慈善万人行	中国扶贫基金会
	中国电信	汶川地震救灾	捐款捐物，提供免费通信短信	

第七章　公共关系传播

公益类型	企业名称	公益事业	活 动 实 例	合 作 单 位
公益事业宣传	标致雪铁龙	交通安全	道路安全媒体俱乐部、道路安全巡展、道路安全主题创意大赛	中国疾病防治控制中心、腾讯公益网
	立邦 & 杜邦	教育事业	为爱上色	中国青少年发展基金会、网易等
	北京卷烟厂	体育事业	中南海一份爱心传递行动	希望工程北京捐助中心
公益关联营销	中国移动	社会文明	全国"祝福祖国"文明公益短信传递活动	中国文明办
	蒙牛乳业	支持北京奥运会	一厘钱精神，千万元奉献	北京奥运会组委会
	光大银行	支持"母亲水窖"活动	使用"母亲水窖·爱心信用卡"每消费一笔，将按照消费额的 1% 捐赠给"大地之爱·母亲水窖"公益项目	全国妇女联合会
公益社会营销	联想	公益创业	联想青年公益创业计划	阿里巴巴、新东方教育、中国扶贫基金会、教育部高校学生司
	统一	环境保护	"统一绿茶，梦想骑手，北京人民广播电台献礼国庆 60 周年大型自行车主题活动"绿色环保公益活动	北京人民广播电台、网易、北京电视台、新京报、京华时报等
	爱聚（北京）	助学支教	多背一公斤	联想、新浪、Sony、豆瓣等
社区志愿者行动	太平洋保险	助学支教	与云南、江西希望小学支教结成合作关系，定期组织企业员工作为志愿者前去支教	

公益类型	企业名称	公益事业	活 动 实 例	合 作 单 位
公司基金运作	浦发银行	金融服务、环保、敬老、助困	每年举办"全行志愿者"活动，到所在社区举行公益活动	
	东方航空	医疗卫生	"爱心使者"、组织志愿者分批赴成都华西医院，为地震伤员提供心理抚慰及护理服务	
	腾讯控股（腾讯公益慈善基金会）	助学支教，扶贫救困	希望（春蕾）小学等教育基础设施建设、1+1助学活动、汶川地震救灾捐款	
	国家电网公司（国家电网公司爱心希望工程基金）	助学支教，援建希望小学	百所国家电网爱心希望小学	
	青岛啤酒＆体育联盟有限公司（青岛啤酒·QSL青少年体育发展基金）	文体事业	捐赠吉林省希望工程体育设施	

（2）公益关联营销。美国运通公司资助"自由女神神像"修复活动被视为公益关联营销的开端，也是企业直接促进销售的重要公益策略。公益关联营销（Cause-Related Marketing）是一种营销活动，即企业（品牌）把自身的产品或服务与某一明确的公益组织或公益事业项目联系起来，在指定的一段时间里（也可能是长期），消费者每购买一次其产品或使用一次其服务（或是其他的某种指定的行为），企业就将一定比例的销售所得或企业利润捐给预先选择的公益组织，用于特定的公益事业项目。在这种情况下，企业一般会选择与某个非营利性组织合作，建立一种互惠互利的关系，不仅促进产品的销售，而且也能为该组织提供资金支持。

（3）公益社会营销。企业通过对某种社会行为或活动的策划或实施，支持和影响某种特定的公共行为或者行动，吸引公众参与，旨在改善公共卫生、安全、环境或社区发展。企业在公益社会营销的实施中，要注意公益社会营销的策划性，即针对特定的营销对象和市场机会，围绕公益社会营销的目的，对经营资源和营销手段进行事先的、系统的设计、规划和安排。例如需要寻找多方的合作，如与同行之间、与跨领域的非营利组织之间的合作，这样能够扩大社会营销的影响范围；也要将寻找市场和推广市场相结合，即针对目标市场发起社会公益活动，做到有的放矢。

（4）社区志愿者行动。社区是企业重要的公众影响力量，企业必须支持社区建设并协调与社区的关系，而社区志愿者活动则是拉近企业与社区之间良性互动关系的常用公关策略。企业支持和鼓励自己的员工、商业合作伙伴或者其他利益相关者，由企业组织活动或员工自主选择活动，志愿奉献他们的时间和精力来支持当地的社区组织和公益事业。社区志愿者行动的实施需要企业重点做好活动的选择和员工的保障两个方面的工作。首先，应企业要求，可由全体员工共同参与或员工自发以个人身份参与，其次，企业应提供例如带薪、表彰和帮助员工寻找公益机会等保障，从制度上调动员工参与社区志愿者活动的积极性。

（5）公益基金运作。由企业或企业领导人的名义，出资成立专门的公益机构，以高标准的管理、持续性的投入和独立的法人结构，实现公益资源的优化组合，对公益项目的实施进行有效管理和对公益资金进行统一分配。企业公益基金作为承载社会责任战略目标的重要平台，实施中需要找到合适的切入点和定位，必须遵循基金运行的规则，必须保持基金运作与公司整体战略、使命和价值观的一致。公益传播案例如表 7-1 所示。

五、 政治公关传播策略

品牌战略虽是企业参与竞争和长期发展而自我产生的需求，但也不能完全通过市场自发选择和培养来实现。现代市场经济的高度发展，全球经济一体化进程逐步加快，各国的政治经济日趋一体化，世界和区域范围内的贸易保护主义和政府干预日益加强。此外，随着企业规模的不断扩大，它积累了大量的资源，能够自如地选择和运用合适的政治战略和战术。在外部，企业的利益相关者群体也越来越多，所面临的问题也越来越复杂。综合组织环境理论和资源基础学说的观点，菲利普·科特勒提出的权力（political power）和公关（public relation）策略有了其存在的基础和环境。政治公共关系传播就是企业借助政治事件或者与本国乃至他国之间的关系所展开的公共关系活动，其常用形式有以下几种。

1. 政府公关

政府公关最主要的形式是借助政府的力量为企业的发展寻求资源。政府是动员、整合社会资源最强大的力量，是企业发展"看得见的手"。一百多年前，德国奔驰汽车公司的开山之父卡尔·本茨先生就对属下有过这样的训词：请记住，与政府修好，是本公司最大的公共关系。在计划经济体制向市场经济体制的转型中，我国的市场环境和秩序极不成熟和完善，众多企业的经营仍处于混沌和摸索阶段。此时，政府作为市场改革和发展的发动者、设计者、组织者和监督者，是企业不可忽视的政治力量。所以作为社会经济实体和"社会公民"，企业应同政府加强沟通，扮演朋友角色，接受管理，扮演顺民角色，解决问题，扮演良民的角色。

（1）沟通。企业的政府公关首先要求企业要同政府有关部门和人员进行有效的沟通，要经常与政府主管部门交流生产经营情况，如反映重大事件和品牌发展障碍等，使政府了解企业的发展状况、所获成就、面临的问题和困难，以求得到政府的支持。另外，企业还可通过企业内刊、新闻报道、座谈会、公关活动等多种形式向政府传达企业的良性信息。同时，定期由企业高层领导统筹带头，主动拜访政府相关部门或邀请政府相关主管部门来企业参观或举行会议，了解政府对企业的一些指导政策。

（2）服从。企业还要遵守政府的相关政策、法规，在政府领导和监督下开展生产经营活动。因此，企业需要主动与政府部门接触和联系，了解政府相关政策法规的变化，使企业能够及时对政府政策的变化做出相应的调整。另外，政府公关需要"知己知彼"，尤其必须重视对当地特殊文化环境的研究，以避免因文化差异造成沟通上的问题。伊士曼柯达公司，（后文简称柯达，Kodak）在中国感光材料企业举步维艰之际，深刻洞悉中国政府扶持、重组和规范感光行业的政治前瞻，适时与中国政府达成"98协议"。协议中，柯达出资12亿美元与6家感光企业合资合作，而中国政府承诺，在协议签订的三年时间内，不批准另外一家外资企业进入中国的感光材料市场。这无疑是柯达中国公关史上浓墨重彩的一笔，它借助政治手段使柯达品牌在中国远远将富士（Fujifilm）抛在身后。

（3）支持。对于企业来说，善于寻找和求解政府的难点，在为政府排忧解难的同时争取政府的支持，这是企业发展尤其是打造品牌的重要力量。企业要积极响应政府号召，在实现经济利益的同时关注社会公益事业，在政府和公众心目中树立良好的企业形象及其品牌形象。

2. 政治事件公关

政治事件公关是借助于政策法规、政治事件或政治人物的言行而策划、实施的公关活动，它具有非常浓厚的公益化特征，是公关营销中不可多得的市场机会。因为来自政策层面和高层政治人物的信息本身就具有一种居高临下的、极利于传播的势能，同时又具有权威性和可靠性等特点，所以，企业"借题发挥"后的效果往往是其他公关营销形式所难以企及的。2006年4月，温家宝同志在重庆光大奶牛科技园养殖基地考察时留言："我有一个梦，让每个中国人，首先是孩子，每天都能喝上一斤奶。"蒙牛在得知这个消息之后，以迅雷不及掩耳之势进行了一场声势浩大的捐奶工程，免费给全国一些农村的贫困学校提供价值上亿元的新鲜牛奶。"每天一斤奶，强壮中国人"的口号迅速以核裂变式的传播速度侵袭消费者的感官，渗透到蒙牛的品牌价值中去。但是政治因素是企业营销中较为复杂和敏感的环境，看似简单的公关活动却具有独特的操作规律和特点。

（1）敏锐的政治嗅觉。政治渗透到企业的生产与经营中，大到国家政策法规的出台，小到某个重要人物的偶然性讲话都可能对企业产生直接或间接的影响。因此，企业需要建立健全营销情报系统，从大大小小的政治因素中找出对企业目标及其品牌有影响的政治事件，即具有非常敏锐的政治嗅觉。

（2）缜密的活动策划。当捕捉到有利于企业公关传播的政治素材后，企业就必须尽快形成缜密的公关策划方案。凡是借助政治事件而展开的营销活动都是一把"双刃剑"，哪怕是纯公益性的活动也会令企业"如履薄冰"。因此，相关政治因素考虑要面面俱到，策划上必须反复论证，方案设计必须细致周到，执行时必须严谨，切不可急功近利，要避免因小失大。

（3）媒体的协同配合。中国媒体的特殊属性决定了其传播内容的权威性和正统性，因而借助政治事件或政治人物而开展的公关活动很容易得到媒体无偿和大力的宣传。企业首先应积极主动地同媒体联系和配合，如宣传内容上要符合政治宣传和报道的思路和格式。同时，企业还必须整合一切媒介资源去展开更广泛的立体传播。蒙牛的捐奶事件在这方面就表现得淋漓尽致。除了大众媒体对此事件的报道外，蒙牛还在电视、纸媒、户外、网络等媒体上投放了以"每天一斤奶，强壮中国人"为主题的各种形式的广告。

六、 叙事公关传播策略

企业存在于信息社会中，公众越来越关注信息的获取，而企业和公众信息的不对称使得两者的沟通出现障碍。企业生产、经营、服务、品牌、公益等活动中的正面信息是企业的资源甚至优势，它希望这些信息被公众及时、全面和正面地知晓，因此宣传成为企业生产活动的重要内容。但广告带有明显的商业色彩，已成为"那些着急想要扩大销路的厂商自我吹嘘的声音"，它传播企业信息的信度和效度被大打折扣。叙事公关传播，即通过新闻发布、讲故事、参与排名等方式从相对客观和真实的角度将企业的事件或信息传递给公众，它淡化了商业色彩，更容易抓住消费者的心理。

1. 新闻发布

新闻发布是传递企业及其品牌信息重要的公关沟通手段，也被视为企业危机公关的重要环节，它通常采用传统和网上发布两种途径。传统新闻发布是企业"在会议上向进行新闻报道的记者做出正式声明和回答提问"以及"向记者宣布决定或者成就的一种会见"。作为品牌公关不可缺少的专题活动，企业新闻发布活动的操作需要做好以下几点。

（1）要明确新闻发布的目的，确定新闻发布的主题。企业在同社会各界交往中遇到的重大事件，或推出新品牌，或品牌受到公众的误会和批评，或企业或品牌涌现有一定社会影响的事迹等，都可以通过新闻发布会同媒体沟通。同时，新闻发布会只能突出一个主题，否则会分散媒体和公众的注意力。

（2）要选好新闻发布的时间和地点。一般而言，新闻发布会尽量避免同重要的节假日相冲突，地点的选择上要考虑为媒体创造方便的采访条件，并提前3~5天向记者发出邀请，以便他们有充分的准备。

（3）邀请参加新闻发布会的对象要准确。企业根据新闻发布会主题和目标受众接触媒体的习惯和类型决定邀请的媒体和公众，使新闻发布做到有的放矢。

（4）挑选好发布会的主持人和发言人。主持人一般由企业公共关系负责人担任，发言人一般由公司负责人或部分正职担任。他们是公司的形象代表，既要对公司的情况了如指掌，面对记者提问应对自如，又要具有良好的沟通和交流技巧，诚恳答问，随机应变，面对突发事件灵活处之。青岛双星集团总经理汪海在美国记者招待会上面对记者关于"双星"含义的提问，微笑答道："一颗星代表东半球，一颗星代表西半球，我们要让'双星'牌运动鞋潇洒走世界。"当时在场的另一位记者立刻问道："请问先生您脚上穿的是什么鞋？"汪海自信地答道："在贵国这种场合脱鞋是不礼貌的，但是这位先生既然问起，我就破例。"于是脱了自己的鞋并高高举起，指着商标处大声说："Double star! Doub—le star！"这一举动立即赢得场下雷鸣般的掌声。

次日，美国纽约各大报纸在主要版面上纷纷刊登出关于这一幕的照片。汪海的睿智幽默不仅抓住了记者的心，且对"双星"品牌作了一次巧妙宣传。

网上新闻发布是企业利用网站、论坛、新闻组等各类网络媒介进行新闻发布。在网上发布新闻的方式主要有通过网络新闻线（News wire Service）发布新闻或通过网络论坛或自己的站点发布新闻。通过网络新闻线，企业要支付一定的费用，却可减少企业新闻发布大量繁重的程序和工作。企业首先要与新闻服务商建立联系，写作需发布的新闻稿，将新闻稿通过传真或解调器传至新闻服务商，和新闻服务商一起讨论新闻稿发给哪些记者，并在网上检查新闻稿的发送情况。而企业若本身主持服务商的网络论坛或者在互联网上有自己的站点，则可自己发布新闻。企业将要传递的信息写成新闻或故事后，以较为完整的方式发布在论坛或站点相应的讨论区，并且企业可以"主导性"地在聊天区内进行实时交流，使受众主动分享和传播品牌的新闻或故事，从而实现公关传播的价值。一些企业近年来不断尝试的网上新闻发布会也为公关提供了策略上的创新。2004 年 3 月 26 日，SONY借助新浪举办了网络发布会，成功地推广了公司的索尼爱立信 T618c 品牌，除了记者在线访谈提问外，当时直播和事后的点击率高达 60 多万人次，每秒在线人数达三四百人次。

2. 企业故事

消费者对企业的广告信息日益心生反感和抵触，"讲故事"则成为传播企业及其品牌信息的公关利器，在传递信息的同时"润物细无声"般影响了消费者的心理。企业的故事通常是指具有连贯性、富有吸引力、能感染人且可讲述的真实事件，它可以是企业的历史、创始人的创业经历、员工的先进事迹、顾客与品牌的故事等，这些积聚成企业的文化，陶冶着企业员工，也影响着外部公众及其消费者对企业的态度和行为。沙因将企业分为外在形象层、制度层和内在文化层三个层次，而企业故事在企业文化的缔造和对外宣传中担任了"缔造者、诠释者、传播者、教育者"的综合角色，它需要企业在塑造品牌的战略"不仅要有故事，而且要会讲故事"。

（1）发现故事。企业的故事贯穿于企业的生命周期，存在于企业点点滴滴的经营之中，如创业故事、成长故事、诚信故事、公益故事、危机故事、愿景故事等。企业要从日常的人与事中甄别和提炼所需的故事，就必须考虑故事的典型性和亲和性。典型性要求企业在其发展阶段和企业文化定位的前提下考虑其公关宣传的目的和传播对象的特征，选择易于传递企业及其品牌信息的故事。亲和性是企业及其品牌的故事要具有趣味性，通俗易懂。"巧言令色，鲜矣仁"，华丽的言辞，过分的包装可能会引起公众的猜疑甚至反感，"易读、易记、易传播"才是选择和提炼故事的标准之一。联想集团副总裁杜建华"热脸贴冷屁股"的故事，海尔 CEO 张瑞敏"砸冰箱"事件等，故事简单易懂，却全面地传递了公司核心价值观中的服务理念。

（2）会讲故事。"好酒也怕巷子深"，企业有好故事，但不说或者说不好也会使故事毫无价值或黯淡失色。讲故事重要是选择好故事的传播途径，是网下传播还是网上传播，是人员传播还是非人员传播，是商业传播还是口碑传播，是让员工去讲还是请名人去说。根据公众的人文特征和接触信息的习惯选择合适的传播途径，故事则会被讲得更生动，故事引起的效应会更强。2009 年大杨创世的董事长李桂莲"有意无意地"向媒体透露股神巴菲特曾寄一段 DV 视频祝贺大杨集团创建 30 周年。这段视频虽只是巴菲特的祝贺词，却使大杨集团声名大噪且股价一路飞扬。

3. 企业排名

企业参与各种排名是一种常见的宣传方式，即非营利性的第三方机构或组织通常依据一定的规则，比如专家推荐、用户评选等对某一领域的产品或其品牌进行打分并排序。近年来，虽然行业排名、品牌排名、慈善排名、影响力排名等各种名目的排名活动泛滥，但在信息泛滥而又稀缺的后工业社会，排名的价值显而易见。2008年，上海肯德基公司对中国饭店协会公布的中国餐饮业500强企业排名提出异议，公开质疑自己的"死对头"麦当劳的"龙头"地位，由此可见企业对排名的重视程度。独立第三方组织的评选使评选结果相对公正、客观；客观公正的评价结果往往能得到各类媒体的广泛报道，产生良好的新闻效应，能够扩大产品及其品牌的知名度；通过排名在同类产品中占据一席之地，吸引新顾客的关注；较好的排名增强老客户的认同感和自豪感，维系和增强老客户的忠诚度；并且通过对不同排名企业的比较分析，知己知彼，了解行业竞争状况。企业的宣传沟通不能依赖各类排名，但可适当利用各类排名，通过排名向公众和目标消费者宣传和介绍企业及其品牌的特色和成就。借助企业排名宣传企业及其品牌，首先企业自身要做大做强，或做出特色，这是取得较好排名的基础。其次，企业应选择参加权威组织或机构的排名并大量宣传，国内如中国社科院、中国城市竞争力研究会、仲联量行、部分高校研究所等。最后，企业要全方位、多途径宣传排名，以排名为诉求告知公众企业及其品牌的特色和成就。

七、 名人公关传播策略

名人，即著名人物，又可称作名流（celebrity），泛指各行各业中能力较强且影响力较大的人物。作为在各自行业或领域内的意见领袖（或称舆论领袖），名人的社会地位、分布状况、影响力范围和同大众传播的接触频率等特征可使公众为之疯狂。企业选择名人作为公关传播的主体，其作用和价值已得到市场的认可。名人传播借助光环效应（又称晕轮效应），将受众对名人的关注转移到对产品及其品牌的关注上，提高品牌的知名度；利用受众对名人的喜爱，"爱屋及乌"，提升品牌的美誉度；通过名人的个性和形象魅力，增强产品及其品牌的个性与形象；同时借助名人显示企业实力，积聚企业及其品牌文化，增强企业凝聚力。但名人传播是把"双刃剑"，它存在成本、判断、创意创作、事件和道德等方面的风险，传播稍有不慎，便可能对企业及其品牌造成负面影响。在实际传播中，企业更多的选择名人代言，而名人博客和虚拟名人传播近年来也越来越引起人们的重视。

1. 名人代言公关传播

这是企业最常采用的品牌传播策略。不过大多消费者及企业将名人代言传播视为一种广告呈现的方式，而忽略了名人代言在品牌影响力和传播上的真正价值。名人代言公关传播形式上等同于名人形象代言，即将消费者对名人的崇拜和模仿延伸至企业及其品牌上，但名人代言公关传播淡化了活动的商业色彩，它是借助企业相关名人，如企业形象代言人、企业主或企业虚拟人物等，进行的旨在提升企业及其品牌形象的公关传播活动。

因此，对于企业选择名人进行公关传播而言，首先要十分强调"性相近"，即名人的个性要与企业的品牌个性相吻合，能够得到目标消费者的普遍认同且能够融于企业的文化之中，只有"性相近"才能情投意合。商务通选择濮存昕作为其形象代言人，其成熟、稳重和成功的形象与其目标消费者十分吻合。而名人掌上电脑的目标消费者却是时尚、科技的年轻一代，当时的李亚鹏正是其品牌"领先科技、领先时尚"概念的形象代表。其次，要通过合同等法律手段规范代言人的行为，防范代言人的风险。如在合同中明确代言人的权利和义务，规定代言人在代言期间身体力行忠于代言的品牌，维护其良好的公众形象等。再次，企业选取的名人要尽可能保持连续性和稳定性，以使公关的沟通及其品牌形象持续和稳定。

2. 名人博客公关传播

博客（Blog）是作者（blogger）在互联网网页中以日记体形式发表且频繁更新的个性化媒介，它能够充分利用链接扩展知识的范围以及其他博客的联系。它最大的特点就是将个人主页的个体特征同BBS的分享和公共性特征结合起来，是公共关系传播途径的新形式。据"中国公共关系行业博客营销认知及应用研究"和"Technorati与Edelman关于博客与公共关系的调查"表明，超过半数的博客每周至少有一次在其博客中提到某特定企业、品牌或他们的员工。

名人博客公关传播则是将名人公关延伸至名人在互联网上的私人空间。首先，由于网络传播的及时、广泛和难以控制性，企业通常慎重地选择名人为企业及其品牌开博。企业及其品牌的负责人或创始人是企业的权威，是公众心目中企业的代表，因而他们常常是企业博客的首选。其次，博主的博客不能充斥商业色彩，通过日记、留言和交流同博友或公众分享生活的欢乐与哀愁，共诉人生的价值和理想，无形中吸引、感染和集聚大量的公众，这种效果是公司网站无法达到的。最后，当博客出现不利于企业及其品牌的留言或信息时，切记"防民之口甚于防川"，一味的"堵"或瞒可能会使问题适得其反。博主的博客应在最短时间内公布事情真相，这是减少公众进行各种无端猜疑最有效的办法。

3. 虚拟名人公关传播

"人非圣人，孰能无过"，名人传播的风险在所难免。虚拟名人传播则为部分消除真实名人公关传播的缺点提供了新的思路。虚拟名人公关传播就是企业塑造特殊人物或虚拟形象向社会公众传播企业及其品牌的信息，如米其林（Michelin）的轮胎汉、恒源祥的小囡仔、迪斯尼（Disney）的米奇和唐老鸭等，其传播带来的价值堪比真实的名人。它的永久性和专属性使传播后续开发空间广阔，为品牌整合传播提供了丰富多彩的素材；而且由于虚拟形象多源自流行文化，天生亲近社会时尚与潮流，所以在消费大众中有很高的亲和力；更重要的是虚拟形象出身"名门"，其沟通传播中的事件和道德风险相对小。

虚拟名人传播的关键是选择虚拟的名人形象，企业通常塑造原创性的专属虚拟角色和借助现有角色特许。原创性的专属虚拟角色的塑造成本较大，需要依据企业自身实际综合考虑，而且它的创意与设计需要充分考虑对预期流行文化的融入和后续营销体验的要求。因此，精确的市场调查和对流行文化的洞察将非常重要，而且角色传播的内容要有创意，公关传播的途径要借助各类媒体平台，以便让公众接受并认可该虚拟角色。如海尔兄弟带领全球的小朋友周游世界，在困难和互助中共同成长；山姆大叔关注世界儿童，在娱乐与学习中强健身体、增长智力。虚拟人物在潜移默化中占领了消费者的心智。除了原创性的虚拟角色外，企业还可以借助现有角色特许，结合自身实际，巧妙融入流行文化。当米奇和唐老鸭（迪斯尼）、史努比（麦当劳）、韩流中的流氓兔、香港的麦兜猪、台湾春水堂的阿贵等流行时，社会大众表现出惊人的情不自禁，这为实力较弱的企业利用这些著名的虚拟角色进行公关提供了可能性。

第二节 公共关系传播工具

 案例

在 1925 年，美国商务部长胡佛提名爱德华·伯内斯担任商业部副部长，专门负责巴黎装饰艺术大展方面的议题；在 20 世纪 40 年代，他也被指派为美国第三次战争债券国家指导委员会的主席，胜利债券的副主席，以及纽约州防御委员会的成员。

在他职业生涯的后期，因为与他的社会理念不同，他拒绝了许多政治客户，其中包括希特勒、尼克松、约翰逊、尼加拉瓜右翼政府等。伯内斯认为，"一名值得尊敬的公关顾问，应该懂得说不，超出这个范畴之外，那就要靠大众的力量和智慧，能够看穿文字、图案以及活动后面的事实，并且采取应有的行动"。

问题与思考：

公关学在政治上的运用可能是建设性的，也可能是破坏性的，正如我们可以找到诚实的律师，也能找到不择手段的讼棍。我们可以利用法律，伸张正义；也可以滥用法律，破坏社会仰赖的正义原则。诚实的公共关系从业人员，能够利用这个行业的思考模式，来测量民意，并且试着改变民意。还可以预测出大众对政治家持有什么样的印象，然后更新包装这些政治家，让他们更投合民众的喜好。但前提是，这些事情都必须是"带领人民到他们想要到达的地方，民主政治的领导能力的定义就是解决大家认为需要解决的问题。"

一、 传播工具分类及其特点

按照传播信息的物质载体的不同，公共关系传播工具主要分为两大类，即印刷类传播工具和电子类传播工具。

（一）印刷类传播工具

印刷类传播工具主要指报纸、杂志、书籍、文件、图画等，其主要特点包括以下几个方面。

（1）读者拥有充分的主动权。由于印刷类媒介是平面媒介，不受时间、地点和接收顺序的限制，读者可以根据需要将其带到任何地方，按照自己的习惯来控制阅读的顺序和速度，有充分的选择权和取舍权。

（2）印刷媒介的信息容量大。印刷媒介可以根据需要进行版面的调节，充分容纳和处理信息内容，来增加报道的广度和深度。

（3）印刷媒介便于保存、收藏。

（4）印刷媒介相对成本较低、价格便宜，制作也比较方便。

（5）印刷媒介传播的速度不够快，受众有一定文化水平的要求。

（二）电子类传播工具

电子类传播工具是通过电子设备产生和传递各种信息的工具，主要有互联网、广播、电视、电影等，其主要特点包括以下几个方面。

（1）传播速度快，覆盖面广。电子媒介可以将一些重大事件或突发性的新闻迅速、及时地进行广泛的传播。

（2）形象生动、逼真．感染力强。电子媒介可以综合运用语音、活动图像、照片、文字，使信息的传播更加直观。

（3）受众面广，不受文化水平的限制。

（三）网络公共关系传播工具

网络是一个融合各种传播形式的集大成者。曾几何时，公共关系人员最熟悉的是印刷、展览、展示等。网络时代，对他们来说，必备的常识变成了网络新闻发布、设计、组建网站、使用讨论列表、聊天工具、电子邮件、实时聊天工具等；今天，又增加了网络会议、手机短信、WAP 浏览、博客等。在网络基础上衍生出来的众多传播渠道，丰富了网络公共关系的传播工具。这些传播工具，既有适合个人传播的形态，也是适合组织和大众传播的工具。

二、 常用的传播工具及其应用

（一）印刷品媒介

1. 报纸

报纸是传播领域中最古老的手段之一，千百年来，报纸为人类文明的进步做出了杰出的贡献。世界上最早的报纸出现在古老的中国。在西汉初年公元前 2 世纪左右出现的《邸报》是世界上发行最早、时间最久的报纸。今天，中国的报业发展已经不仅仅用迅猛就可以形容。据权威机构测定，北京每天的报纸印刷量超过了 700 万份。平均不到两个人就拥有一份报纸。以北京最为著名的《北京晚报》为例，其每日都有百万份的定额。2005 年，全国拥有报纸近 2000 种，年用纸量也超过了 300 万吨，这一数字达到了世界之最。报纸在 2000 年以前起源于中国，2000 年以后，中国是世界上第一报纸大国。报纸是以刊登新闻为主的定期出版物，也是受众面最大的一种印刷类的传播媒介。其优势是：①便于选择，读者可以根据自己的需要、阅读的习惯，迅速选取最感兴趣的阅读；②便于保存、查找、携带，不受时空的限制，阅读方便；③信息量大，报纸可以通过版面空间的排列，将各种信息高度地结合在一起；④发行量大，成本低。报纸也有其自身的局限：①传播速度慢．不如广播、电视和互联网及时；②要求读者具有一定的文化水平和阅读能力，因而读者的数量受到一定的限制；③与电子媒介相比，不够生动、形象，感染力差。

由于报纸的发行量大，其新闻资料一般是公布性和告知性的，时间性较强，同时，报纸的发行是周期性的。因此，报纸对于公关组织宣传自身形象，是一种非常有力又十分有效的手段。

2. 杂志

杂志是报纸向深度和广度发展的印刷品媒介，它是以成册装订的形式刊出的定期出版物，内容含量大，分类排列的内容详尽、全面。杂志作为一种传播媒介，也有其独到的优点：一是杂志内容分类清晰；二是因专业性太强，无法照顾一般读者的阅读水平，而限制了读者群；三是因为其成本比报纸高，相对价格也较高。在公关工作中，如果是专业性强，宣传侧重于公关理论研究工作，就要注意选择期刊和杂志。如《中国生物工程杂志》、《销售与市场》、《汽车专业杂志》、《旅游天地》、《瑞丽杂志》等。

（二）电子媒介

1. 广播

广播，又称 broadcasting，是指通过无线电波或导线传送声音符号的传播媒介，是覆盖面最广的一种电子传播媒介。广播的优势在于：广播传播迅速、覆盖面广，不受空间的限制。广播的局限性也很突出：①只有声音，没有图像，缺乏直观性；②受时间的限制，一旦错过就再难收到，不便保存；③受固定节目时间表的限制，只能按节目顺序收听，无法选择。

在公共关系及传播活动中，如果要追求覆盖面广、成本低，优先选择的媒介应当是广播。如何家山乡禽流感防治工作中，充分发挥广播宣传面广、速度快的优势，每天都要利用上级电台播音结束后的时机，播送禽流感防治知识、普查登记紧急通知等，来做好禽流感防治工作。这个乡的荷塘村共有 7 个自然村，2000 多人口居住分散，广播成了这个村领导上情下达最便捷、最有效的工具。

2. 电视

电视是将文字、声音与活动画面结合起来，主要供家庭或小群体使用的大众媒介。随着科学技术的飞速发展，电视正在为人类提供着大量的信息资源。电视作为一种最主要、最有效的传播媒介，其优点表现在：①电视具有音像同步的特点，可以真实生动地传播事情发生、发展的过程，使公众能够产生身临其境的感觉，感染力强，同时也增加了信息的可靠性；②电视内容丰富，具有更强的娱乐性，同时又可以提供多个频道节目，使公众可以根据需求、爱好任意选择；③电视具有较高的普及性，适合多层次的受传者，对受传者的文化水平没有太高的要求。

电视的不足之处是：①传播的内容稍纵即逝，无法保存；②顺序传输，无法选择；③制作成本高，不仅制作的设备复杂，而且还要依靠很多人形成的专门性组织共同协作；④受经济发展水平的制约，电视传播的范围受限制，如贫困地区的公众收看电视的可能性较小。由于电视与其他媒介相比，影响最大，效果最好，传播最快，是人们获取信息的主要渠道，因此，在公关活动中，首选媒介应是电视。如 2008 年 5 月 12 日四川汶川发生大地震时，中央电视台以最快的速度播出了这次大地震的情况。随后，又利用电视音像同步的优势，真实生动地向广大公众展现了抗震救灾的整个过程，以真实自然的景象感动着每一位公众，使大家在了解抗震救灾情况的同时，也积极地加入救灾这个行列中，有钱出钱，有力出力，大家拧成一股绳，形成了"众人划桨开大船"的景象。

3. 电影

电影也是将文字、图像、声音进行综合运用的一种大众传播工具。它的某些功能是其他媒介无法取代的：①内容形象生动具体、表现手法多样，可虚可实，老少皆宜，雅俗共赏；②具有高度的真实感，艺术效果好；③便于长期保存，有较大的保存价值。电影媒介的缺点是：制作周期长，成本高。程序多，不便普及。

由于电影制作手法比较复杂，因此这种传播媒介多用于文化、艺术作品的传播，在公关工作中。较少选用。如康佳1998年实施的"千村万场送电影下乡"活动，在河南、浙江、山东、湖南、湖北、河北、山西、陕西等省有近百个放映队深入农村，演绎了一次空前的放映活动。随着电影的播放，也在农村消费者心中树立了良好的形象。再如宝洁公司为了开拓中国的农村市场，从1996年5月起开始实施"Road Show"大篷车下乡活动，历时三年，遍及大半个中国。宝洁公司的"Road Show"简单地说，就是将公司的产品制作成小片段的电影，在乡镇及村庄进行现场演示，并以折扣价销售样品，让更多的农村消费者切身试用，认识宝洁公司的产品与品牌，加深对宝洁公司的了解，并初步建立宝洁公司与农村消费者的良好关系。通过几年的实施，宝洁的品牌知名度在农村市场获得了很大的提高。

4. 互联网

互联网出现于20世纪60年代，是伴随着电子计算机的出现而出现的。网络技术的运用和发展改变了大众对信息的接收方式，更改变了人们的生活、学习、工作方式，已成为当今人类社会拥有的全新的传播媒体。其优势是：①信息量大，领域宽，范围广；②传者与接收者互动效果好，便于沟通；③是一个高度开放的系统，任何人都可以利用它进行信息的获取和传递；④成本低，方便查找和存储。

互联网的不足是：①容易遭受"病毒"的侵袭；②由于信息量太大，因而无法绝对确保信息的真实性，一些重要信息也无法保障其保密性。

互联网吸取了报纸、广播、电视、电影的诸多长处，越来越成为人们获取信息的重要渠道。毋庸置疑，电视是国内最直观、最形象的传播媒体，但是其高昂的费用也令无数企业尽折腰。同时，权威报纸杂志及广播广告费用也较以往有了较大的提升。而互联网的宣传费用较之以上传统媒体来说可谓很便宜了，其覆盖面之广、力度之强也令诸多传统媒体汗颜。所以，互联网已成为组织进行公共关系传播的必选工具。

对于公共关系传播而言，组织可以利用互联网建立自己的网站或网页，将本组织的详细资料输入网络，向新闻机构和公众提供本企业相关信息，宣传本企业的良好形象。如宝洁、NiKE、可口可乐、百事可乐等国际著名企业的网站，可以使公众能可以使公众能够近距离地感受这些明星企业的实力与强大，同时也强化了品牌在消费者心中的位置。组织也可以利用互联网与公众形成互动，以增强组织的亲和力。如石头记的网站通过对 BBS的巧妙运用，使消费者更加懂得各种石头的内涵及寓意，并且通过互动交流使消费者之间产生共鸣，最终把"石头记"这个名牌烙印于消费者的心中。再如崂山区红十字会发挥网络优势，自主设计、规划、编排"网聚爱心，爱润心田"红十字宣传博客，于2006年

5月8日世界红十字日正式开通，由红十字电子办公室、红十字政策法规、红十字工作感悟、红十字事业和爱心故事等板块组成。博客以生动的场景照片和朴实的文字向网民、志愿者以及社会各界人士全面展示丰富多彩的红十字活动内容和日常工作状态，充分体现出崂山区红十字会的社会化工作机制。众多网友和红十字志愿者积极参与网上讨论，短短几个月点击量超过千次，起到了很好的红十字宣传和互动效果。

三、公共关系传播工具选择的原则

（1）根据公共关系的具体目标和工作要求来选择和使用传播工具。

（2）根据公共关系对象的特征来选择和使用传播工具。如受传对象文化水平较低时，广播、电视效果较好；具有一般文化水平的对象，广播、电视、杂志、互联网都可以选择；对于高知识阶层的对象，可以选择专业性的书籍、杂志以及互联网。

（3）根据传播的内容特点和要求来选择和使用传播工具。如传播的信息是较难理解的，需要受众反复分析的，可选择印刷类媒介；对于信息浅显易懂的，可选择电子类媒介；如果内容简单且不系统，可以选择报纸；内容比较专业可以选择杂志或书籍；内容需要广泛传播的，则可选择报纸、广播、电视和互联网等。

（4）根据自身需要和经济实力进行选择。在选择传播工具时，不仅要从自身实际出发，考虑自身实际的需要，还要考虑组织的经济实力，一定要量力而行。

四、公共关系传播的技巧

本书将公共关系传播的技巧概括为四个字——"融"、"奇"、"变"、"借"。

1. "融"

所谓"融"，就是与公共关系策划所处的环境良好的融合。任何公共关系策划的开展都需要适应周围的环境，做到顺应潮流、顺应形势，一顺百顺。但我们所处的环境是在不断发生变化的，对不同的环境，我们要有不同的应对思路。

（1）顺境。

有很多人都喜欢顺境，认为顺境更有利于组织的生存，但有一句俗话值得我们注意，那就是"打江山容易，守江山难"。当公关组织处于顺境的时候，首要的公关目标就是维持当前组织在公众中的形象。此时的公关策划技巧就是稳中求胜。所以，在顺境中的公关策划应当总结前期的经验，注意周围形式的改变。即使创新，也应当以延续前期策划理念为出发点。在这一方面，李宁牌体育运动服装做得比较成功。"李宁服装"的成功与中国体育的成长是分不开的，它一直以中国体育合作伙伴的形象出现在公众面前，许多年来"李宁公司"的公关策划活动都是围绕这一主题展开的。赞助乒乓球队、赞助运动员、赞助奥运会等，虽然每次公关策划的内容和创意点都不一样，但是"中国体育合作伙伴"的形象不曾改变过。

（2）逆境。

我们周围的环境时刻都在发生着变化，有消、有涨、有顺、有逆。虽然我们不愿面对逆境，但有时我们却又不得不面对。当公关组织处于逆境时，及时调整公关组织在公众中的形象是公关策划的当务之急，此时的公关策划技巧就是预防为主、由防转攻。当公关组织处于逆境中时，应当注意信息的反馈，找到危机出现的根源，对症下药，重塑组织形象。

（3）创造环境。

在环境面前，公共策划者并不是无计可施，只能逆来顺受。相反，公共策划者可以通过公关活动来影响环境，使环境向着有利于自己的方向转变。创造环境最主要的目的就是引起公众的注意，至于运用何种方式，则需要根据公关策划的造势。在乳制品行业的初期，对于消费者来说牛奶是一种无差别产品，即使行业中已经出现了伊利、光明、完达山、蒙牛等品牌，但大多数消费者在购买时仍抱着无所谓的态度，心理上没有明显的喜好。蒙牛乳业针对这一现象，利用中国载人航天飞船的成功，为自己大大地宣传了一把——"中国宇航员专用牛奶"，蒙牛牛奶和"神舟五号"一起走进了千万家户，自然也提高了蒙牛牛奶的知名度，增强了公众的关注程度。

2．"奇"

人们常说商场如战场，的确，公共关系活动的策划就是一场没有硝烟的战争，公共关系策划技巧的另一个重要方面就是出奇制胜。公共关系策划中所谓的"奇"有两层含义：一方面是"先人一步"，另一方面是"高人一筹"。

（1）"先人一步"。

公共关系策划的一个很大的目的就是要引起公众的注意、获得公众的关注，从而树立起公关组织的公众形象。新颖的事物往往会得到人们更多的注意，给人们留下深刻的印象。这些就使得公关组织在进行公关策划时，要尽量做到先人一步，使自己公共关系策划的效果前无古人、心意功能独特。在企业间广泛流传着这样一句话——"顾客就是上帝"。围绕着这句话，企业家们总是想尽各种办法来服务上帝、满足上帝，但都不免落于俗套，无非是一些改善服务态度、提高服务质量的方法，有些千篇一律，让人提不起兴趣。北京麦当劳食品有限公司通过对北京月票发售网点的调查后发现，在北京有 600 多万人使用公交月票，但发售网点却只有 88 个，这使得公交乘客深感不便，所以，麦当劳针对这一现象，就协助公交系统干起了代售月票的营生。这一举措真正为乘客们提供了便利，许多乘客在每月换月票的时候，也会"顺便"到麦当劳用餐。就是这么一个简单而又特别的公关策划，使得麦当劳在北京市民中的形象一下子就树立起来了。由此可见，公关策划的"先人一步"并不是追求复杂的策划方案，而是要冲破常规，争做"第一"。

（2）"高人一筹"。

对于公关策划来说，只是"先"还不够，还需要"高"。所谓的"高人一筹"，就是在公关策划的公关内容、公关方式和公关目标相近时，会取得比别人更好的公关效果。要做到这一点，一方面，要注意对公关策划的各方面要素的独特理解；另一方面，要注意对公关策划的各个要素的充分组合。1971 年，从西雅图的一间小咖啡屋发展成为国际著名的咖啡连锁品牌，星巴克的成长不可不说是一个奇迹。咖啡不过是一种普通的产品，而且在全世界有上百万家咖啡店可以烧出比星巴克还要好的咖啡，为什么星巴克就能获得公众的认可呢？星巴克公关策划的成功之处就在于它在咖啡的外延下足了工夫。星巴克与网通合作推出了"无限伴旅"业务。在星巴克，"咖啡伴侣"可以是笔记本电脑，人们可以一边品尝咖啡，一边上网聊天；同时，星巴克使咖啡成为一种文化，使人们到星巴克的目的不再只是单纯地品尝咖啡，而是充分享受那里的氛围：坐在巨大的落地窗旁，看着窗外的车水马龙，轻轻啜饮一口香浓的咖啡，一种城市主人的感觉油然而生。

3. "变"

古人云："穷则变，变则通，通则久。"公共关系策划讲求公关组织与公众、环境形成一种动态的和谐，在不断的变化中寻求融合。就像我们的教育由原来的应试教育转变成现在的素质教育一样，公共关系策划也要随着周围公众和环境的变化，进行自身的调整，跟上时代的步伐。公关策划的技巧的"变"也有两层含义，即"知变"和"应变"。

（1）"知变"。

知变就是能预见到周围环境变化的趋势与方向。公关策划的一大技巧就是从变化中寻找发展的机会，至于是否能准确判断出变化所在，则有赖于策划者收集资料的准确性和对资料的分析判断，这需要策划者拥有丰富的理论知识和实践经验。过去有许多企业就是因为没有及时预见到环境的变化，而遭到了失败的命运。

（2）"应变"。

发现变化是公关策划的第一步，接下来是如何应对变化。第一次公共关系活动的成功策划，都离不开公关策划者良好的应变能力，可以说应变是公关策划技巧中不可缺少的一项。比如在每一届奥运会举办期间，我们所看到的各种广告都会和奥运会有所关联，甚至当一位运动员获得金牌后，媒体中马上就会出现与这位运动员相关的广告，此时我们不禁感叹企业公关策划者的"先见之明"与"应变神速"。关于这方面的成功案例有很多，在这里就不详细举例了。

4. "借"

公关策划技巧中还有重要的一项就是"借鉴"。"借鉴"不是单纯的临摹和仿效，如果只是生硬地照搬其他策划方案，就会陷入画虎类犬的窘境。"三人行，必有我师焉"，优秀的公关策划者不应当故步自封，也不应该闭门造车，多学习其他策划者的经验才是成功之道。伟大的物理学家牛顿说过："我之所以成为天才，是因为我站在巨人们的肩膀上。"将其他策划者的公关理念灵活运用，会使自己不断地得到进步。体育与商业的完美结合是许多公关策划组织获取成功的方法，这其中的关键就是"谋和"，整合多方面的资源是本质所在。北京京郊的许多景点开展了"采摘乐"的活动，这就是一种将旅游与种植相结合的方式。这里的果农已把传统的水果种植变成了采摘水果的体验，使人们不再专注于水果的口感，而是充分享受大自然所带来的快感。秋天一到，就会有大批的北京市民涌向京郊，去享受采摘的乐趣。

 案例

全媒体时代的微视频传播

2013年圣诞节前，加拿大某航空公司机场发起"说出圣诞礼物心愿"的活动，只需扫描自己的登机牌，候机大厅的"蓝色礼盒"就会显示一位蓝衣圣诞老人，旅客向圣诞老人说出自己的心愿，等到自己乘坐的飞机降落到目的地，信号灯亮起，音乐响起，空中飘起雪花，一个包装精美的礼物就出现在传送带上，乘客们惊喜万分，因为感动而终生难忘。这一活动被拍成微视频，在网络上热传，感人的细节安排不仅深深打动所有观众，引起强烈共鸣，而且这一事件也让让人们深刻地记住和认同了它——加拿大西捷航空公司。

随着全媒体时代的到来，信息完全实现了不限个体、不限时间、不限地点、不限平台的传递。与此同时，由于内容精致、恰到好处的品牌信息传递作用而受到不少广告主倾心的微视频，也在这个时代里逐渐兴起，成为近年来最为热门的广告手段。那么PR广告微视频传播过程中应该遵循哪些基本原则，才能在全媒体时代实现微视频的有效营销呢？

微视频，网络浪潮的骄子。

微视频是指长度仅有30秒到20分钟的短视频，区别于一般的电视广告，微视频主要通过与互联网的无缝结合，达到了快速、大范围的传播。2005年，一则小罗连续4次射门击中门柱的视频，一度在网络上热传，成为知名的病毒视频，实际上其中有效植入了赞助商Nike的品牌信息，达到了品牌自发的、大范围的传播效果。

2005年，也是中国网络视频起步之年，此时中国大型视频网站土豆网正式上线，2006年，优酷网也正式上线，2012年优酷土豆合并，中国的视频传播进入新的时代。而此前，中国的视频营销主要还是依托于电视台的广告视频播放，但是电视平台有两大无法克服的局限性，其一，受众只能单向接收电视信息，不能深入参与视频的传播；其二，受众无法根据个性偏好来创造内容，因此广告几乎没有互动营销的价值。

2012年，陈妍希、张孝全主演的《小幸感》微电影，以唯美纯粹的初恋故事博得大量观众的眼球，上线仅仅10天就创造了1200万次点击的收视纪录，陈妍希扮演的充满正能量的"小幸感"的女生形象，一下子抓住无数网友的心，成为热议的话题之一。而其中软性植入的汰渍洁净熏香品牌的产品信息，也被消费者接受。

作为衍生于网络平台的视频传播形式，微视频也随着网络视频网站的兴起而逐渐为人们所熟知，微视频以其微制作、微投资、投放快、内容精的特点，克服了电视平台的两大弊端，视频网站提供的转发、评论等功能实现了播放者与观众的直面沟通，增强了参与度，同时微视频还可以由普通人亲手制作，互动性相当强。很多品牌广告主也因为其良好的品牌信息植入能力而逐渐接受和运用起来，微视频，俨然成为网络营销的利器。

信息大爆炸，微视频沦为"垃圾"。

近年来，随着PC端、手机端的网络不断加速和网络生态的完善，网络已经成为人们的生活必需元素，衣食住行任何一方面都可以通过网络来完成，比如购物可以上京东、天猫，求职应聘可以上前程无忧、58同城，而出售二手用品可以上赶集网，最近连旅游也可以通过途牛网解决，网络无处不在，微视频也伴随着这股潮流，不断地融入人们的生活当中。

受成本的诱惑和"限娱令"等政策影响，不少广告主从传统的电视领域向微视频营销转移，微视频广告成为了一股强大的潮流，席卷互联网，其中不乏像凯迪拉克打造的《一触即发》，雪佛兰《老男孩》等较为出色的作品，这些案例充分说明微视频具有很好的品牌营销潜力，其广告营销效果也是有目共睹的。然而，微视频的发展还停留在初级阶段，仍然存在诸多问题。微视频营销尚未形成良好的市场氛围，产业链还未完全形成，规模化发展不成熟，微视频传播营销还存在很多根本性的弊端。

首先，由于微视频制作成本低、门槛低，从演员的选择、导演的选择到剧本的创作、制作的水平等一系列生产流程，都不能形成规范化运作，不完整的产业链将带来不完整的传播输出，微视频的时效性、传播性都大受打击，加上广告主、策划方单纯逐利的发展思路，急躁的传播目标、空洞的传播策划，最终导致微视频传播缺乏科学的规划，传播覆盖不足、传播效果不佳，无法成功实现营销目的。

其次，国内微视频的快速发展，仅仅是数量上的不断增加，在视频内涵上还缺乏沉淀，很多作品内容同质化、快餐化严重，很难得到观众的认可，消费者不买账，品牌信息接收率低，甚至还会产生排斥反应，观众未能建立有效的品牌记忆点，营销的目的自然就不能达到，最终作品将埋没在庞大的信息流当中，沦落为垃圾广告。

掌握微视频品牌传播三原则，才能"微"遍天下。

微视频传播无疑是 PR 广告的重要手段，也是目前主流倾向，当今消费者正处于一个娱乐爆炸、信息爆炸的浮躁时代，如何突破现状，在这个快节奏的全媒体时代，应该遵循哪些原则，才能实现微视频品牌传播价值最大化？

首先，深入挖掘品牌本质并进行出色的事件营销。好的传播来自于好的策划，品牌微视频的传播，需要采取事件营销的策略。一切传播必须以事件为载体，微视频的成功传播在于营销团队对品牌最深刻的认识，策划具有影响力的事件，将线下活动与线上传播进行联动，拍摄事件全程，整合编辑为微视频，有争议性、正能量的事件更容易被网民所传播。

比如罗马可口可乐公司，在 2013 年圣诞期间策划了一次线下出租车免费共乘活动，消费者不仅可以免费搭乘出租车，如果他们愿意与他人共乘的话，还能免费分享可口可乐，这个活动拍成微视频后，因为其成功的情感营销，引发了一股网络"分享潮"，成为线上线下联动传播的成功范例。

其次，加强微视频内容管理。内容上应注重表现内容的创新，以触动观众内心为主攻目标，避免内容的同质化、快餐化。据有关统计，新鲜、有趣、轻松、经典的微视频比较受观众的喜爱并进行自主传播。

例如依云矿泉水曾拍摄《滑轮宝宝》，一群婴儿做出令人匪夷所思的高难度动作，新奇可爱的内容瞬间引爆网络，引起病毒式传播，创造了亿万点击率，列入吉尼斯世界纪录，依云矿泉水也因此红遍网络。因此，微视频应摒弃盲目高大上的品牌独唱，与新时代的观众思想倾向充分接轨，进行深度的沟通，以巧妙的微视频内容设计取胜。

再次，传播平台的全面覆盖，积极向 PC、手机端整合发展。据艾瑞咨询的数据，2013 年 6 月，在线视频 APP 的月度覆盖人数为 12918 万人，较 2012 年 8 月快速增长 64.0%，在线视频移动 APP 相对 PC 端网络服务的渗透率也由 2012 年 8 月的 17.9% 快速上升至 2013 年 6 月的 28.3%。可见，移动端庞大的用户群，将给在线微视频营销带来点到点的新契机。

　　随着智能手机、平板电脑灯移动终端的不断普及，特别是随着 4G 时代的到来，宽带网络的逐渐普及，上网环境、用户体验不断改善，移动端已经成为较为成熟的微视频传播平台，通过移动端的传播弥补 PC 端的即时性的不足，充分利用用户的碎片时间，不失为一个有效的传播策略。

　　全媒体时代，微视频传播已经是 PR 广告不可逆的潮流，需要合理地运用多种方式和渠道进行信息导流，引导消费者对品牌信息的关注。宏观上，通过电视网络、互联网络的"双网"传播整合，实行跨媒体协同作战，实现"无处不在"、"无时不在"的目标，随时随地给予消费者视频享受；微观上，采用好的剧本，通过高质量的视频内容，输出软性品牌信息。只有具备上述两点，才能在全媒体时代通过微视频进行更有效的品牌传播。

资料来源：李春琪 . 全媒体时代的微视频传播 . 国际公关，2014（56）.

 **本章思考题**

1. 传播的基本特征是什么？
2. 传播的基本类型有哪些？
3. 公共关系传播的工具有哪些？
4. 请思考哪些因素对传播效果有影响，怎样克服这些影响因素。

第 八 章
公共关系社交与礼仪

◎ 本章提示

　　社交就是社会交际，是人们在社会生活中为满足某种需要而进行的信息交流或联系。礼仪，则是人们在社会交往过程中所应具有的行为规范。开展公共关系活动，就得在正式或非正式场合代表组织同外界交往。作为组织风格的体现者和组织的代言人，公共关系人员必须掌握社交和礼仪技巧。

 案例

　　1919 年 1 月，康拉德·希尔顿怀揣 5000 美元，只身来到了得克萨斯州，他做了一项投资，果断地买下了他的第一家旅馆——梅比莱旅馆。他苦心经营，很快，他的旅馆资产达到了 5100 万美元。他欣喜而自豪地将这个成绩告诉了母亲。他的母亲听完后，淡然地说："照我看，你跟从前没什么两样。要想成大事，你必须把握住比 5100 万美元更值钱的东西。"

　　"那是什么？"

　　"除了对顾客诚实以外，还要想方设法让每个住进你旅馆的入住了还想再来住。你要想出一种简单、容易、不花本钱而行之可以长久的办法去吸引顾客，这样你的旅馆才有前途。"

　　母亲的话很简单，却引起了希尔顿的思考。简单、容易、不花本钱而行之可以长久的法宝应该具备什么样的条件呢？希尔顿终于想出来了，这就是微笑，只有微笑才能发挥如此大的影响力。

　　这一天，希尔顿上班后的第一项工作便是把手下的所有雇员找来，向他们灌输自己的经营理念："微笑——记住喽！我今后检查你们工作的唯一标准是，你今天对客人微笑了吗？"他又对旅馆进行了一番装修改造，增加了旅馆的接待能力。依靠"你今天对客人微笑了吗"的座右铭，梅比莱旅馆很快便红火起来。

1929年，艾尔帕索希尔顿饭店完工。就在这时，美国历史上规模最大的一次经济危机爆发了。很快，美国的旅馆酒店业有80%倒闭，希尔顿旅馆集团也深陷困境。如何战胜危机渡过难关？微笑还管用吗？有人问希尔顿仍然依靠他那"你今天对客人微笑了吗"的座右铭。他信心坚定地奔赴各地，鼓舞员工振作精神，共渡难关，即使是借债度日，也要坚持以"一流微笑"来服务旅客。他不厌其烦地向他的员工们郑重呼吁：万万不可把心中的愁云挂在脸上，无论面对何种困难，"希尔顿"服务员脸上的微笑永远属于旅客！

希尔顿的座右铭变成了每一个希尔顿人的座右铭。希尔顿饭店服务人员始终以其永恒美好的一流微笑感动着四面八方的宾客。希尔顿也顺利渡过了1933年的难关，逐步进入了黄金时期。他很快又买下了艾尔帕素的"北山旅馆"和朗浮城的葛莱格旅馆，并添置了许多一流设施。

希尔顿再一次巡视旅馆并询问员工："你们认为还需要添置什么？"员工们回答不出来，显然是觉得条件已经很好了。他笑了，说："还要有一流的微笑！如果是我，单有一流设施，没有一流微笑，我宁愿弃之而去住那种虽然地毯陈旧些，却处处可以享受到微笑的旅馆。"

20世纪50年代，希尔顿已不满足于仅仅在美国本土创业，他又在全世界营造自己的"旅馆帝国"。截至20世纪70年代末，希尔顿在世界大都市所拥有的饭店已有近百家。已经成为世界"旅馆帝王"、拥有数十亿美元资产的老希尔顿，仍然坚持坐着飞机，在他的"希尔顿帝国"里一处一处地巡视，偶有所感立即记录下来著书立说。他写的《宾至如归》一书多年来被希尔顿员工视为"圣经"。

第一节 社交的作用和礼仪实施的原则

社交和礼仪作为人类特有的行为，是相互交融地在人们的生活中发挥着作用。社交与礼仪有其丰富的内涵和表现形式。社交与礼仪的规范与否，在公共关系活动中，有着举足轻重的作用。

一、 公共关系社交的作用

随着全球经济的一体化和中国经济加入世界的行列，人类间交往的频率、速度及跨度可以说是人类历史上绝无仅有的。在交往过程中，区域发展的不平衡、种族的差异、文化的差异等因素，导致不同区域人类社交和礼仪内容及其表现方式的不同。

公共关系社交即是公共关系人员在实施其公共关系活动中为满足公众与公共关系主体需求而进行的信息交流或联系活动。公共关系社交是公共关系主体与其公众之间的一种信息交流的过程，旨在帮助公众了解社会组织的运作信息，以达到社会组织树立形象的公共关系目的。社交在公共关系活动的开展中起到了信息沟通、组织自我调节、协调关系的作用。

（一）信息沟通

社会组织为了树立其在公众心目中的形象，必然要向公众进行信息的传送，而为了了解公众的需求及公众对社会组织形象的看法，社会组织又必须从公众那里反馈信息。公共关系的信息沟通包含着几大要素，即信息沟通的主体、客体、沟通媒介和信息内容，由这四大要素组成了公共关系信息沟通的过程。而这一过程的完成，离不开社会组织与公众之间的社会交往。因而，通过社会交往，社会组织就能及时准确地向公众发布信息、收集信息并消除公众可能有的误会，进而树立或重塑组织在公众心目中的形象。

如，曾有传言 A 公司总经理因贿赂而被公安机关收审，此传言使 B、C 等与之长期合作的公司采取中止合同的方式以避免因此事而受损。A 公司发现后并着手进行调查，确认此传为谣言，属同行竞争所致。为消除谣言，使公司业务不受此件事情的影响，A 公司决定择日举办酒会，并由 A 公司总经理担任酒会主持。这样，谣言不攻自破，原来中止的合同又恢复了。这种通过社会交往联络感情、消除误会的例子比比皆是。

（二）组织自我调节

社会组织要在复杂环境中顺利运行，平时要做很多功课。一是要了解环境；二是要适应环境；三是在一定的条件下改造环境。社会交往能够帮助组织进一步了解环境，并进行自我调节。社会组织的发展，并不是一个自认的过程，而是通过社会交往，在与其他组织和公众的相互作用中发生和发展的。这是因为一方面，组织是通过与其他组织的比较来认识自身的，正是在具体交往的过程中，从对别的组织和公众的认识中来形成自我形象；另一方面，组织又是通过其他组织和公众对自己的态度和评价来认识自我形象，并对组织自身的经营方针、战略、形象等进行自我调节。

比如，由于文化的差异，人们的社交习惯有着很大的不同。中国人在交往中讲究询问对方的家庭成员和居住状况，而西方人则会视此种行为是窥测隐私。因而，入乡随俗、尊重他国和他人的社交习惯，成为公共关系人员学习的一门课程。

（三）协调关系

众所周知，正是通过各种社会交往，才建立起最基本的人际关系，而且随着交往的频率和深度的增进，人际间的亲密关系也得到发展。由于社会组织每天都面对着各种各样的社会公众，难免会发生一些矛盾和分歧，如消费者公众对产品产生异议，社区公众对组织资源的共享有想法，媒介机构和个人对组织信息的来源渠道有意见等。为了消除异议，解决矛盾，以协调好组织与各类公众的关系，社会组织开展与公众的社会交往，其效果往往是可喜的。

二、 公共关系礼仪实施的原则

公共关系礼仪是公共关系人员在与公众交往过程中所应具有的行为。公共关系礼仪是通过公共关系人员的实施而体现出来的，在实施礼仪的过程中，应该遵循以下几个方面的原则。

（1）尊重人格、相互平等的原则。人格的高低是个人在社会交往中通过自己的行为铸成的，因而，个人应当自尊，为他人或社会做出贡献，任何人都不得蔑视或侮辱他人人格，蔑视或侮辱他人人格的行为是不道德的。在人际交往中，平等待人是建立良好关系的首要前提和必要条件。在不平等的社会交往中，必然会损害双方的情感和人格，使工作偏离方向和目标。

（2）宽宏大量、坚持相容原则。在公共关系交往工作中，一般来说，交往双方的心理总是存在着距离。这种不相容的心理状态是由双方的心理活动所产生的。要缩小和消除这种差异和距离，公共关系人员必须具备宽容的心态，达到与公众心理相容的目的。只有这样，才能逐步树立社会组织的形象。

（3）真诚相待、树立信誉原则。在市场竞争激烈的现代社会，信誉、诚信已被作为社会组织生存和发展必不可少的条件之一。社会组织常常以公共关系的工作手段，向其公众表达组织的诚信，那么，作为公共关系人员，首先要树立真诚待人是成功交往的核心的观念，其次，要树立平等加真诚的观念和原则。

（4）信息交流、实行互惠原则。公共关系社交礼仪的实施，在各个方面都能实现双方的互惠互利。互惠互利不仅仅是指物质方面的，公共关系人员在礼仪中所表现出的高尚的道德观和人情观、友谊观、信息共享观，同样是社会交往的积极成果。

第二节　公共关系社交及技巧

人类社会的交往虽然是一种人类生存和发展的必然现象和自发现象，但如果人们意识到社交的作用并加以修炼，其作用便不可而喻。

一、公共关系社交的特点

明确目的是公共关系社交的首要特点。一般来说，人类的社交活动都是有目的的。除了通过社会交往达到接触社会、获得知识、结成友谊、自我认识等一般目的外，还有交换信息、分享感情、服从社会习惯等特殊的交往目的。但是，公共关系社交的目的，比一般的社交目的更明确。

公共关系社交目的离不开公共关系的总体目标，同时，本质上是为社会组织的总体目标服务的。公共关系社交的目的在于创造良好的公共关系状态，树立组织良好的形象，使组织与内外公众处于协调、融洽的社会环境之中。具体内容体现在两个方面，一方面，通过组织在公众中享有美好的形象和良好的声誉而达到组织的总目标的目的；另一方面，内外公众的需求和利益也能得到组织充分的关注和满足。

（一）社交对象的多元化

公共关系社交对象是内外公众，这是决定对象有多元性的基本因素。如一方面，一个组织面对的内部公众有员工、股东、董事会成员等，面对的外部公众就更多，有顾客、媒介、社区、政府等。另一方面，组织面对的某一类公众本身，是由不同层次、不同职业、不同年龄和不同文化素养、不同的兴趣爱好、不同的社会阶级组成的整体。这就决定了公共关系社交活动既要考虑广大公众，又要顾及公众的个性、特点等，以选择不同的交往方式和交往内容。

（二）社交角色的规范性

"角色"一词从社会学的角度理解是指人们在社会生活中，犹如演戏一样，不断变换着自己所扮演的角色，社会交往中的人是多种社会角色的复合。不同的角色应有与之相适应的角色规范相配套，不可模糊，更不能混淆角色及其行为规范。公共关系是一种社会关系，社会关系的本质不是表现在具体个人的相互作用之中，而是表现在具体的社会角色的相互作用之中。因而可以说，公共关系也是一种角色关系。在处理与内部和外部公共关系时，公共关系人员应强化角色意识，掌握各种社会交往技巧，避免产生角色冲突和角色不到位的现象。

（三）社交利益的一致性

公共关系注重的是双向沟通。欲使组织与公众双方的关系和谐，在社交中坚持双方利益的一致性是非常重要的。这种利益，不仅是指物质方面的，也是指在双方精神方面的。从公共关系角度看，物质和精神两个的互惠应该都是非常重要的，有时甚至精神方面的互惠要胜过物质方面的互惠。每个人在社交中都有被尊重的需要，也有尊重对方的义务和规范，这体现了人们的精神需求。无论组织与公众之间发生什么矛盾，或者矛盾有多深，社会组织的公共关系人员都应本着从尊重对方、满足双方利益的原则出发，与公众进行有效的沟通，将矛盾压制在萌芽之中。

（四）社交活动的周密性

社交活动由于其广泛的性质，带来的是社交活动的随意性。但公共关系的社交活动由于其目的性与一般的社交活动有着很大的不同，这些不同表现在公共关系社交的周密性。

公共关系社交活动的周密性具体表现在以下几点。

（1）计划性。公共关系社交活动受其目的性影响，一般都被列入公共关系活动的计划中，且在计划中要体现活动的目的、形式、范围、时间和地点。

（2）对象性。公共关系社交活动是有邀请对象的。不仅对被邀请者的男女比例有所考虑，还要考虑被邀请者的素质、文化修养，避免由于被邀请者之间文化修养和素质的差异而影响公共关系社交活动的质量。

（3）传递性。公共关系社交活动开展之前是要向被邀请者传递邀请信息的。传递信息的渠道由于信息技术的发展而有多样性。如请柬、电话、电子邮件、登门邀请等。无论何种信息传递，都要在邀请信息中表达邀请者的诚意。

（4）准时性。公共关系社交活动要按时举行，不能随便更改日期，否则给人以主办方"无能"的感觉。确实由于突发事件而延误了举行，则要事先通知每位参加活动的对象，不能事先告知的，则在事后一定要说明。

案例

　　刘群大学毕业后被分配到一家旅行社做行政工作。一次他接待几个没有见过面的客人，接待过程中他又是寒暄又是让座，非常热情，客人向他递名片，他忙着洗杯、找烟、倒水，一个劲儿地招呼对方"请坐、请坐"。接过客人递过的名片后，就随手塞到了裤子口袋里，然后又忙着接待。"真不凑巧，我们处长临时有事刚刚走，您贵姓？"刘群边点烟便问。"姓李。"客人不高兴地边回答边向外推着递上来的香烟，并向刘群告辞。刘群赶忙拉开办公室的大门并主动伸手与客人告辞，客人神色不悦地走了，刘群感到莫名其妙。

二、 公共关系社交的方式

　　（1）聊天。

　　聊天一般发生在小范围内。几个人聚在一起，随性谈天说地，相互交心通气。聊天的场所没有限制，汽车上、火车上、茶馆里、公园里等都可作为聊天的地点。聊天的对象比较广泛，方式也灵活。

　　（2）参加"沙龙"活动。

　　沙龙是法语"SALON"的音译，意思是"会客室"。19世纪，一些社会知名人士常借某些私人客厅谈论文学、艺术、政治等问题，"沙龙"逐步成为社交集会的代名词。沙龙分为社交沙龙和专题沙龙两种形式。社交沙龙一般无具体明确的主题或活动程序，只是为大家提供一个相互认识、相互交流、建立联系的机会；专题沙龙一般会就某专题领域的某些问题展开讨论、交流观点，如文学沙龙、学术沙龙等。在参加沙龙聚会时，应给人以良好印象，结识朋友并搜集有关信息。

　　（3）参加晚会、舞会或宴会。

　　交往各方在愉快的气氛中自由自在，无拘无束，紧张的情绪得到放松，并在交往中产生友谊、协作、竞争、倾慕、爱情等心理行为，使人与人之间的关系得到协调、健康发展。

　　（4）书信、电讯来往。

　　这是运用书面语言和口头语言来达到交往目的的方式，一般用于远距离的交往。由于限制性较强，易造成信息失真。

　　（5）协商对话。

　　通过面对面的提问、答疑或咨询，沟通与各方的感情，比如党政部门与群众之间、上下级之间、企业与政府之间、企业与公众之间等的协商对话，可以增加相互间的了解、谅解、信任和支持。

　　（6）赠送节日、生日、纪念日礼品，并给予良好的祝愿。

三、 公共关系社交的技巧

在公共关系活动中，公关人员必须掌握交际技巧，因为公共关系的开展最终还是要落实到人与人的交际上来。

（一）留下美好第一印象的技巧

在交际中，与他人第一次见面、交谈后作出最初判断，称为第一印象。第一印象一旦形成，便极难改变，并极大地影响以后对该人的评价，公关人员是代表一个组织与人交际的，要给人留下美好的第一印象，必须注意以下几点。

1. 衣着打扮方面

应按照自己的身份、体形特点来选择服饰，做到着装合体适度，并要注意季节、情境、场合、地点的要求，以此来打扮美化自己。

2. 举止表情方面

行为举止要有规矩，走要稳、站要直、坐要正，说话稳重，行事知礼，办事利落。表情要自然大方，不卑不亢，面带微笑。

3. 语言方面

说话用词要讲究艺术，要准确地传情，防止高谈阔论或缄默不语。

（二）讨人喜欢的技巧

在交际中，人人都希望得到对方的容纳、重视和喜欢。要讨人喜欢，必须注意以下几点。

（1）对人真诚地尊重和喜欢。要得到别人的尊重和喜欢，首先要尊重和喜欢别人。

（2）记住对方的名字。连别人的名字都记不住，是谈不上重视别人的。

（3）做一名忠实的听众。

（4）注意自己的仪表风度。

（5）关心帮助别人。乐于助人的人，往往是最受欢迎的人。

（三）倾听的技巧

在交际中，人们一般都希望别人成为忠实的倾听者。听别人述说也要讲究技巧：

（1）注视对方。必须以柔和的目光注视对方。如果目光飘移不定，就表示心不在焉，缺乏诚意。

（2）点头肯定。对方所谈的问题予以产生共鸣或值得肯定时，不妨点头表示赞同。

（3）有呼有应。倾听中不妨适时地随声附和"是"、"对"、"有道理"等，以鼓励对方，但对对方明显的错误不应该表示赞同，可沉默不语。

（四）赢得争论的技巧

在交际中往往会发生争论，但若能正确处理，反而会加深交往。为此，应做到以下几点。

（1）认真倾听对方陈述。不要打断对方，让对方把话讲完。这样对方也能听进自己的意见。

（2）保持理智。应心平气和地交换看法，解决问题，切忌感情冲动、讥讽、斥责甚至谩骂对方。

（3）在回答问题前稍作停顿，表示对方说的话已引起自己的思考。

（4）及时肯定对方的发言。在争论中，应看到双方观点一致的地方并加以肯定，以换取对方的让步。

（5）为对方准备退路，以便使其在退却时不失面子。

（6）让第三者证明自己的正确性。第三者站在局外人立场上，说话客观，不容易刺激对方的自我意识。

（五）"看客下菜"的技巧

从积极方面的理解，"看客下菜"是指在交际中要根据不同对象，采取不同的交际对策。其主要做法如下。

（1）根据交际对象所处的社会层次、地位，采取不同的交际方式。不同层次、地位的人，由于工作、生活的环境不同，处事的方式也不同，他们在伦理观念、价值取向、思想认识水平等方面有明显差异。只有采取不同对策，方可达到预期效果。

（2）了解交际对象的性格特征，采取不同的交际方式。对性情开朗、热情奔放者，可以直率大方；对深沉含蓄、内向多虑者，须谨慎措辞。

（3）弄清交际对象的民族、习俗、信仰与禁忌等，应"入乡随俗"。

第三节　公共关系礼仪及技巧

交往礼节是指国家与国家之间、组织与组织之间乃至个人与个人之间在交往活动中应自觉遵守的公认的约定俗成的礼节、仪式的总称。而公共关系礼仪是公共关系人员在处理公共关系时应具有的行为规范。它包括日常交往礼仪、重要社交场合礼仪和对外交往礼仪。

一、日常交往中的礼仪

（一）称呼礼仪

（1）国际通用的称呼。一般对已婚女子称"夫人"，对未婚女子称"小姐"，对不了解婚姻的女子称"女士"。对男子一般称"先生"，有职衔者称职衔。在社会主义国家中，宾、主可互称同志。

（2）国内的习惯称呼。一般称长辈为"×老"，如"王老"；称同辈年长者为"老×"，如"老赵"；称同辈同一年龄层的为"大×"、"小×"，如"大周"、"小李"。对有一定职务者称姓氏加职务（或职称），如"孙厂长"、"吴局长"、"丁老师"。对从事饮食服务业或操作各种机械的人员，可称姓氏加"师傅"。此外，对长辈或不熟悉者，敬称"您"而不用"你"。

（二）介绍礼仪

介绍是交往场合结识朋友的桥梁。介绍中应注意：

（1）应把身份低者介绍给身份高者；把年轻者介绍给年长者；把自己组织的人介绍给对方组织的人；把男性介绍给女性，把与自己关系密切者介绍给生疏者。

（2）如果是业务交往介绍，必须提到组织名称、个人职衔等。被介绍者在被介绍后，应双手递上自己的名片。

（3）在介绍过程中，除年长者和女士外，被介绍者一般应起立；在宴会桌、谈判桌上，一般不起立，只点头微笑示意即可。

（三）握手礼仪

握手是人们相互见面和离别时惯用的礼节。此外，它还可以表示祝贺、鼓励、安慰和感激等意义。在社交场合，握手应注意：

（1）一般出右手，掌心向左平伸，上体微倾，含笑目视对方，与之寒暄。年轻者对长者、位低者对尊者，可双手握对方的右手，以示尊敬。

（2）一般应有主人、年长者、尊者、女性先伸手。男子握手前应先摘下手套。

（3）与感情深者握手的力量与时间要重或长久，以示亲热。对政党关系应适度掌握，不可过分，以免令人难堪。与女士握手应轻握一下对方的手指部分。

（四）约会礼仪

约会是指双方相约和会见，是社交中常见的交往方式。约会应注意：

（1）约见一个不熟悉的人时，应事先预约。若应约前往，可将自己的名片等交给对方的秘书，等候约见。

（2）约见别人时，应充分尊重别人的意见和选择，不将自己的意志强加于人。

（3）约定会见后，尽量不要失约；如实在不得不取消约会，应及时通知对方。

（4）赴约应准时到达，过早过迟都显得失礼。

（五）拜访礼仪

拜访是一种重要的社交活动形式。拜访中应注意：

（1）一般应预约时间，并准时到达。不能赴约，应事先通知并致歉意。

（2）拜访时间应避开进餐与午休时间，晚上时间也不可太晚。拜访时间以1小时左右为宜。

（3）应注意仪容，要整洁、自然、大方。

（4）见到主人的长辈或配偶应主动问候。

（5）拜访结束时应向主人致谢，并可邀请对方到自己处做客。主人相送，应劝其留步，并回首致意。

（六）馈赠礼仪

礼品也是一种媒介物，可以传情表意、联络感情。馈赠礼品要注意：

（1）选择有一定纪念意义、民族特色或有艺术价值的小艺术品、食品、日用品等礼品，重在有特色。

（2）要考虑受礼者的国别、民族、习俗和个人爱好，还要考虑具体情况、具体场合的需要。

（3）赠送的礼品即使已有包装，也应另加礼品纸包好，用彩带打上花结，以示庄重、虔诚。

（4）礼品一般应当面赠送，但有些礼品如贺婚礼品等应预先送去或派人送去。礼品应附上名片或写上贺词的信封。

（七）送收名片礼仪

人们初相识时，名片是一个很好的沟通信息的工具。在送收名片时，礼仪是否规范、得体，也是交往中人们的基本素质的体现。

（1）递送名片礼仪。递名片时要用右手或双手，且动作要慎重。递名片时，名片的正面要朝上，并要以对方能顺着读出文字的方向递交给对方。切忌将已涂鸦或有污渍的名片递送于他人。递送时可以说"请多关照"等客气语言，也可以用语言介绍自己以增进亲切感。如果在自己名片中有生僻字，可以在递送名片时加以解释，以避免对方因不认字而尴尬。

（2）收受名片礼仪。收取名片的一方应双手接受对方的名片，然后要仔细地看一遍，看有没有自己不理解的字或意思，如果有的话，可以及时地当面请教。要仔细、谨慎地将名片收藏好，切忌将对方的名片胡乱一塞，或看也不看地将名片塞入口袋，如果是这样，就是对对方的不尊重。一般在收取了对方的名片之后，要及时地回赠本人名片。如果手头没有名片，应向对方说明以表示歉意。

（3）多人交换名片礼仪。倘若在座有多人需要交换名片，那么最好是依照座位交换名片，并且要记住对方每个人的姓氏，以免张冠李戴使对方尴尬。

（4）收藏和保管名片，如果你经常社交的话，最好用名片夹来收藏自己和他人的名片，这样，名片存放井然有序且不会丢失。有些人经常将名片放在钱夹里，在拿去名片的时候连同钱夹里的各种证件，信用卡和钱都暴露在对方面前，这样就很不雅观。并且装名片的夹子最好不要放在臀部处口袋里，因为这是对人的不尊重。

（5）名片的其他用法。名片除了在当面交往中能帮助人们迅速得知对方信息的作用外，还有许多其他的用处。如托人代你送礼物时，可以将名片附在礼物里或贴在礼物外面。如果在名片上另附话时，应将名片放在信封中并加以封口；非正式朋友小聚时，可将名片当请帖用，只需在名片上写上时间和地点即可；别人替你写介绍信介绍给某人时，你可把自己的名片附在介绍信中，在名片上写明联络地址或电话号码，送给那人；遇到亲友有新婚或其他喜庆之时，可在名片上写上一些祝贺的话寄给亲友。

（八）电话礼仪

（1）打电话礼仪。打电话的用语要恰当，如果你打电话找人时，要礼貌地问："你好，请问×××在吗?"若要找的人不在，可请他帮忙转告，若不便转告，可留下电话号码与姓名，等朋友回来再打给你；打电话时由于对方完全是用声音来判断你的善意、亲切、好感等，因而，打电话的声音不要太大也不要太小，音调要自然，口齿要清楚，速度要适中，必要时把重要的话重复一遍，提到时间、地点、数目等，一定要交代得非常详细，在打电话时，如果你拨错了号码，应该向对方道歉，不要满不在乎地挂上电话不了了之，这样是极其不礼貌的；打电话的时间应该在不影响对方休息的前提下进行，切忌在很早或很晚打电话，除非有急事万不得已。

（2）接电话礼仪。接电话时，电话铃响要立即接电话，拿起电话后用"你好"或"早上好"之类的礼貌用语应答，旋即自报家门；若对方说话很重要，要准备好纸和笔，做好记录，并重复对方的话以核查是否正确，在打长途电话时尤其重要；若对方指明接电话的人不在，可按对方要求做记录，然后再重述一遍，以免错误、遗漏，等发话人在电话里交代内容确已结束，并有话别之意，方可结束交谈，对方挂机后你才可挂机；不要边吃东西边接电话，正在吃饭而突然有电话应先把食物咽下再说话；接电话时，应减少周围的嘈杂声，如关小电视机的音量、关上窗户；对拨错号码的来电者也要礼貌拒绝和说明。

（九）探望病人礼仪

（1）探望时间。探望病人要选择恰当的时间，避免在病人午睡，医生检查时间去探望。按一般规律，探望病人应在黄昏或晚饭后，探望时间一般控制在20分钟左右，时间太长病人吃不消，时间太短不足以表达问候并有敷衍了事之嫌；如果病人有比你更亲切的人在身旁，那么，你就要早些结束探访以免妨碍他们之间的谈话。

（2）探望礼品。酌情给病人带些适当的食品，如水果、饮料、滋补品等；也可给病人带一束鲜花，一来希望病人能早日康复，二来也可美化病房，但对于有花粉过敏的病人，鲜花礼品是不适合的，对于喜爱看书的病人，还可带些供消遣的书籍、杂志，病人也会非常喜欢。

（3）善于控制探望时的感情。不要在病人面前流露内心的悲伤，更不要在病人面前哭泣和流泪，以免引起病人加倍的悲观和失望，进而加重病情，影响治疗。

（4）遵守医院探望规则。对于探望病人，医院根据病人的病情，医院的工作程序，会在时间和空间上制定一些规则。探望病人也要遵守这些规则，如对于有传染病的病人，医院是不让探视的。若要表示慰问，可让病人的家属帮助带去你的问候或礼品；又如，对于探望时间，不要在不该探望之时盲目闯入，这样会影响医院的工作。

（十）男女交往礼仪

在男女交往时，奉行女士优先准则，在实行准则时，由于国情文化的不同而有所差异。

（1）外出行走，乘坐电梯和交通工具，或与女士相遇时，实行女士优先准则。

（2）社交场合中，无论打招呼还是品尝食物时，实行女士优先准则；带着女伴参加正式宴会时，一般不能抓住女士的胳膊和手肘，只有在协助女士上车或爬楼时才可以用手托住对方的肘部；或在比较拥挤的场合，男士可以拉住女士的手在前面开道。

二、重要社交场合的礼仪

（一）迎宾礼仪

（1）根据来宾的来访目的、身份及双方或两国关系情况，决定迎接规格、派对等。对口的人员前往迎候。如身份相应的主人因故无法前往，被委托的代表应礼貌地做出解释。

（2）根据来宾抵达时间，应提前 15 分钟前往迎候。

（3）选用鲜艳的花束、花环，在主人与客人握手问候后，由儿童或女青年献给客人。

（4）通常由礼宾人员或迎接人员身份最高者介绍主方人员，主宾介绍客方人员。

（5）配车时，应请客人坐在主人右侧，译员坐在司机旁边。

（6）下榻之后，主人应将日程安排向客人交代清楚，并简要介绍有关情况，预订再次见面的时间、地点、方式及联系办法；迎送人员不宜久留，应尽早让客人休息。

（二）送客礼仪

（1）如果客人是外籍人士，特别是重要代表团，接待方应主动协助办理出境手续，购买回程票，提前办理托运。

（2）当客人起身告辞时，主人应立即起身为客人开门，让客人先出，主人随其后，热情谈笑，相伴而行。直到双方劝阻再三，方驻足与客人握别，并邀其方便时再来。

（3）与客人握别后，主人应含笑目送客人远去，客人回首致意时，应再三挥手回礼。切不可客人一出门即返身回屋。

（三）宴会礼仪

（1）接到邀请后，应尽快答复出席与否。如出席则应守信，并要核实时间、地点和是否带配偶等事项。

（2）出席宴会应打扮整齐，容光焕发；要按时出席，不能过早或过晚；抵达后先向主人问候，再向其他客人问好。

（3）按主人的安排入座，并主动协助邻座的年长者或女性入座。

（4）用餐时，将入餐巾折起，折口向外平铺腿上，可用其内侧拭嘴，小餐巾打开直接放在腿上；中途离座要将餐巾放在座椅，取菜一次不宜过多，吃完再取；对不合口味的菜，不要拒绝或面露难色，可取少许放入盘内；吃东西不要发出声音，汤、菜太热不可用嘴吹；骨、刺等物应以餐巾掩口，取出放入菜盘内。

（5）在餐桌上可自由交谈，但不可嘴含食物与人交谈，也不可只与熟人交谈而冷落多数人。

（6）主人与主宾碰杯，众人亦应举杯示意，不要交叉碰杯，主、宾致辞时应停止活动，注意倾听；饮酒应控制在本人酒量的三分之一以内为适度。

（7）入席和散席均以主人起座和招呼为准；告别时则由男宾先向男主人告别，女宾与女主人告别，然后交叉告别，再与其他成员告别；应向主人致谢。

（四）舞会礼仪

（1）参加舞会应服装整齐，通常以礼服和西服为多。

（2）正式舞会，第一场舞由主人夫妇，主宾夫妇共舞，第二场舞由男主人与主宾夫人，女主人与主宾共舞，男主、宾应轮流邀请其他女宾，其他男宾应争取先与女主人共舞。

（3）男士请舞时，应立正向女性点头示意，婉言相请，对方不同意则不要勉强。

（4）女性无故拒绝对方邀请是不礼貌的，实在不愿应邀，要婉言谢绝，并在一曲未终前不要再同其他人共舞。

（5）男士不要全场只同一位女士共舞，不得男士与男士、女士与女士共舞；跳舞时不能吸烟，不得戴口罩。

（五）会议礼仪

会议是贯彻组织意图，介绍组织业务，树立组织公众形象的重要活动方式。组织经常要组织新闻发布会、记者招待会，组织领导人接受媒体采访的见面会等。

（1）会议的通用礼仪。会议的主题和参加会议的对象要明确；做好会前准备工作，包括选择会场和布置会场，布置会场的内容主要包括调试音响设备和灯光、签到文具、茶水供应、引坐人员安排，还要将会议通知按照对象所在地域提前通知参加人员，会议通知的内容应包括会议时间、地点、主题、食宿等内容；安排好迎送工作。一般在大型会议中设立一个会务组，专门负责迎送工作。在迎送中，公共关系人员要关注会议参加者的身份和规格，以免发生不愉快的事。

（2）会议的礼宾次序。重要的会议位次对象的安排有以下几种方法：一是按身份和职务的高低排列，这是礼宾次序的最主要依据；二是按字母或笔画排列，这一排列法比较适合多边会议的召开；三是按通知或抵达的时间先后次序排列。

（3）会议主持人礼仪。主持人应注意服饰礼仪。服饰要整洁大方合身，服饰色彩要协调；主持人思路要敏捷、反应机敏、口齿伶俐，有较高的文化素养和专业水平；主持人要沉着冷静，能够有效控制好会议的进程；要把握会议的主题思想；主持人的所有言论要有利于会议的气氛，并能在会议气氛不适合主题时进行必要的调节；对不同意见的发言者，不压制、不打断。

（六）求职面试后的礼仪

许多求职者只留意应聘面试时的礼仪而忽略了应聘后的善后工作，面试结束并不意味着求职过程的结束，面试后表示感谢是十分重要的，因为这不仅是礼貌之举，也会使主考官加深对面试者的印象，甚至使对方改变初衷。

（1）感谢。

为了加深招聘人员对自己的印象，增加求职成功的可能性，面试后两天内，最好给招聘人员打个电话或写封信表示谢意。感谢电话要简短，最好不要超过 5 分钟。感谢信要简洁，最好不超过一页。内容应提及姓名及简单情况，对招聘人员表示感谢；增加些对求职成功有用的事实内容，尽量修正可能留给招聘人员的不良印象；还要表示希望有机会为公司的发展壮大做出贡献。

（2）不要过早打听面试结果。

一般情况下，考官每天面试结束后，都要进行讨论和投票，然后送人事部门汇总，最后确定录用人选，可能要等 3~5 天。求职者在这段时间内一定要耐心等候消息，不要过早打听面试结果。

（3）收拾心情。

如果求职者同时向几家公司求职，在完成一次面试后，必须收拾心情，全身心投入应付第二家的面试。在未得到聘书之前仍未算成功，求职者不应放弃其他机会。

（4）查询结果。

一般情况下，如果在面试两周或在主考官许诺的通知时间后，还没有收到对方的答复时，面试者就应该写信或打电话给招聘单位或主考官，询问是否已做出决定。

（5）做好再次冲刺的思想准备。

应聘者中不可能个个都是成功者，万一在竞争中失败了，也不要气馁。就业机会不止一个，关键是必须总结经验教训，找出失败的原因，并针对这些不足重新做准备，"吃一堑，长一智"，谋求"东山再起"。

三、 对外交往礼仪的禁忌

对外交往礼仪与对内交往礼仪有着共同的礼仪规范和规律，但由于地域、语言、风俗习惯、文化等的差异，使各国在交往礼仪中表现出特性。

（一）称呼的禁忌

在国际交往礼仪中，称呼是相当重要且规范的。首先，在国际交往称呼中，忌讳只称名不称姓。在欧美等西方国家的姓氏中，一般是名在前姓在后，如果只称名而不称姓，是称呼方面的不礼貌；其次，无视对方婚姻状况的称呼也是国际交往称呼礼仪的禁忌。在国际交往中，一般对已婚女子称"夫人"，对未婚女子称"小姐"，若不知其婚姻情况的可称呼为"女士"，一般对男子称"先生"。最后，在一定的场合，称呼可加上对方的官职、头衔等。

（二）礼仪中图案和数字的禁忌

（1）图案的禁忌。英国人忌讳用大象或人物肖像作商标图案，山羊被认为是不正经男子的象征，捷克斯洛伐克忌讳用"红三角"，它是有毒的标志。意大利人忌讳菊花图案，因为他们习惯将菊花献给先人。瑞士人忌讳猫头鹰的图案，认为那是"死人"的象征。蝙蝠为美国人所忌讳，认为是凶神的象征，大象也被英国人认为是蠢笨。日本人忌讳用荷花图案，忌讳用狐狸和獾的图案。法国人忌讳用核桃花图案，仙鹤在法国是蠢汉和淫妇的代称。黑猫在匈牙利人眼里是不祥之物，因而，慎用黑猫图案。

（2）数字的禁忌。13 这个数字在欧美国家令人讨厌，带来的似乎是凶兆，任何场合都尽量回避它，高楼没有 13 层，餐座没有 13 号，宴会不可坐 13 人，菜肴不能 13 道，房号不能 13 号；星期五是个不吉利的日子；"4、6、9、42"在日本是不吉利的，忌讳用这些数字包装礼物；而新加坡人对数字的忌讳更多，他们对"4、7、13、37、69"有忌讳。

（3）颜色的禁忌。埃及人忌讳黄色，以黄色为不幸之色。比利时忌讳蓝色，以蓝色为不吉利之色。日本人忌讳绿色，认为绿色象征不祥。土耳其人忌讳茄子色。法国人忌讳麦绿色，因为麦绿色使人想起德国法西斯的军装。摩洛哥人不穿白色，认为白色是贫穷的象征。泰国人忌讳红色，平时不用红笔签名。印度将白色视为不受欢迎的颜色，蒙古人讨厌黑色，认为它象征不幸和贫穷。巴基斯坦人不喜欢黄色，黄色会引起宗教界及某些政治性的嫌恶。埃塞俄比亚人忌讳出门做客穿淡黄色衣服，认为这会给主人带来不祥之事。

（三）送礼的禁忌

对法国人和德国人来讲，红玫瑰是情人间的礼物，因而不能当作礼品，加拿大人认为百合花是死亡之花。在科威特和苏丹等伊斯兰教国家，不能送酒，也不送女人照片和雕像。在东南亚国家则不能送手帕，因为他们认为手帕是擦拭眼泪的。在哥伦比亚，人们忌讳送衬衣和领带。不要给日本人送荷花、玻璃、陶瓷等易碎物品。

（四）饮食的禁忌

伊朗人不吃无鳞鱼。日本人不吃羊肉。俄罗斯人及东欧一些国家的人不吃海味。阿拉伯人不食用外形丑恶的不洁之物。苏丹人忌讳食用猪肉、海鲜、虾、蟹等奇形怪状的食品。坦桑尼亚人忌讳食用猪肉、动物内脏以及鱿鱼、甲鱼等奇形怪状的食物。

（五）服饰禁忌

要与英国人会面，不可系条纹的领带。摩洛哥人忌讳白色服装。埃及等国家忌讳黄色服饰。美国人忌讳穿睡衣迎客。缅甸人不得将男女服装混放，头巾不可系在腰间。在欧美国家，未婚姑娘不能试穿婚礼服。西班牙女子上街不戴耳环，就被看作如同不穿衣服一样。

（六）邮寄禁忌

阿富汗禁止邮寄口香糖、烟灰缸、日历、明信片、塑胶花、通心粉。俄罗斯禁止邮寄鲜果、乳制品、面包等。有钞票图样的东西在缅甸禁止入境，肯尼亚禁邮日本剃须刀。伊朗禁邮乐器和厕所用品。伊拉克禁邮望远镜。秘鲁和意大利的科西嘉不欢迎扑克牌。

案例

　　来自纽约的国际礼仪培训大师王榕生在 2006 年 8 月份在上海举行的第四届上海国际时尚博览会之"领袖的提升"礼仪论坛上表示,身为领导没有得体的形象,身在商界却不懂对外场合的礼仪之道,这样可不行。他向在座的各位剖析了对外礼仪的常见漏洞,王榕生说:"美国现在很流行一组数:55、38、7。就是说,与人第一次见面,55%的好印象来自仪态气质,38%来自衣着打扮,7%来自言谈举止。还有一项调查显示,现在美国每 5 起贸易失败案中,就有 4 起是因为礼仪问题最后卡了壳。"王榕生说,最容易被疏忽的是以下三桩礼仪"大事",着装、握手、酒会的礼仪规范国人有欠缺。

● 着装

　　分场合、看时间、地点是着装礼仪的基本原则。平时上班,切忌让品牌标签在袖口、袋口、衣角等细节处外露,这样颇有"暴发户"之嫌,有修养的人要含蓄地穿出个人品位。西装要合身,不宜松垮肥大,以免引发"做事不严谨"的联想。西装里面应该穿长袖衬衫,白色最佳,且衬衫袖口必须露出西装 1 厘米。访客时,最能表达尊重对方的方式是穿西装、打领带,以深色西装配黑色或藏青色袜子为宜,切忌穿白袜子。

● 握手

　　热情有力的见面握手,是谈判表达诚意的"见面礼"。要遵循女士和长官先伸手的原则,伸手的最佳距离是肘关节离腰一个拳头远。切忌握手时眼睛不看对方、拂手而过和不脱手套等无礼动作。

● 酒会

　　在西方,常以酒会的方式欢迎客人,借此在宽松的气氛里随意谈天。这时往往没有软饮料,成年客人多少得会喝点酒,带孩子同来是不合时宜的。另外参加酒会一开始就装满一大盘食物抢个座位坐下来吃,是非常失礼的,因为酒会上的座位大多是为老年人留的,年轻人通常是站着边吃边交流,最好空出一只手,方便随时和别人握手。

　　当然,礼仪不仅仅只有着装、握手和酒会这三种,其内容是非常丰富的,涉及民俗的范围也是很广的。礼仪所处的空间上至政治交往,下至宾馆接待。美国前总统尼克松是位非常能干的政治家,但在 1961 年那次总统竞选中败于对手肯尼迪。那年,在民意测验中,他曾以 56:44 的多数票领先。但在电视中,尼克松因前不久遭遇车祸伤及膝盖,导致身体消瘦,加上正患感冒,使他的服饰显得过于宽大松垮,灯影又使他看上去眼窝下陷、憔悴、萎靡不振。由于形象不佳,帮助了他的竞争对手肯尼迪。又如,在某家饭店,一位常住的外国客人从饭店外面回来,当他走到服务台时,还没有等他开口,接待员小姐就主动微笑地把钥匙递上,并轻声称呼他的名字,这位客人大为吃惊,饭店对他留有印象,使他产生一种强烈的亲切感,旧地重游如回家一样。还有一位客人在服务台高峰时进店,服务台问讯小姐突然准确地呼出:"某某先生,服务台有您的一个电话。"这位客人又惊又喜,感到自己受到重视,受到了特殊的待遇，不禁添了一份自豪感。正如卡耐基所说，记住人家的名字，而且很轻易地叫出来，等于给别人一个巧妙而有效的赞美。

资料来源：周浴新. 现代办公礼仪. 上海：同济大学出版社，2006.

问题与思考：

1. 通过案例，你得到了哪些启示？

2. 请谈论你所知晓的（可亲自体验，上网查询、资料所见）因礼仪而取胜或因礼仪而失败的例子。

 **本章思考题**

1. 公共关系社交的作用和利益实施的原则是什么？

2. 提高公共关系社交效果的技巧有哪些？

3. 重要社交场合的礼仪主要包括哪几方面的内容？

参 考 文 献

1. 斯科特．卡特里普．公共关系教程．北京：华夏出版社，2001.

2. 李元授等．演讲与口才．武汉：华中科技大学出版社，2004.

3. 赵宏中．公共关系学．武汉：武汉理工大学出版社，2005.

4. 杨孝伟，赵应文．管理学．武汉：武汉大学出版社，2005.

5. 张勋宗．公共关系理论与实务．北京：电子科技大学出版社，2006.

6. 贾书章，赵应文．组织行为学．武汉：武汉理工大学出版社，2006.

7. 段文杰，曲丹辉．公共关系基础与实务．北京：科学出版社，2007.

8. 中国国际公共关系协会．最佳公共关系案例．北京：清华大学出版社，2007.

9. 张美清．现代公共关系原理与实务．北京：中国林业出版社，2007.

10. 王玫，王志敏．公共关系理论与实务．北京：中国林业出版社，2007.

11. 王维平．公共关系原理与应用．兰州：兰州大学出版社，2007.

12. 胡百精．公共关系学．北京：中国人民大学出版社，2008.

13. 赵应文．人力资源管理概论．北京：清华大学出版社，2009.

14. 薛可，余明阳．公共关系学．北京：科学出版社，2010.

15. 龙志鹤．公关案例选粹与评析．北京：经济管理出版社，2011.

16. 任焕琴．公共关系学实用教程．北京：北京大学出版社，2012.

17. 张岩松等．公共关系实务．北京：清华大学出版社，2012.

18. 陈先红．现代公共关系学．北京：高等教育出版社，2009.